旅游新闻实务

LÜYOU XINWEN SHIWU

田丽华　编著

旅游教育出版社

·北　京·

序

我以前与编书这事沾边不多，更遑论为别人的书写序。到出版社工作后，此类事自然也多起来了，我想这也属于本职工作的事吧。然而田丽华同志请我为她所编著的《旅游新闻实务》书稿写序，还是感到有点意外：我与田丽华同志很熟悉，在我的印象里，她是一个很活跃，做事很有干劲的人，但并没有听说过她写过什么著作。因此，当今天她把一本厚厚的、长达数十万字的书稿递给我并让我写序的时候，我的确很惊讶。除了惊讶之外，我也对她多了一份认识。“万事预则立，不预则废”，想来这样一本大部头教材，也不是几个月就能编著出来的，看来她还是一个很有想法，做事很执著的人。

说实在的，到出版社之前，我在学校里做了20多年新闻宣传报道工作，只是在大学这个圈子里，所涉及的大多是教育新闻、科技新闻、校报理论之类的，尽管也有所积累，然而对“旅游新闻学”不敢妄加评论，更何况，田丽华同志尝试着把“旅游新闻学”作为新闻学的一个独立分支来进行研究，编成教材，对此我很少有发言权，不能给予太多的评说。正像田丽华同志所说的：“这是一门全新的、尝试性的、偏重于应用性的学科，有待于专家、学者以及实践的检验。”但是作为一种大胆的探索，作为一个长期从事学校新闻宣传工作者的经验总结和回顾，其积极作用是显而易见的。“实践是检验真理的唯一标准”，我希望唯物主义的认识论能为田丽华同志工作的努力和所付出的劳动作一个基本的评价。

因为大学校报的工作，我和田丽华同志有过很多的接触。记得10多年前，她在浙江科技学院主管校报工作时，办了一个院报记者团，把有志于从事大学校报和新闻工作的学生吸引到一起，加以指导，培养了很多优秀的学生。他们中有相当一部分在新闻媒体从事专业工作，还有的在大专院校担任管理工作，或在IT行业从事技术工作。那时，田丽华同志就尝试对这类“跨学科”的人才培养模式进行专门研究，并且有了一些自己的积累。在辗转了几所高校后，田丽华同志依然执著于对复合型人才的培养工作。2005年的上半年，担任浙江旅游职业学院组织宣传处处长的田丽华同志提出要开一门全新的课程——《旅游新闻学》，她希望结合旅游院校的专业优势和背景，从新闻学角度，为拓展学生们的知识面，提高学生的人文素养和综合能力做一些事情。旅游业在我国出现的历史并不长，可算是一个成长中的产业,这里有很多问题值得去研究和探索,而旅游人才的培养,是一个关乎我国旅游业可持续发展的根本问题。旅游的新闻宣传作为这个行业的一个组成部分,对形成一个人与自然和谐共处的旅游环境也具有不可替代的作用。《旅游新闻实务》这本教材,作为新闻学与旅游业相互结合的一个尝试,能够为旅游业复合型人才的培养提供帮助,它的出版,对我国旅游事业的发展是有意义的。

我很欣喜地看到,作为高职院校的学生,在经过了总课时仅仅为36课时的“系统”学习后,能够具备新闻采访与写作的基本能力。我看到了浙江旅游职业学院“旅游新闻实务”班的同学今年暑期在新闻媒体实习的成果——2006年7月28日、8月4日,在《杭州日报》第22版和第24版上,该校“旅游新闻实务”班的实习生陶凤娟同学发表的作品,篇幅很大,有一篇几乎是对开版的整个版面!我了解到,这个集题报道从内容策划、外出采访、文章构思写作一直到版面设计,都是这个班的学生做的。一个非新闻专业的大专生,有这样的实战结果,是难能可贵的。这说明,高职院校学生的可塑性很强,他们的综合能力是值得肯定的。作为一个长期工作在高校、一直关注高等教育发展和人才培养的管理者来说,我很希望在我们的高校学生中多出一些这样创新型和复合型的人才,为国家的经济建设和社会进步发挥更大的作用。

是为序。

浙江大学出版社总编辑　徐有智

2006年9月17日

目　录

前　言

首先要说的是,提议在旅游院校开设“旅游新闻实务”这门课程,完全是旅游业的历史和现状使然。旅游业在我国出现的历史太短,是一个年轻的行业、不成熟的行业。人们对旅游的认识并不完全正确,而旅游业的健康发展却需要正确的观念、正确的方法、正确的途径。旅游业面临着很多创新性的问题,需要大批熟悉旅游业务,又谙熟正确引导它的专业新闻工作者来承担这样的使命。从目前各大媒体从事旅游版块新闻采写的记者现状来看,能把两者很好结合起来的新闻工作者还比较缺乏。因此,在旅游院校开设这门课,完全符合时代发展的需要。

开设“旅游新闻实务”这门课可以让更多的旅游者、旅游从业者通过“新闻”和“旅游”的有机结合,从更深的层面、更贴切的感受中来认识旅游、介入旅游、享受旅游,从而通过旅游来赢得自然和人的和谐共存,互惠互利。它有助于广大旅游爱好者、旅游行业的工作者更深刻地认识旅游业、了解旅游业、理解旅游业、介入旅游业,明白作为旅游者应该怎么去旅游,在旅游中可以获取什么;明白作为旅游业的从业人员应该为旅游业的发展提供什么样的服务,以及怎样促进旅游业的健康发展。

其次,编写这本《旅游新闻实务》教材的原则:一是本教材必须对“旅游新闻”的“核心问题”进行回答:旅游到底是什么?旅游涵盖的内容、范围和潜质到底是什么?旅游和新闻怎么沾上了边?“旅游新闻”将要承担的使命是什么?“旅游新闻”将涉及哪些领域?怎样把旅游和新闻有机地结合在一起,为旅游业的健康发展、为旅游者最大限度地享受旅游作一定量的探究,并提出自己的鲜明观点。作为“旅游新闻”所要反映和报道的客体——旅游业,其认识的准确和把握的程度如何就至关重要了。对此,“新闻具有指导性。”(陆定一语)《旅游新闻实务》教材的编写也更要遵循这个行业的客观现实,从综合性、交叉性、导向性和发展性出发,编写的原则和基础必须紧扣“旅游”之本源。因为,旅游行业是一个年轻的行业,是一个充满未知和挑战的行业,又是一个不断创新和发展的行业。同时,旅游教育本身有很多理论的、实践的问题需要探讨和研究,不够成熟的旅游教育给旅游业发展提供的理论成果也不够。因此,作为交叉的、边缘的、综合的新学科,更不能离开它依附的主体而进行。

第三，目前我们的新闻媒体涉及旅游的版面和篇幅数量虽然不少，但多停留在旅游活动信息报道、风景区的景观介绍、旅行线路、旅游必备和注意事项等，有些还仅仅是广告性质的宣传，真正与“旅游”相关、相应、相连的深层问题并没有得到很好的开掘。所以旅游业频频出现与职业道德相悖、与环境保护相违、与旅游享受相反、与旅游认知相异、与旅游愉悦相错、与旅游收获相离的种种问题。《旅游新闻实务》课程试图把这些和旅游相关的诸多深层问题纳入到“旅游新闻”、“导新闻事业于正轨为职志者也”的职责里来，承担起旅游新闻给旅游健康发展导航、为构建和谐社会服务的责任。

第四，本教材的架构原则。本课程是专门针对旅游院校或在旅游行业工作、有志于旅游新闻工作的非新闻类专业的学生开设的一门公选课，责任和目标已经揭示了选学这门课的学生未来的重任。要使我们的学生自觉、主动、积极地承担起这个责任，就必须让他们明白，作为一名旅游新闻记者应该具备的基本素质，要对“传统”新闻的基本理论有一定的了解；对“传统”新闻史有一定的了解；对新闻业务和新闻实践的技巧要娴熟掌握、自如运用。

但是，目前我们的课时数无法满足这一教学目标的实现，教材的选择和教学实践也会因此而困惑。为此，本教材采用了新闻基本理论、新闻业务、新闻史和旅游业实际合理交叉、有机组合的方法，在大前提不分，小章节凸显，培养实际操作能力的原则下组织章节。之所以这样安排，是为了使我们的同学在有限的时间内掌握应该掌握的知识点，具备应该具备的工作能力，在有限的课时和课堂讲解中获得更多的专业技能，更方便课后的自学和复原完整的知识，加深他们作为新闻记者的历史责任感，对目前新闻现状的正确认识及作为特殊的旅游新闻工作者应把握的结合点，尽可能地提高其作为一名旅游新闻工作者的综合素质。

当然，作为一门实践性很强的课程，《旅游新闻实务》教材明显突出实践的比重：对第一章《绪论》中的“旅游新闻学”概念一带而过；第二章的《新闻记者的素质》，只有两小节，但其分量之重却显而易见；在第三章里，我们浓缩了内容丰富的新闻史，目的是让选修这门课的同学能够从中感受、领悟作为一名新闻工作者的历史责任；从第四章到第八章，我们直接进入“传统新闻”基本理论、“传统新闻”体裁、特点、写作技巧和语言风格以及“旅游新闻”基本理论、“旅游新闻”体裁、特点、写作技巧以及语言风格的学习，并配有一定量的练习和实践。第九章主要介绍网络媒介和网络旅游新闻。

“旅游新闻实务”的容量非常之大，细而化之可以成为若干本教材，但是，我们还是把它浓缩在一本教材里，目的是为了让那些初涉“旅游新闻”学科的选课同学有个较完整的概念。更多的操作性教学，我们把它放在日常的采访、写作、制作等以及假期的媒体实践中，加强理论和实践的联系，以取得理想的学习效果。

最后，我要就《旅游新闻实务》这门课程的顺利开设，向浙江旅游职业学院领导、有关部门的领导和同事们表示衷心的感谢！同时，要向对这门课给予关键性支持和实质性帮助的中国旅游报社记者文潇老师以及中国旅游报社的社长、总编辑陈志学先生，表示深深的敬意和谢意！

田丽华

2006 年 6 月

第一章

绪论

第一节 旅游新闻实务是一门全新的课程

一、旅游新闻实务课程的性质与任务

（一）性质

旅游新闻实务是一门全新的、尝试性的、偏重于应用性的课程，专门为对新闻写作有兴趣或写作方面有一定基础的旅游类学生开设。旅游新闻实务课程内容是以未来“旅游新闻学”的目标来架构的，因此同样包括了“传统”新闻学所涵盖的三大部分内容：旅游新闻理论、旅游新闻业务、旅游新闻史和新闻实践。旅游新闻报道也同样必须遵循“传统”新闻采访报道的一般规律，针对旅游行业，旅游相关领域的特殊情况、特殊现象、特殊要求，进行专业化的采访报道的新闻活动。

旅游新闻报道需要突出两个结合：一是要将新闻报道活动的一般要求和旅游行业的特殊要求结合起来；二是要将新闻记者的思维与旅游行业专家的眼光结合起来，在“传统”新闻活动的宏观环境与社会背景下，更好地贴近旅游行业这个社会实际，贴近特殊的报道对象、贴近新闻本身的规律。

（二）任务

在《旅游新闻实务》这门课程里，我们将为同学们作系统的讲解，让大家明白什么是“传统”新闻？“传统”新闻的基础理论是什么？“传统”新闻是怎么和旅游沾上边的（新闻与旅游的关系）？旅游新闻又是在什么样的情况下产生的？“传统”新闻有哪些种类？“传统”新闻的采访和写作是怎么进行的？旅游新闻又有哪些种类？旅游新闻的采访与写作又是怎么进行的等知识。在系统和规范的教学过程中，我们还将给同学们提供进行旅游新闻采写的实践平台，并给予具体的指导，使选修旅游新闻实务的同学能够具备基本的“传统”新闻基础理论和旅游新闻基础理论，了解“传统”新闻和旅游新闻的种类、体裁、特点及异同，掌握“传统”新闻和旅游新闻的采访与写作规律和技巧，能够较好地完成旅游新闻的采写任务，帮助旅游业向健康、稳步、理性和规范的方向发展，为促进经济建设，提高和改善人民生活质

量,构建和谐社会作出自己应有的贡献。

二、旅游新闻实务课程教学的基本要求

首先,选修旅游新闻实务的同学一定要喜欢写作。兴趣是学好、做好一件事情的重要前提,当然,有一定的写作基础会更好。其次,做任何事情一定要持之以恒,用责任心和使命感来自觉要求自己、鞭策自己,要有不怕吃苦、不怕困难、不怕失败、百折不挠的精神。第三,一定要勤奋努力。选修旅游新闻实务必须要有这种学习态度,否则,实际水平永远不会提高。

第二节　旅游新闻实务课程的主要学习内容

一、重点学习内容安排说明

根据目前旅游院校学生的实际情况以及我们对本课程的设计,在这门尝试性的课程中,我们安排如下章节作为主要学习内容:第一,旅游新闻实务是一门什么样的课程,希望同学们通过这个章节的学习,对旅游新闻实务有个初步的印象;第二,旅游新闻实务产生的原因,希望同学们通过这个章节的学习,了解旅游新闻学产生的原因,从而明白自己的责任和使命;第三,旅游新闻实务产生的现实意义,通过该章节的学习,使同学们明了旅游新闻实务自身的价值和作用,从而坚定自己的学习信心和决心,增强学习主动性和积极性;第四,旅游新闻的受众群体分析,通过该章节的学习,使同学们了解旅游新闻的读者群的需求和特点,在日后的旅游新闻采写中更有的放矢;第五,旅游新闻市场前景的分析,通过该章节的学习,使同学们对整个旅游市场的发展具有前瞻性的独到见解,可以写出有深度、有力度、有价值、有影响的好作品来;第六,旅游新闻的种类、体裁和特点,该章节的学习,主要是帮助同学们掌握具体进行采写时所必备的能力;第七,旅游新闻的风格和语言特点,该章节的学习,使我们的同学能准确和规范地使用旅游新闻语言和所具备的风格;第八,旅游新闻的采访与写作(策划和制作),该章节的学习,主要是训练和提高同学们的实际能力;第九,旅游新闻记者的必备素质和修养,该章节的学习,是为了让选修了这门课的同学,在各方面对自己要有严格的要求,使之更好地承担起"旅游新闻记者"应该承担的责任;第十,考虑到未来旅游业发展模式的改变,平面媒体之外的电子媒体也纳入我们关注的视野,电视、网络、广播,根据同学兴趣、自身客观条件而作具体教学。

二、自学为主部分的安排说明

由于受到总课时量限制,作为新闻工作者必须了解的新闻史部分,不安排在课

堂内教学。为方便大家学习，我们参考了众多新闻学专著，并有选择地编进教材，独立成章，同学们通过自学，结合思考题，完全可以了解和掌握。有时间、精力和兴趣的同学，则可以找原著或更多的系列新闻学教材来补充。

第三节 学习旅游新闻实务的目的和意义

一、给自己架构一个全新的知识体系

2006年1月初，我在浙江旅游职业学院规划系的深圳实习地——欢乐谷，看到了欢乐谷主题公园的一份企业报，编得很好。当然，欢乐谷主题公园的高层管理者也很欣赏在那实习的学生们，肯定了这些实习生为他们的企业文化建设出了很多力。但是，实习生们却无力于这份报纸的编辑与出版，言谈中流露出些许遗憾。因此，学好旅游新闻实务这门课程，对于我们将来的发展肯定是有百利而无一害的，因为旅游新闻实务课程可以给自己架构一个全新的知识体系。

要学好旅游新闻实务这门课，首先要学好“传统”新闻。“传统”新闻的内容很多，要求也很高，知识面要求很广，政治理论、政策水平、思想水平要求之高都是空前的。还有，职业道德要求也非常高，工作能力、组织能力、公关能力等要求也很高。加上要和旅游行业结合起来，和旅游业相关实际结合起来，要学的东西实在是太多了。然而，对选修这门课的同学来说，既是压力也是机遇，既有劳作的艰辛，也有收获的甘甜。架构全新的知识体系，有助于我们开阔眼界、拓宽思路、丰富内涵、提高综合素质和各种能力、增强竞争实力。因此，学好这门课，能帮助我们更好地、更全面地发展自己，始终保持自己发展的持续力和原动力。

二、赋予自己一种特殊的、综合的能力

（一）能够提高自己的自学能力

首先，这门课的教学任务很重，要学习的内容很多，课堂教学时间严重不足，只有36课时，要学习的内容很多。从上面的介绍中我们发现，选修了这门课要掌握的知识远远超过课时量所能给予的，本来就很紧张的安排更加捉襟见肘。因此，更多的要靠大家自己去自学。如果你能坚持，就一定会有明显的收获，你的自学能力就一定会大大提高。其次，这门课的学习过程，实际就是将自己训练成一名合格的旅游新闻“记者”的过程。“记者”这个社会角色，就要求你的知识面要广，并且结构要合理，在采访写作过程中接触到的所有知识你都必须有所知，甚至是精通！比如一则争夺旅游资源的新闻报道，就牵涉到地域行政、区域文化、法律法规、经济管理、心理分析、人际关系等知识；又比如一篇游记类新闻报道，会涉及文学、历史、地理、文化、社会、读者心理等知识。内容非常多，问题也会层出不穷，课堂和老师的讲解

都是无法穷尽的。所以，更多的是要学会自学，在干中学，学中干。有很多知识也确实只有在实际工作中才会碰到，在实践中去学习、去研究、去领悟、去解决。如果说，大学教会你最有用的知识，就是自己如何去学习，那么，旅游新闻实务这门课程教给你的就是更自觉地去学习，更独立地去学习，更自如地去学习，更有效地去学习。

（二）能够培养自己全新、独特的思维能力

旅游新闻实务这门课程的最终目的，是为了让你具备一名名副其实的旅游记者所应有的能力。记者就必须具备记者应有的素质、修养和能力，全新的思维能力是其中比较核心的一种素质。新闻的指导性、权威性和可读性都源于记者本身全新、独特的思维能力带来的一种匠心独具的精彩报道。有新闻学专家在分析目前新闻业的现状时，说过这样一句发人深省的话："由于我们观念滞后，技能落后，培养出来的人正像未来学家托夫勒所说的：'我们正在培养着一批批失去未来，在不久的将来即将被淘汰的新闻传播能手与莘莘学子'"。针对性的措施则是："观念更新换脑筋和造就新闻创新人才。"而我们所学的旅游新闻却因为依附的行业本身所充满的变数和创新要求，促使我们的旅游新闻也必须和它吻合和相符。因此，全新、独特的思维能力就是必需的素质了。

（三）能够帮助自己具备一定的工作能力

"新闻报道本身是一个系统工程，是一门科学。掌握这门科学需要具备宏观和微观两方面的能力，它包括价值判断力、社会活动能力、对时局和新闻政策的理解能力、公关能力、审美能力以及采集、制作新闻作品和新闻传播的能力等。"记者本身是专门进行新闻报道的，旅游记者采写的则是专门针对旅游的新闻报道。新闻的特质就是对"人们欲知而无法知道的事实"的报道，很多事情不是轻而易举可以了解到、采撷到的。这时候，就要看你的公关能力、沟通能力、协调能力和解决突发性事件的能力。另外，作为记者要和方方面面的人打交道，没有做人的工作能力是绝对不行的。

（四）提高自身综合素质的一个很好的途径

记者的角色要求很高，不管是知识、水平、能力、思维，都有相当高的要求，通过真刀真枪的实际锻炼，同学们的知识结构、工作水平、处事能力等，都会得到锻炼、提高和加强。通过这样的实际锻炼，还能丰富自身的人生阅历、提高自己各方面的素养。所以，这是一条提高自身综合素质的很好途径。

（五）有利于在激烈的就业市场中立于不败之地

2005年3月16日《今日早报》B13版刊登的一篇报道《职业资格证/大学生就业的砝码吗？》清楚地告诉了我们一个不争的事实——学历、能力都重要，但我们更看重能力。这就是用人单位选择人才时的原则。是的，能力才是企业产生利润的根本。因此，企业更看重的是能力。学好旅游新闻实务，至少可以给我们带来如下

的收获:

较一般同龄学生宽阔的知识面;较一般同学丰富的实践经验;较一般同学丰硕的实际成就;较一般同学更强的竞争实力;较一般同学更宽泛的就业面;较一般同学更多的发展机遇;获得社会接纳和认可的几率大大增加;有助于自身早日步入成功,对社会的贡献可以更大。

例如:浙江电视台教育科技频道的"新青年制造"创始人张捷,毕业于浙江科技学院服装艺术系;浙江文艺广播电台的丁加,同样毕业于浙江科技学院化工系;《今日早报》记者许唯放,毕业于浙江科技学院服装艺术系;《交通旅游导报》记者兼编辑张阳,毕业于浙江科技学院化工系;《行报》记者陈洁,毕业于浙江科技学院服装艺术系;浙江电视台体育频道的几个主持人都来自浙江大学;杭州电视台《生活多精彩》栏目主持人李晶毕业于浙江师范大学非新闻专业。他们在从事新闻工作的时候,结合了更多自身所学专业的优势,往往策划出更有新意、更有市场、更贴近受众的优秀节目、栏目和作品。

经过"记者"角色的修炼,综合素质和综合能力得到了提高,因而不管在哪个岗位,都能获得成功。我们有很多毕业生的成功经验都印证了这样的成才途径是很有效的。

曹红缨事例。曹红缨是浙江科技学院96届服装艺术系毕业生,来自浙江丽水,原本并不太喜欢和人打交道,不喜欢多说话,但是加入记者团以后,因为必须经常以"记者"的身份"工作",特别是有了一年《浙江青年报》(今《青年时报》)的暑期社会实践,硬是把自己的潜能挖掘了出来,办公室事务处理,新闻专题的策划、新闻报道的组织、采写等,实习时间长达两个月。回来以后,她的综合素质和工作能力得到明显提高,报社居然也不愿意放她回来,希望她能继续在那里帮助工作。后来的毕业论文答辩和寻找工作的经历让她深深地感到,这样的锻炼对她成功步入社会起到了无法想象的作用。她在院报上发表的一篇文章中详细介绍了那些难忘的喜悦。"当时,我院还没有独立发本科毕业证书的资格,是委托给浙江美术学院的,我们共有几十位同学必须通过由美院专家组成的毕业论文答辩。大家的心情都非常紧张,特别是很多同学都沮丧地出来,脸上一片阴霾。轮到我时,同样很忐忑,老师们脸上的一脸严肃同样让我不寒而栗。正当我在调整心态的时候,老师让我报上姓名,'曹红缨','你就是曹红缨?''是啊!''你可以出去了!''为什么?'我一阵紧张,'优秀!你可以出去了!'我简直不敢相信自己的耳朵,站在那里不肯出去,进行论文答辩的老师看我被吓傻了,就原原本本地把原因告诉了我,一方面是我的毕业论文做得很好,毕业论文也写得很好,甚至比美院一些毕业生做得还好。另一方面是我在报社的经历和成绩令他们非常的满意,这样的论文答辩当然可以获得优秀!这时候的我才高兴地蹦跳出来,当我把这个结果告诉同学们的时候,他们也不敢相信。之后,在我毕业后找工作时,再次显示了我这段经历的优势,我去应聘的几个公司,都没有遇到任何障碍,当我表示出还要作考虑和比较时,他们都给出了十分优厚的待遇。我现在任职的公司老总已经和我打过招呼了,他有可能要到一个新的公司去任职,届时他希望我跟着他一起过去……”曹红缨同学最终的就业单位是深圳的一家大服装公司,两年后,她告诉我,已经在深圳购下了140多平方米的住房。

童永清事例。这是来自浙江龙游县湖镇的一位男同学,初来记者团报名时的害羞模样至今记忆犹新,问他叫什么名字时,他居然脸红到脖子根,声音轻得几乎听不见,但是通过几年的锻炼和培养,他成了我们学生记者团的团长,主持会议、组织活动、发表演说,做得很自如。毕业时,他就是凭着自己的实力和能力,敲开了要求很高的IT行业——UTSDK公司的大门,成为该公司的一名职员,年薪达十万元!令我们工作几十年,年收入仅为万余元的老师们自豪不已。

周伟庆事例。一位来自四川贫困地区的学生,因为地区差异,学习成绩一直上不去,非常苦恼,最后的毕业成绩很勉强,更关键的是没有兴趣的工作是无法做好的。而正是学生记者的经历给了他另外选择的可能,由于在报社实习时的钻研刻苦,勤奋努力,使他的记者天赋和潜能得到了最大限度发挥,他的实际能力远远超过了同去实习的科班出身的实习生,成了指导老师的得力助手,他采写的新闻稿件不仅角度新,而且社会价值也大,受到了报社老师和领导的表扬。毕业后,他如愿以偿地留在了杭州的某新闻单位工作。

浙江旅游职业学院“旅游新闻实务”班的陶凤娟同学,2006年暑期在新闻媒体实习,取得了令人欣喜的成绩——7月28日、8月4日,《杭州日报》第22版和第24版上,分别登载了陶凤娟同学的作品,篇幅很大,有一篇几乎是对开版的整个版面!这个集题报道从内容策划、外出采访、文章构思、写作一直到版面设计,都是她做的。还有该院的沈佳华、程学俊、李怀瑾同学,坚持了数月以后,都取得了一定的成绩。程学俊同学已有一篇篇幅不小的新闻稿发表在国家级报刊《中国旅游报》上。李怀瑾同学等也都能独立写稿、改稿,在老师的指点下编稿、画版样,学院报已在他们的努力下出版数期了。沈佳华同学等一直坚持出版到毕业实习为止。

这样成功的例子真的是不胜枚举。因此,我们非常期待着更多的同学经过这样的特殊培养和训练,能够取得比前面这些成功同学更大的成绩!毕竟他们的条件跟我们今天不可同日而语。

思考题

1. 你为什么要选修旅游新闻实务这门课程?
2. 你打算怎么学习这门课程?
3. 你有什么要对老师说的吗?

第二章

新闻记者的素质

新闻事业能不能办好，关键在于有没有一支高素质的新闻队伍。我们可以在中国新闻简史中看到，新闻在发展的过程中，队伍建设始终是一张报纸能否办好，一个媒体能否胜出的重要因素。

第一节　新闻记者的必备素质

记者是新闻采访活动的主体，对事实信息、新闻价值的判断，对新闻信息的采集、加工和整理，在很大程度上取决于采访者自身的素质。在我国，新闻活动和宣传事业是紧密联系在一起的，新闻活动是党的宣传工作的一个重要组成部分，记者在采访过程中无不发挥着自身的作用。他（她）的立场、观点、情绪、态度，时时影响着周围的人。著名报人邵飘萍“以采访为最重要，因为一张报纸的最重要原料为新闻，而新闻之取得乃在采访。”的观点从另外一个角度证明了记者与一个媒体间的重要关系。所以，记者的思想、境界、道德、作风、技能、知识等方面的素质就显得尤为重要了。

在现实生活中，大量存在的客观信息，为记者提供了采访、感受、认识、研究的对象，但它仅仅为采访主体进入新闻报道提供了一种可能性。能否采集到具有新闻价值的信息，占有真实可信、典型生动的事实，完全取决于记者的素质。这种优秀的素质，以良好的政治修养和高尚的道德品质为基础，由熟练的专业技能、完善的知识结构以及良好的心理素质综合而成。这是从事新闻采访的必要条件，也是提高新闻采访质量的保障。

因此，要做一名合格的记者，就要从以下几个方面去努力。

一、良好的政治素养

作为一名记者，首先必须具备良好的政治修养，这是我国新闻工作的性质所决定的。新闻和政治之间有着天然的联系，因而新闻不可避免地会与现实社会的政治生活发生密切的联系。作为为社会提供新闻产品的记者，其政治修养如何就不是一般问题了。

(一)政治方向

作为一名新闻记者,必须具有实现共产主义社会制度的崇高理想,愿意为完成党的工作目标而努力工作。

(二)政治立场

作为一名新闻记者,必须自觉贯彻党的路线、方针、政策,坚决维护党和人民的利益,旗帜鲜明地坚持真理,坚持原则。

(三)政治观点

作为一名新闻记者,必须坚持辩证唯物主义和历史唯物主义的基本观点,牢记全心全意为人民服务的宗旨,始终具有实现"三个代表"重要思想、建设有中国特色社会主义国家的自觉性。

(四)政治纪律

作为一名新闻记者,必须自觉遵守党纪国法。

(五)政治鉴别力

作为一名新闻记者,必须能准确判断和识别政治上的大是大非问题。

(六)政治敏锐性

作为一名新闻记者,必须具有在政治上见微知著的眼光和过人的洞察力。

要达到这样的境界,根本的一条就是加强政治学习,提高理论修养,认真学习,努力实践,刻苦研究,不断总结,注意提升,永不自满。

二、高尚的道德素养

处于新闻工作一线的记者,必须具有远大的共产主义理想、坚定的意志、高尚的道德情操和人格魅力,自觉遵守新闻工作的职业道德,处理好新闻采写过程中与人、与社会、与自然的关系。具体地说有以下几个方面:

(一)坚持真理

作为一名新闻记者,必须坚持新闻的真实性原则,在任何情况下不弄虚作假,对党的新闻事业高度负责,对读者高度负责。这是新闻工作者道德素养的核心内容。在长期的革命斗争中,我们党的新闻事业正是在宣传中坚持真实,坚持真理,才取得了广大人民群众的信任与支持,赢得了革命和建设的胜利。而在当今改革开放,意识形态和社会生活发生巨大变化的形势下,记者如何面对种种诱惑和压力,始终坚持真实、坚持真理就显得更为重要了。

(二)不牟私利

作为一名新闻记者,绝对不能利用记者的特殊身份和作用——他(她)在社会中拥有较高的社会地位,拥有了一定的"特权"和便利而牟取私利。因此,每一个记者都要摆正自己与集体的位置,妥善处理好公与私的关系,自觉抵制用党和人民给予的某些权力去牟取私利的错误做法。严格制止利用工作关系牟私利,如拉生意,做掮客,或是索要钱物等。

(三)积极竞争

作为一名新闻记者,要自觉发挥好党和人民的喉舌作用。我国各类媒体的服务对象及工作目标都是一致的,没有根本的原则分歧和利害冲突。所以,作为社会主义新闻工作者,相互之间应该不断增进友谊,互相帮助,共同进步。即使是竞争,也应在正常、正当、规范的前提下,健康、积极地进行,自觉抵制不利于新闻事业和破坏团结、不择手段互挖墙脚、背后搞小动作的行为和活动。同时,要正确处理好同行之间的关系,特别在抢独家新闻等环节上处理好同行间的关系,表现出高尚的道德情操。

三、熟练采写的技能素养

对于一名新闻记者来说,在具备了上述两个方面的素养之后,还必须具备过硬、熟练的采访技巧。专业的技能有以下几个方面:

(一)观察能力

新闻记者另有一个称呼,叫"观察家"。这个称号来自于记者在采访现场,不但能发现、捕捉到别人常忽略的细节,而且还能一叶知秋、见微知著,通过现象看到本质,记者的新闻敏感性就具有这样的特质。所谓的"新闻敏感",就是指新闻工作者及时辨别出新近发生的事实是否具有报道价值。新闻工作者是不是能够及时在纷繁复杂、浩如烟海的"新近发生的事实"中找出具有报道价值的新闻事实,其功夫就表现在"新闻敏感"性的强弱上。

要掌握这个技能,就必须从加强学习和勇于实践两个方面去努力。

(二)表达能力

新闻记者是和语言符号、文字符号、图像符号打交道的人。因此,他(她)首先应是个符号大师,具备运用各种符号,生动准确地表达意义、传播信息的能力。当然,记者的口才也非常重要。广播电视发展到今天,记者的口才变得越来越重要,当然,报纸等平面媒介记者的口才同样重要。在采访过程中,记者口才的好坏,直接关系到启发、激发被采访者的表达和展示;其次,记者口才的好坏,也直接影响到信息量获取的多少;最后,记者的好口才有助于采访的顺利进行。

(三)运用各种工具的能力

科学技术发展到21世纪,许多高科技的设备被广泛地运用于媒体中,有很多设备甚至被交叉在一起使用。报社记者不再单单是一支笔一本笔记本,往往同时带着相机,常常既撰文又摄影。电视台记者也不再仅仅是忠实记录现场的事实信息,还会通过先进的科技手段,将其做成影响力更大的新闻片(网络视频新闻)。面对大众传播的日益高科技化,当代社会对记者的要求也越来越高。因此,作为新闻记者,要尽可能拥有以下一些技能。

(1)熟练地使用电脑、传真以及不断更新升级的通信手段。

(2)熟练地掌握至少一门以上的外语。

(3)会驾驶汽车、摩托车或其他交通工具。

(4)掌握摄影、摄像、电子编辑等技能。

随着读者需求的不断增加,报纸版面要求图文并茂,文字记者也必须打破单一的书写记录方式。作为一名广播电视记者,更要有相关的知识和能力,能适应不断更新和升级的现代设备,拍摄、录制、剪辑、配乐、配音、合成、播出等等。作为旅游新闻工作者,这种能力更是必备的,很多时候的采访会和全身所有的器官相关,眼观六路,耳听八方,用摄像机或照相机及时记录新闻现场,用笔记录旅途见闻,用口交流独到的见解和想法等,有时还会客串司机或导游。

四、结构完善的知识素养

新闻记者的知识结构完善与否、知识水平的高低,决定了他的业务成就。当今社会,人们都生活在一个知识爆炸、"产品"更新迅速的时代,新闻媒体同样面临这个问题。之前有人认为,知识更新的周期大约是5年。然而,现实的情况远非如此,连最常用且规范的语言都面临着日益"更新"的现状。一个"超女"赛事,改变的不仅仅是一种比赛和娱乐方式,还几乎改变了包括人们思维习惯,甚至有人想把这种运作模式引入政治领域。"PK"一词几乎充斥了所有媒体,成为时尚。这说明了一个不容小视的问题,每当一种新知识出现后,新闻媒体往往起着率先运用并传播的作用。因此,记者所具备的完善的知识结构也比以往任何一个时候都重要。"理想的记者候选人应具有广博的基础文化知识和相当高的新闻水平。""2000年的记者还应该是一位专家,是一名名副其实的专业人员。他必须……善于分析从经济、政治和其他各界人士手中得来的各种消息。"这是20世纪90年代,在瑞士召开的全瑞士新闻与传播研讨会上,专家们讨论"21世纪的新闻事业将具备哪些特点,记者应具备哪些业务素质"重要话题时提出的观点。可见,记者完善的知识结构是何等的重要!作为旅游新闻记者,对旅游行业的专业知识显然在此是十分重要的,内行与外行,精确与粗糙,可读性强不强,都和我们的专业技能娴熟与否紧密地联系在一起。

第二节　旅游新闻记者的基本素质

讲到旅游新闻工作者的基本素质,还得和新闻工作者的基本素质结合起来,因为一名旅游新闻工作者从政治思想等很多层面上而言,和普通的新闻工作者没有什么区别。

一、过硬的政治理论素质

(一)认真学习相关的理论著作

结合学校政治课程中的理论著作,如邓小平理论、马克思主义理论、"三个代表"重要思想、科学发展观等;结合新闻工作的理论著作,如马克思的《莱比锡总汇报》、恩格斯的《马克思和〈新莱茵报〉》、列宁的《党的组织和党的出版物》、毛泽东的《报纸是指导工作教育群众的武器》、邓小平的《党的报刊要成为全国安定团结的思想上的中心》、江泽民的《在全国思想政治工作会议上的讲话》和胡锦涛的《胡锦涛同志在全国宣传部长会议上的重要讲话》等认真研读。

(二)认真学习、宣传、贯彻十六大精神,为全面建设小康社会提供强大的思想保证和舆论环境

解放思想,实事求是,与时俱进,切实转变不合时宜的思想观念,彻底改革阻碍发展的管理体制和运行机制,以发展是执政兴国第一要务的思想作指导,大力发展繁荣新闻出版事业,是贯彻落实"三个代表"重要思想的需要,是党和人民的殷切希望,是全国新闻出版战线的当务之急。

十六大报告对文化建设和文化体制改革提出明确要求:一是要牢牢把握先进文化的前进方向。报告提出要用"三个代表"重要思想统领社会主义文化建设,要大力发展先进文化,支持健康文化,努力改造落后文化,坚决抵制腐朽文化。二是要弘扬和培养民族精神,面对世界范围各种思想文化的相互碰撞,必须把弘扬和培养民族精神作为文化建设极为重要的任务。三是切实加强思想道德建设,深入进行党的基本理论、基本路线、基本纲领和"三个代表"重要思想的宣传教育,引导人们树立中国特色社会主义共同理想,树立正确的世界观、人生观和价值观。四是大力发展教育和科学事业,在全社会形成崇尚科学、鼓励创新、反对迷信和伪科学的良好氛围。五是积极发展文化事业和文化产业。发展文化产业是市场经济条件下繁荣社会主义文化、满足人民群众精神文化需求的重要途径,要完善文化产业政策,支持文化产业发展,增强我国文化产业的整体实力和竞争力。六是继续深化文化体制改革。根据社会主义精神文明的特点和规律,适应社会主义市场经济发展的要求,推进文化体制改革。

全面建设小康社会,需要一个能够提供强大思想保证和良好舆论环境的新闻出版事业。因此,作为一名旅游新闻工作者,必须认真学习、宣传、贯彻十六大精神,为实现十六大提出的战略任务尽自己的责任。

(三)自觉贯彻落实中央关于深化新闻出版业改革的指示精神,推进新闻出版业在改革中繁荣发展

坚持"三个有利于"的改革方针:有利于发挥新闻出版工作者的积极性,有利于促进新闻出版业的繁荣发展,有利于满足人民群众日益增长的精神文化需求,更好

地为人民服务，为社会主义服务，为全党全国工作大局服务。

坚持“四个不能”的工作原则：无论在什么情况下，党和人民喉舌的性质不能变，党管媒体的原则不能变，党管干部的立场不能变，正确的舆论导向不能变。

(四)坚持马克思主义新闻观，自觉遵守新闻工作的基本原则

马克思和恩格斯是马克思主义新闻观的创立者和奠基者，列宁是马克思主义新闻观的继承者和发展者，以毛泽东为代表的中国共产党人是马克思主义新闻观的实践者、继承者，也是其丰富者、创新者。我们要在实际工作中，坚持政治家办报；坚持正确的舆论导向；坚持为人民服务、为社会主义服务、为全党全国工作大局服务；坚持新闻的真实性；坚持党对新闻工作的领导。

二、高尚的道德素质

我国是社会主义国家，社会主义新闻事业是无产阶级政党所领导的人民的新闻事业。新闻工作和新闻从业人员都必须服从党的领导，坚持党性原则。对于社会主义的新闻工作者而言，应该经常地公开宣传、传播党的主张和观点，把全党、全国人民的思想、意志、行动都统一到党的目标上来。

作为社会主义的新闻工作者，必须具有高尚的共产主义理想、道德和情操，要遵守新闻工作的职业道德，处理好在采写、传播新闻过程中与人、与社会、与自然相处的关系。加强新闻工作者的道德品质具有特别重要的意义。

(一)坚持真理

坚持真理是新闻工作者道德品质的核心内容。坚持新闻的真实性原则，就是对党的新闻事业负责，对读者负责。

(二)不牟私利

每一个新闻工作者都要摆正个人与集体的位置，妥善处理好公与私的关系，绝不允许用党和人民给予的某些权力去牟取私利。

(三)积极竞争

正确处理好同行之间的关系。为共同事业而奋斗的同行之间，应积极开展竞争、合理进行竞争。

(四)理论联系实际

辩证唯物主义告诉我们，理论固然是重要的，但是如果把它束之高阁，也会变成一钱不值的垃圾。学习的目的全在于运用。

我们要学会在新闻活动中自觉地运用这些理论，用正确的世界观方法论来指导我们的新闻实践，并且善于不断总结和提炼，修正和改进，使自己的理论上升为一种理念、意识、方法、习惯和技能。

三、旅游新闻工作者的专业素质

新闻事业的发展趋势表明,未来的新闻工作者必须经过专业知识的学习。西方许多新闻学家则强调,未来的记者必须经过大学新闻系的专业训练。作为一名旅游新闻工作者,除了要具备一般新闻工作者的专业素质之外,还应具备旅游这个特殊行业的专业素质。

(一)一般新闻工作者的专业素质

一般新闻工作者的专业素质主要包括政治理论素质、道德品质素质及新闻业务素质三大方面。

(二)旅游新闻工作者的专业素质

1. 掌握传统新闻学基础理论中的精华部分

教材中对传统新闻学的基础知识部分作了较大的裁减,但以选修同学们够用为原则,同学们按照教材内容循序渐进地进行系统学习就可以了。在《前言》里我们已经作了说明,根据同学们的实际情况,我们重点把有限课时放在必须要学的内容上。原本设想,让同学们学的内容多一点,广一点,能力更强一点,竞争的优势更明显一点,但两年的实践证明,这不太符合高职院校学生的实际,同学们的境界、认知、心智、能力都还有较大距离。因此,能在短短的时间里,把基本的新闻稿写好,把一张报纸基本编辑好就足够了。至于电视新闻采撷制作、网络新闻设计、采写与制作、广播新闻等都不再作为实务内容要求大家,但是作为一种新闻现象还是要了解的。一旦有兴趣或有需要的时候,琢磨一下也可以上手。

因此,我们对同学们的要求是前面一部分知识必须要掌握和学好的,后面一部分则作为了解即可。

2. 兼备旅游新闻工作者的特质部分

以旅游记者为例,除了要有完善的知识结构、良好的心理素质,在专业技能方面具有通常意义上的观察能力、表述能力、运用各种工具的能力,还要兼有旅游记者的一些特质。这些特质表现为:

(1)对旅游事业的热爱。

(2)对旅游专业知识的掌握与熟练运用。

(3)对与旅游相关的一些人文与自然学科的掌握与理解。

(4)懂得旅游与自然的关系以及环境保护的意义。

(5)了解党的民族政策,懂得尊重各民族的生活习惯与各地的风俗习惯。

(6)具有吃苦耐劳的精神和健全的心理与生理素质。

(7)善于与社会各阶层的人员打交道,具有良好的沟通能力。

如此,我们不仅可以学习到与新闻相关的基本专业知识,掌握够用的新闻业务知识,而且还有利于把新闻的特性和旅游行业的特点有机地结合在一起,便于大家写出既符合新闻规律，又能体现旅游特色的好作品来，能为自己今后事业的发展调整打好基础。

因此，不管同学们现在来自什么系、什么专业，共同性的知识还是一定要学习的。不管你学的是酒店管理专业或是规划专业或是其他什么专业，我们都希望你能涉足导游专业“旅游基础知识”、“旅游文学”、“饭店管理与营销”、“景区管理与规划”等一些课程，并争取获得导游资格证，这样会有助于自己今后更顺手、更内行地做好相关新闻报道工作。

3. 培养独特的视角和思维方法

由于我们未来关注和报道的是与旅游相关的新闻事件，因此，我们就必须从现在开始，慢慢培养自己用新闻的敏感性和新闻的表现法来审视旅游行业中发生的种种事情，学会用这样的方法来表现应该表现的事件、人物和动向，写出可读性和吸引力强的好新闻来。

四、实现途径

作为旅游新闻记者，我们要善于把新闻性和娱乐性，知识性和可读性巧妙地融为一体，无论是哪种动感和魅力，风情和景色都能通过你的笔触生动而鲜活地再现出来。要达到这样的境界，同学们要努力从知识的广博面等方面入手。

（一）从知识的广博面入手

实践告诉我们，新闻记者的知识结构必须是相对广博的。新闻记者碰到的问题是方方面面的，所以，他的知识也应该是方方面面的。在新闻记者的基础知识方面，文学、史学、地理学、哲学、经济学、语言学、心理学、社会学、法学等都必须有所了解。这些基础知识，对于一个新闻记者，具有工具性意义。所以，平时同学们要尽可能多地接触这些知识，有心学习生活中出现的各种知识，有意识参加拓宽视野的学习活动。总之，一定要加强学习，基础知识才能慢慢积累起来。

（二）从每一次的新闻实践入手

新闻采访写作活动离不开自身知识这个基础前提，它将直接影响到自身的新闻实践活动成效与结果。比如，我们要去采写一篇关于多个城市重复建设“梁祝”遗址公园的报道，肯定会碰到诸如历史、地理、旅游文化、区域经济、行政管理等各个方面的问题。要把这样有深度的大稿写好，不费九牛二虎之力是绝对写不出来的，肯定会碰到很多专业性问题。只有解决了方方面面的问题，才有可能把这个稿子写出来，这个采写过程就是一个很好的学习过程。因此，我们要善于从一次成功的采访和写作中入手，把其中有价值的经验总结和概括出来，留作以后的范本进行借鉴。

（三）从自身的需求入手

“量变到质变”是一个哲学概念，它指的是事物发展到一定的阶段，一定会从量的扩张转变成质的飞跃。每一次的采写实践，都蕴藏着自身对工作成功的渴望，同时也会为之付出巨大的努力。如果你能通过自身一次次的实践、探索、总结和反思，不断积累起新知识、新经验，然后再举一反三、触类旁通，那么，你的基础知识会越来越丰富，知识体系会越来越丰满，结构也会越来越合理。

（四）培养良好的心理素质

人的心理素质不是天生的，社会角色的要求与塑造往往更能影响自身的心理。作为旅游新闻工作者，这点似乎是更需要强调的。

1. 坚忍不拔的意志

心理学给“意志”的定义是：人们自觉地确定目标，并支配调节自己的行动，去克服外部和内部的种种困难，以实现预定目标的心理素质。新闻采访是一项既要动脑、又要动手，既要有学、又要有术的工作，它的过程绝不轻松，有时候甚至异常艰苦，有的采访简直是刻骨铭心，终身难忘。记者并非嘴勤、手勤、腿勤就可以了，很多时候必须具备——不论任何恶劣环境和情况，都要有一种坚忍不拔的意志、一种顽强的精神。只有具备了这样的心理素质，才有追求成功的资格。

知名的中央电视台记者水均益、王志，就是因为有了这样的意志，才能在战火纷飞、硝烟弥漫的伊拉克战场和谈虎色变、人心惶惶的“非典”现场脱颖而出，危难之中的舍命和顽强成就了他们；天旋地转、恶浪滔天的强台风天气，狂风暴雨连站立都困难的现场报道，成就了浙江电视台从台风现场凯旋的女记者们。

2. 超乎寻常的胆识

古人云：“昔贤有言，成事在胆。文章千古事，苟无胆何以能千古乎？吾故曰：无胆则笔墨畏缩，胆既诎矣，才何由而得伸乎？惟胆能生才。但知才受于天，而抑知必待扩充于胆邪！”（转引自相知、王建昆《写作系统论导论》，吉林文史出版社1995年版，第115页）新闻采访也是这样。越危险的地方越出新闻，就看你有没有胆量。“不入虎穴，焉得虎子”就是这个道理。

“铁肩担道义，妙手著文章”道出了记者的胆魄。只有敢于面对事实，敢于说真话，具有忠实于事实的勇气和节气，具有追求真理、勇于探索、乐于为人民的利益赴汤蹈火的精神和正义感，不见风使舵、曲意逢迎、歪曲事实、弄虚作假，不怕得罪人，不怕打击报复，不怕别人不理解，不怕牺牲个人利益，才能成为一名优秀出色的记者。

我们可以通过后面第三章的“新闻史”，看到历史上能够真正称为“记者”的前辈们的铮铮铁骨和献身精神。他们都具有坚忍不拔的意志和超乎寻常的胆识。

3. 理智——意志型的性格特征

心理学家把人的性格分为理智型、情绪型、意志型、理智意志型四类。不管什么类型的记者，都要始终记住自己是一个记者，它所承担的社会角色不同于一般的公民。因此，要注意把握自己的性格特征，扬长避短，做好本职工作。

新闻采访是一项特殊的工作,它要求记者既要用理智的头脑去看待事物、分析问题,又要求记者不能意气用事;既要有坚强的意志,又不能刚愎自用,自以为是,盛气凌人。记者经常处于矛盾的中心、是非的旋涡、利害的焦点之中。记者的工作又常常受到来自各方或明或暗的指示、压力、阻挠和干扰,甚至是打击报复,如果没有良好的心理素质和坚强的性格,是无法完成任务的。同时,记者在工作中应该保持一股激情,因为激情对于记者投入采访和写出出色的作品很有帮助。

思考题

1. 记者的基本素质有哪几个方面?你同意吗?为什么?

2. 作为今后有可能从事新闻工作的你,打算怎样来培养自己的职业素质?

第三章

“传统”新闻的发展历史和发展轨迹

我们要真正了解“新闻”、把握“新闻”并能自如地做“新闻”，就必须究其本源，探其演变，才能继往开来，创新发展。“以史为镜；以史为鉴；以史为师。”特别对于我们这些非新闻专业的学生，“传统”新闻学的发展历史和轨迹，是一段“不得不说的史实”！我们只有对新闻的发展历史和轨迹有所了解，才能知道当一名记者应该具备什么样的品格，怎样才能当好一名记者。

第一节　中国古代新闻活动

中国古代的新闻活动可以上溯到人类的起源，历史可谓悠久。

一、原始时期信息传播的新闻形式

(一)口头新闻

生产力的发展，促使原始人类不得不用声音来传递信息。大约在13万年以前，由于生产、生活的社会化，协作、交流、沟通的需要，信息交往越来越多，原始人类锻炼了头脑和发声系统，相互之间“已经到了非说不可的地步了”(恩格斯)，喉管结合体语的呼喊，渐渐能够发出表示不同意思的声调或音节，于是原始的“语言”诞生了。原始人为了生存，用简单的手势和动作模仿，并辅之以呼叫和自然标志，形象地传递信息。比如，挥动果树枝，示意有果子可摘；挥舞棍棒，投掷石头，召唤同伴共同狩猎或御敌。语言成了原始人类传播新闻的重要手段。

(二)原始文字时期的“新闻”形式

语言的运用，推动了脑髓和感官的发达，锻炼了原始人的抽象思维和推断能力，人类进入了思维世界，信息传播跨上了一个新台阶。大约在六七千年以前，原始文字萌芽，人类开始尝试创造事象符号来传递信息。开始用木石刻画图像，或用自然材料(石块、草木等)摆置、编排成相似事象来交流信息。在河边沙滩上用石子摆成一条鱼的样子，告诉别人河里有鱼可捕；在山崖上画一只羊头，表示这里有羊可猎。这样的文字传播形成了历史上信息传播的第二次革命。

二、早期文字传播形式的新闻

商周时代，甲骨文、金文出现，中国文字开始定型，文字传播得以发展。秦代疆土统一，交通发达，为文字传播创造了条件；而秦代的“书同文”，更使文字传播克服了障碍，对文字传播产生了深远的影响，文字传播成为重要的传播形式。

甲骨卜辞，史官记事，可视为我国新闻体裁和新闻一词的发端。“新”与“闻”同时出现在一条甲骨卜辞中，其含义也是很清楚的：“新”是新鲜的意思；“闻”是听的意思或是听见的意思。

（一）诏书和露布的出现

简单的诏书和露布等是早期文字传播的主要形式。

诏书，是皇帝布告臣民周的命令。用今天的眼光看，可以认为是朝廷发布的“新闻”。公元前221年，秦始皇统一国家后，发表统一度量衡的诏书：“廿六年，皇帝尽并兼天下诸侯，黔首大安，立号为皇帝。乃诏承相状、绾，法度量则不一，嫌疑者，皆明一之。”这则诏书是刻印在陶制量器上传播开去的。这则诏书，不但传播了统一度量衡的新闻，也传播了秦始皇建国的消息。

露布是一种在帛上书写文字以通报消息的新闻传播形式。唐封演《封氏闻见记》记载：“‘露布’，捷书之别名也。诸军破贼，则以帛书建诸竿上，兵部谓之‘露布’，盖自汉以来有其名。所以名‘露布’者，谓不封检露而宣布，欲四方速知。亦谓之‘路板’。”露布主要用来传播战争捷报。

（二）古代官报的出现

关于古代报纸到底何时出现，学术界有不同的说法，目前比较可靠的说法是在唐代出现的。当然，这个报纸的形式与内容和现在是有很大的不同的。从唐至清，中国古代报纸可分为官报和民报两种。古代官报，习惯上通称为邸报，从唐代一直延续到清代。民间经营的报纸则在宋代开始出现，最初是非法的，明清时期出现了官方允许的民营报纸。

1. 古代官报

关于古代官报出现时代较为典型的几种观点：

（1）源于周朝。宋朝王安石曾把孔子编辑的《春秋》称为“断烂朝报”。20世纪30年代，日本新闻学者后藤武男、衫村广太郎和曾在我国燕京大学新闻系任教的美国新闻学者白瑞华教授都持这个说法。

（2）源于汉朝。20世纪20年代，中国学者戈公振持此观点。他在《中国报学史》一书中有专门的论述。

（3）源于唐代。当代新闻史学界总体肯定这一点。最具代表性的是著名新闻史学家方汉奇先生，他认为，中国报纸源于唐代，并且经过论证，确认现存于英国伦敦大不列颠图书馆的、我国唐代的进奏院状，就是我国最早的报纸。目前史学界采用这种说法。

唐代是我国封建时代一个空前繁荣的时期。政治开明、经济繁荣、文化昌盛、交通发达、造纸印刷工艺进步等,都为报纸的诞生提供了必要的条件。20 世纪 80 年代,史学研究者在现存的敦煌文物中,先后发现两份唐代的进奏院状。这两份进奏院状分别收藏于英国伦敦大不列颠图书馆和法国巴黎国立图书馆。经考证,这两份进奏院状都是唐僖宗时期,由驻守沙洲的归义军节度使张淮深派驻朝廷的进奏官发回沙洲的。内容分别是报告归义军派往朝廷专使晋见皇帝、会见大臣等情况以及归义军专使在京城活动的情况。这两份进奏院状曾长期封存在敦煌莫高窟,直至 1907 年前后,由英国人和法国人分别从敦煌带走。因此,这两份进奏院状属于敦煌文物,又被称为“敦煌进奏院状”。这是中国现存最古老的报纸,也是世界上年代最古老的原始报纸。

2. 古代民间报纸

(1)宋代小报。小报是宋代出现的民间流行的非法报纸,至南宋时颇为盛行。这是中国新闻史上最早的民间报纸。有文献记载,在宋真宗、仁宗时期,首都开封已经出现了这类小报。如《宋会要辑稿》中记载“真宗大中祥符元年诏:不得非时供报朝廷事宜。令进奏官五人为保,犯者科违制之罪”,等等。与邸报相比,民间小报的新闻性、时效性、专业化和商业化的程度明显提高。

(2)明清时期的《京报》。明清时期,出现了专门从事抄报的行业和抄送邸报的民间报房机构。清代民间报房所出的报纸,统称为京报。京报是中国古代报纸中形态最为完备的一种,但它毕竟不是近代报纸。信息单一,内容被严格限制,无法满足近代社会人们的需求,办报人也没有自己的采写自由。

(3)辕门抄。辕门抄是一种以报道地方官场消息为主的民营报纸,在各省会和一些重要城市出版,是京报以外最受当时官绅注意的一种民间报纸。这种报纸由当地熟悉官场情况的抄报人编发。

思考题

1. 中国古代的新闻形式有几种?分别称谓什么?出现这些新闻形式的基础条件是什么?

2. 官报的种类有哪些?民报的种类有哪些?官报和民报的区别在哪里?

第二节 中国近代新闻活动

近代新闻业是适应资本主义商品经济的发展而产生的新闻机构,是适应市场经济的发展和信息交流的需要而出现的,是专门从事新闻的社会机构,是社会结构的有机组成部分。新闻记者第一次成为吃新闻饭的专门人才。

一、近代外国新闻事业的传入

19世纪初叶，先后经历了工业革命的西方资本主义社会迅速发展，并逐步对外扩张。以英国为首的一些资本主义国家在统治印度、侵占缅甸、挺进印度支那地区后，将侵略的目标指向中国。从1815年到1894年中日甲午战争之前，外国人在中国出版了中文报刊八十多种、外文报刊一百三十多种，基本上垄断了当时中国的新闻出版事业，形成了中国新闻事业史上一个特殊的历史时期。

(一)传教士报刊活动

早期来华的传教士为了迅速在中国传播其思想，首先利用了报刊这一媒介手段，于是出现了最早的一批近代中文报刊。

1.《察世俗每月统计传》

1815年8月5日，第一家中文近代报刊《察世俗每月统计传》在马六甲创刊。创办人是英国基督教传教士马礼逊和米怜。这是一份较纯粹的宗教刊物，“以阐发基督教义为根本要务。”《察世俗每月统计传》标志着传教士早期的办报活动。

《察世俗每月统计传》的特点是：很注意宣传策略；很注意宣传方法；有明确的读者观念；文体多种多样；采用雕版印刷。

2.《东西洋考每月统计传》

1833年8月1日，普鲁士传教士郭士立在广州创办《东西洋考每月统计传》。郭士立是一个有强烈政治意识的传教士，他坦言：“它的出版意图，就是要使中国人认识我们的工艺、科学和道义，从而清除他们那种高傲和排外观念。”明确表示：“这个月刊是为维护广州和澳门的外国公民的利益而开办的。”《东西洋考每月统计传》标志着传教士办报活动的变化。

《东西洋考每月统计传》的特点是为帝国主义入侵中国服务；刊物的内容有了很大的变化，科学文化知识占主导地位，另有让中国人接受的伦理道德、宣传西方文明，目的是让中国人按照他们的行为习惯接纳他们；新闻在此得到重视，对现实问题、时事政治表现出浓厚的兴趣，每期都设有新闻专栏，转载中外报纸的内容；在报纸上刊登有关新闻学的论文，介绍西方报纸的起源、状况和新闻自由的法律制度；雕版印刷，线装书式，刊期相同，名称相近。

3.《万国公报》

鸦片战争以后，外国人在中国的报刊活动迅速发展，这一时期出现了有较大影响的传教士报刊，最典型的是《万国公报》。是美国传教士林乐知于1868年9月5日在上海创办的一份周刊，1907年停刊，历时近40年，出版966期，是传教士所办中文报刊中历史最长、发行最广、影响最大的一种。

《万国公报》的特点是：第一份以时事政治为主的综合性刊物；对国内官员士大夫的影响很大；是传教士所办中文报刊中历史最长、发行最广、影响最大的一种。

(二)中文商业报纸的崛起

鸦片战争之后,西方各国的对外贸易不断扩大,外国商人大量拥入中国,社会对商业信息的需求日益增加,于是,在一些重要城市出现了商业性报纸。

1.《香港船头货价纸》

这是中国最早的一份商业性报纸,约于1858年出现在香港,由香港英文日报《孖剌报》主办,周三刊,逢周二、周四、周六印发,以香港铺户为发行对象,主要刊登行情、船期、广告和少量新闻。

《香港船头货价纸》的特点是:刊期大大地缩短;篇幅呈单页化;内容比较单一,多以商情、广告为核心,附带新闻,少有言论。

2.《申报》

1872年4月30日,由英国商人美查在上海正式创刊。主要表现为报纸向日报演变,呈现出综合化的特点,并且出现本土化的倾向。《申报》的出现是商业报纸综合化发展的开始。

《申报》的特点是:公开宣称自己办报的目的就是为了赚钱;有着更为明确的市场意义;引领商业性报纸向日报化发展;引领商业报纸向综合化发展;凸显近代报纸的中国化,从主笔到经营报务几乎都是中国人;注意文化事业的发展;高度重视新闻报道——广招访员(记者)、遇重大事件即派访员前往采访、不遗余力地深挖新闻并连续报道、开辟电报线路的新闻专电。这为后来《申报》成为有全国影响的大报打下了基础,中国近代报纸的基本模式也由此定型。

(三)外文报刊

随着中国国门的逐步被打开,进入中国的外国人日渐增多,他们为了了解中国的情况、加强相互间的联系、交流在华活动经验和对付清政府的措施,在中国创办了大批外文报刊,发展速度比中文报刊的快。鸦片战争前,中文报刊包括在南洋出版的在内,也只有6种,而外文报刊则有17种左右。鸦片战争以后,外文报刊发展的速度更为迅速,至1894年,外文报刊已达80余种。其中不少报刊长期出版,有的甚至达到百年以上。最先出版的是葡文报纸,然后相继出版了英文报纸、法文报纸、德文报纸和日文报纸。

1.《蜜蜂华报》

《蜜蜂华报》是1822年9月12日,在澳门创刊的第一家葡文报纸,由葡萄牙执政党创办,为周刊。是中国境内第一家外文报纸。

2.《广州记录报》

《广州记录报》是1827年11月,由英国鸦片商人马地臣在广州创刊的第一家英文报纸。

3.《上海新闻》和《上海差报》

这两种报纸是1870—1872年间,法国官方思想和政治的传递者在上海创办的最早的法文报纸。

4.《德文新报》

《德文新报》是1886年1月在上海创刊，是最早出版的德文报刊，以德国在华侨民为主要发行对象。

此外还有《上海新闻》、《上海时报》、《上海周报》，是最早的日文报刊，于1890—1894年间在上海创办。随着外国报刊向中国腹地的扩张，英文报纸也逐步在京津地区及厦门、汉口等沿海、沿江城市出现。

外报作为殖民主义的伴随物，它的作用是两方面的，一方面这些外国报刊毋庸置疑地打上了侵略性的印记；另外一方面，它们作为中国第一批近代报刊，在中国社会发展进程中起到了积极作用。如各类报纸都拥有自己办报宗旨的观念；在重视新闻采访与写作、报纸的版式设计和编辑业务上，都有了明显的进步。这些对于文化交流的促进、对于自然科学知识的启蒙、对于促进中国新闻事业的发展都起到了积极的作用，在新闻观念和新闻实践方面影响了中国近代报业。

(四)外国通讯社的出现

根据1870年路透社、哈瓦斯社和沃尔夫通讯社三家分割世界新闻市场的协议，中国属于路透社的垄断领域。

1872年，英国路透社在上海建立路透社远东分社。这是在中国最早的外国通讯社，先后向英文报纸、中文报纸发稿。一直到1934年与“中央通讯社”签约，路透社才放弃在华的直接发稿权。

二、中国近代民族报业萌芽

国人最早接触近代报刊的人，是为第一批传教士报刊工作的印刷工人。他们不但做刻印工作，还写些短文，但不能在新闻领域真正产生作用。真正产生作用并引起新闻史研究者注意的是林则徐和魏源。

(一)国人早期与外报的接触及办报构想

传教士报刊的进入中国，使国人有机会接触近代报业的运作，也引起了一批有识之士的关注，外报的进入为国人接触近代报刊打下了基础。1839年3月，林则徐作为钦差大臣赴广州办理“夷务”，查禁鸦片。在实地调查过程中，发现“夷人刊印之新闻纸”能提供不少情况，因此，“展转购得新闻纸，密为译出”，整理成册后，供自己和同僚作了解夷情的重要参考，还将部分译稿加工整理呈送道光皇帝阅览。这是中国人第一次成功地利用近代报刊这一新生事物为自己服务。

魏源继承和发展了林则徐的思想，依据林则徐翻译的材料和其他文献，编著了著名的《海国图治》一书，提出“师夷之长技以制夷”的观点，并发展为“知己知彼，可款可战，匪正奚方，孰医暝眩。”

当时的另一重要现象，就是中国人在外报担任主编的很多。这为国人后来创办报纸打下了坚实基础。

(二)第一批国人自办报刊出现

自19世纪70年代开始,在香港、上海等地开始出现了国人自办的报刊。

1.《昭文新报》

《昭文新报》创刊于1873年8月,主持人艾小梅,只有3个多月就停刊了。这是中国人办报最早的尝试。

2.《循环日报》

《循环日报》创刊于1874年2月4日,由王韬主编,这份报纸后来发展成早期国人报刊中影响最大的一家。该报直至1912年停刊。

3.《汇报》

《汇报》于1874年6月16日,由容闳创办。这是上海第一家中国人创办的日报。后两度改名,至1875年12月4日报纸停刊。

4.《新报》

《新报》于1876年12月23日创刊,上海另一家国人自办的报纸。该报名为商办,实为上海道台冯竣光控制。

进入19世纪80年代以后,广州成为国人办报的又一个中心。

5.《述报》

《述报》于1884年4月18日《述报》创刊,这是广州第一家国人自办的日报,也是中国第一份石印日报。1885年4月4日后因故停刊。《述报》的特点是创新之举很多,每期都有绘制图画穿插其中,还将战争中中方将领的照片和越南地图印成单页,随报赠送。

6.《广报》

《广报》于1886年6月24日,由邝其照创办,是广州第二家中文日报。1891年,因刊载某大员被参的奏折,触怒了当时的湖广总督李翰章而被查封。后几经易名,都不顺利,又曾被租界当局查封。1900年冬季,因发行受限制,不久再度停刊。

7.《岭南日报》

《岭南日报》于1891年创刊,由劳保胜、武子涛主持,1897年停刊。

(三)著名报人的出现

在第一批中国人创办的报刊中,影响最大的是王韬和他的《循环日报》。

王韬(1828—1897),我国近代著名维新思想家和报刊政论家,是我国早期国人办报活动中最出色的一位报人。王韬在中国近代报刊史上有着开启后来的重要地位和作用,他创办《循环日报》,开我国近代政论报刊之先河;改革政论文体,为近代报章文体的发展奠定了基础;先进的新闻观点,强调报刊的政治作用,对于报刊的功能加以阐述。

三、近代政治运动中的报业高潮

甲午战争之后，中国人早期的办报尝试在近代政治运动中被大加张扬，轰轰烈烈的维新运动夹带着中国知识分子救国救民的热情与学习先进、改革弊端的理念，席卷了中国这块古老的大地。报刊作为新思想的重要载体，开始了它的第一次辉煌。

（一）维新运动中的办报高潮

1895 年 8 月 17 日，维新派的第一家报纸《万国公报》创刊了，经费由康有为筹措，梁启超、麦孟华担任编辑，双日刊，格式与《京报》相仿。1895 年 11 月，康有为在北京成立了维新派第一个具有政党性质的政治团体强学会，并于 1895 年 12 月 15 日将《万国公报》改名为《中外纪闻》。

1896 年 1 月 12 日，维新派第一个具有政党性质的政治团体强学会机关报——《强学报》在上海创办。1896 年 1 月 20 日，由于以康有为为首的维新派的一系列活动，光绪皇帝迫于压力下令查禁强学会的一切活动，《中外纪闻》被迫停刊。1 月 25 日，张之洞下令解散上海强学会，《强学报》只存在了 4 天，出版了 3 期。

《时务报》于 1896 年 8 月 9 日在上海创刊，为旬刊书本式，每期 3 万字左右。于 1898 年 8 月 8 日停刊。

《知新报》于 1897 年 2 月 22 日在澳门创刊，是华南最有影响力的一份报纸，1901 年 1 月 20 日自动停刊。

《湘学新报》于 1897 年在长沙创刊。这是湖南第一份近代中文报刊。

《湘报》是湖南第一份近代日报，于 1898 年 3 月 7 日正式发刊，7 月 19 日休刊，10 月 15 日终刊。

《国闻报》和《国闻汇编》是维新派在北方最重要的舆论阵地，1897 年 10 月 26 日在天津创办，日报。创办者为严复等一批具有维新思想的知识分子，但因为这些人都是朝廷命官，所以名义上由福建人李志成挂名为馆主。1897 年 12 月，报馆又出版了《国闻汇编》旬刊。宗旨为“一翻译，二采访”，出版六期后就停办了。

（二）国人第一次报业高潮

在维新报刊的带动下，国人办报热情空前高涨。从 1896 年至 1898 年间，国人新办报刊就达 105 家，国人第一次报业高潮由此形成。

国人办报的特点，一是报刊活动的主流是维新派或是与维新派有关联的报刊，占到了 70% 以上。二是报刊的地域分布较广，有二十多个城镇出现报刊，其中又以维新派活动较为频繁的上海、湖南为最多。三是文艺性报刊的出现。第一份文艺性报刊是于 1896 年 6 月 6 日在上海创刊的《指南报》，创办人是李伯元。同时还出现了白话报刊、妇女报刊、专业报刊。四是以维新派为主流的办报热潮对封建政府的影响日益扩大。

(三)戊戌政变后改良派报刊活动

1. 改良派在海外的报刊活动

戊戌变法后,康有为、梁启超流亡日本,继续从事政治活动和报刊活动。1899年7月,他们在加拿大成立了保皇会。之后短短几年,他们在世界华人聚集地创办和控制了30多种报刊,大力鼓吹保皇立宪,宣传改良思想。

《清议报》。1898年12月3日,康、梁在日本横滨创刊的第一个海外报刊,后来成为保皇会的第一个机关报。宗旨是抨击朝政、鼓吹保皇,宣传介绍西方资产阶级社会政治学说和文化道德思想,进行思想启蒙宣传。1901年12月21日,因报馆发生火灾,被迫停刊。正好出满100期。

《新民丛报》。这是一份在《清议报》停刊不到两个月的时候,在旅日华侨的支持下,梁启超在横滨创办的一份报纸,为大型综合性半月刊,32开本,每期约120页,内容涵盖面极广,共有社会科学、自然科学方面的各种栏目24个。刊物的装帧、编辑也很精美,是从戊戌到辛亥十几年间资产阶级改良派最重要、最有代表性的机关刊物。

《新小说》。1902年在横滨诞生。这是中国近代第一份以刊登新体小说为主的文艺刊物,对晚清小说创作产生了极大的影响。

2. 改良派在国内的报刊活动

1903年以后,随着革命形势的发展,清政府对改良派的限制有所放松。康有为、梁启超直接派人回国办报。

《时报》。1904年6月12日在上海创办。主持人和总主笔都是康门弟子,初期的《时报》实为康、梁在国内的重要宣传阵地,1939年停刊。其特点一是在政治宣传上并不尽力,与办报者的宗旨有很大出入;二是业务影响较大,评论很有特色,版面与版式有突破,该报的文艺性附章办得很充实。

3. 梁启超的新闻活动和新闻思想

梁启超(1873—1929),字卓如,号任公,又号饮冰室主人等,广东新会人。出身于小地主家庭,自幼熟读经书,17岁考中举人。1890年春,在其父陪同下,进京参加会试,落第而归。回广州经同学介绍认识了康有为,并拜其为师。接着,参加康有为主持的《万国公报》、《中外纪闻》的编辑工作,开始其报纸生涯。1896年至1905年,梁启超主编的四份刊物《时务报》、《清议报》、《新民丛报》、《新小说》都产生了极大的影响。他成功地宣传了资产阶级维新变法的主张,树立了利用报刊宣传思想、推动运动的成功范例,成为清末最杰出的报刊活动家、资产阶级启蒙思想家、中国近代政治家办报的代表人物。他的新闻思想也十分丰富,主要体现在以下几个方面:报纸的功能作用;如何办报;关于舆论;关于宣传方法。

(四)辛亥革命运动中的办报高潮

1894年,资产阶级革命派第一个政治团体兴中会在檀香山成立,开始有组织地进行革命活动。

1.《中国日报》

兴中会成立6年后,1900年1月25日,资产阶级革命派在香港创办了《中国日报》,孙中山亲自领导报纸的筹备工作,革命报刊随之开始。这是第一张具有机关报性质的报纸。

2.《开智录》、《译书汇编》和《国民报》

《开智录》、《译书汇编》和《国民报》开始于1899年,几乎和《中国日报》相同,是最早的一批具有革命倾向的留学生报刊。多以翻译西方名著的方式来传播资产阶级民主自由思想,反映了正在由改良向革命转化的小资产阶级知识分子的政治倾向。

3.《开智录》

1899年冬在日本的横滨出版,为半月刊。

4.《译书汇编》

1900年12月6日在日本东京创刊,为月刊。

5.《国民报》

1901年5月10日在东京创刊,为月刊。1902年到1903年,留日学生中还出现一批宣传爱国主义、鼓吹革命的刊物。这些刊物多在同乡会组织的基础上出版,其中影响比较大的有《游学译报》、《湖北学生界》、《江苏》、《浙江潮》、《直说》等,革命倾向更为明显。

6.《苏报》和"苏报案"

《苏报》原是一份日商报纸,于1896年6月26日在上海创刊。创刊人胡璋因其妻为日本人,挂"日商"招牌。因利用言论索贿行诈、刊登黄色新闻而声名狼藉,不得已于1903年转卖给清政府的一名叫陈范的官员。《苏报》开始影响不大,与蔡元培等革命人士合作以后,成为爱国学社的言论机关,完全转向革命后才发挥了积极作用。1903年5月27日,陆师学堂退学学生、爱国学社成员章士钊担任《苏报》主笔,《苏报》开始了最辉煌的时期,从内容到形式都成为一张极具战斗力的革命报纸。

《苏报》对邹容《革命军》一书的介绍和章太炎《驳康有为最近政见书》一文的发表,使革命宣传达到高潮。《苏报》的宣传在社会上引起了强烈反响,也引起了清政府的仇视。在清政府的强烈要求下,租界军警于1903年6月30日包围了苏报馆和爱国学社。有关人员已闻风而避走,章太炎却执意不走,从容被捕。邹容闻讯也于第二天自行投案。1903年7月7日,报馆被查封。

清政府很重视这一案件,不惜以出卖沪宁路权为条件,力求将章、邹等人从租界引渡到手。但由于租界当局反对引渡的意见占了上风,因而引渡未成。于是,一场以清政府为原告、《苏报》为被告的奇特审讯在租界法庭上开始了。这场官司持续了10个月，连续开庭7次，清政府官员在法庭上丑态百出，而邹、章两人却慷慨陈词，大讲革命道理，成为传诵一时的英雄人物。

1904年5月22日，租界会审作出判决：监禁章太炎3年，邹容2年，从前一年被捕到案之日算起，期满逐出租界，《苏报》永远停刊。这就是历史上著名的“苏报案”。

7.《民报》和大论战

1905年8月，同盟会在日本东京成立，资产阶级革命派的报刊活动进入了一个新阶段。为了扩大同盟会的政治影响，宣传资产阶级民主革命思想，孙中山主持出版了《民报》，其前身是1905年6月留日学生创办于东京的革命刊物《二十世纪之支那》。《民报》为月刊，实际上常不定期出版，以刊登政论文为主，1912年2月停刊。

使《民报》产生巨大影响的一个重要原因是大论战。《民报》创刊以后，革命派与保皇派的斗争日趋激烈，保皇派成为民主革命的最大障碍。在这种情况下，《民报》首先发难，对手是以老牌改良主义宣传家梁启超为代表的《新民丛报》，开始了围绕着革命还是保皇？实行民主共和制还是君主立宪制？要不要改变封建土地所有制？三大问题，进行了大规模的激烈论战。而问题的焦点则是：是否要用暴力推翻清政府？论战的结果是革命派大获全胜，1907年11月，《新民丛报》停刊。

这是我国新闻史上第一次大规模的报刊论战，规模之大，参战的报刊之多，持续的时间之久是空前的。

8. 于右任和“竖三民”

于右任（1879—1964），陕西三原人，原名伯循，字诱人，笔名佑任、半哭半笑楼主等，晚年号太平老人。1906年在日本加入同盟会，1907年回上海创办《神州日报》。之后，又先后创办《民呼日报》（1909年5月15日—9月8日）、《民吁日报》（1909年10月3日—11月19日）、《民立报》（1910年10月11日—1913年9月4日），大力鼓吹反清革命，成为这一时期革命派著名的报刊活动家。

“竖三民”就是指于右任在1909年至1910年间相继创办的《民呼日报》、《民吁日报》、《民立报》这三份报纸，因为都是他一人创办的，并且都是竖排，以“民”字开头的，因此有“竖三民”之称。

9.《大江报》和“大江报案”

《大江报》于1910年12月14日创刊，属湖北革命团体文学社的机关报。创刊初期，谓《大江白话报》，后改《大江报》。《大江报》日出两大张，其中，新闻报道和评论较为出色，对欺压中国人民的帝国主义进行了猛烈的抨击。使《大江报》享有盛名的是它所刊登的评论《大乱者救中国之妙药也》、《亡中国和平也》，并由此引发了“大江报案”。

正是《大江报》上述两篇评论的发表，给国民党人以极大的鼓舞，同时引起了清政府的极度恐慌。当时，国内正在进行激烈的抗捐、抢米斗争，革命党人正在酝酿着推翻封建统治者的最后一次武装起义。1911 年 8 月 1 日晚，湖北地方官吏派军警包围了《大江报》报馆，逮捕了总经理兼总编辑詹大悲，协助编辑何海鸣闻讯自动投案，报馆随即被封。报馆被封后不到 3 个月，武昌起义就爆发了。

报案发生的消息传出后，立即引起国内舆论的强烈反响。各地报纸纷纷指责清政府摧残言论的暴行，在各界舆论的强大压力下，湖北官方只得从轻发落詹大悲和何海鸣，以罚款 800 元了事，因两人无钱可交，改判徒刑 18 个月。

《大江报》的寿命虽然很短，但是给读者留下了深刻的印象。

（五）国人报业高潮再度涌现

同盟会成立后，革命派的报刊活动在海内外普遍展开。由于大批革命人士的归国，革命报刊活动以上海、港穗、武汉三地为中心而遍及全国，而立宪运动的高涨又带动了一批立宪报的出现。如此，以革命报刊为主流的又一个报业高潮形成了。

1. 沪、港、穗等地的革命派报刊

上海作为革命派活动的重要基地，报刊活动十分活跃。从 1905 年到 1911 年，革命派共办报刊 16 家。除了于右任办的报纸之外，较有影响的有下列几份报刊：

《中国女报》。1907 年 1 月创刊，以女性读者为对象，以争女权、争独立、争解放为宗旨，秋瑾任编辑兼发行人。后由于秋瑾忙于筹备武装起义，只办了两期。

《大陆报》。1911 年 8 月 29 日创刊，是辛亥革命时期革命党人在国内创办的唯一的一份英文日报，由孙中山在海外集资并委托美国朋友创办，目的是争取国际舆论的支持。"二次革命"失败后转为美商报纸。

《天铎报》。1910 年 3 月 11 日创办，创办人为著名立宪派人士杨寿潜。由于任该报的总编辑和主笔等人，先后都是同盟会会员或是同情革命的人士，所以报纸的革命色彩很浓，使该报在上海很受欢迎。

2. 香港的《中国日报》和广州的《时事画报》

香港和广州两地出版的报刊约有 30 余种。其中香港的《中国日报》影响最大；广州的《时事画报》创办于 1905 年 9 月，是革命派出版的第一本画报。

3. 武汉的革命派报刊

武汉当时是长江沿岸革命派的重要活动中心。1905 年至武昌起义前共有革命报刊 10 多种，除了《大江报》以外，有影响的还有《楚报》、《商务报》等。

4. 立宪派报刊

1906 年，清政府宣布"预备立宪"，随后成立资政院和咨议局，成立国会。康、梁为首的保皇会和国内的改良势力受到鼓舞，在国内形成了一场声势浩大的立宪运动，也创办了不少鼓吹立宪的报刊。

《政论》。1907 年 10 月，康有为、梁启超在上海创刊，为月刊。1908 年 8 月 13 日被清政府以"纠集党翼，化名研究时务，阴谋煽乱，扰害治安"罪名被查禁。

《国风报》。1910 年 2 月 20 日，康、梁在上海创刊，每期 100 余页，为大型旬刊，

共53期，武昌起义时停刊。

《国事报》。1906年9月在广州创刊，为日报，宣传立宪，由徐勤主办。

这一时期还有各类全国各地立宪组织创办的刊物，较有影响的有下列几种：

《预备立宪公会报》。1908年2月，由上海预备立宪公会机关报创办的半月刊。

《国民公报》。1910年8月，全国性立宪团体国会请愿同志会在北京出版的日报。

《宪政新闻》和《宪法白话报》。这两份报刊是立宪派个人在北京出版的报刊。

《中国新报》。国外立宪派人士杨度于1907年1月在东京创办，影响较大。

（六）官报发展与报律出现

1. 官报的发展

1900年八国联军入侵中国以后，清廷统治危机加剧，被迫推行“新政”，报禁有所放松，政府自己也大力办报，从1902年天津《北洋官报》创始，1904年《南洋官报》随之开办，自此逐渐在全国各省形成庞大的官报网。从1906年到1911年武昌起义前，陆续出版有70余种。这种报纸在新闻史上被称为新型官报。其中最有代表性的是：

《政治官报》。1907年由中央考察政治馆出版，这是清政府第一家中央级官报，每日出版一册。1911年8月改名为《内阁官报》，代表政府公布法令，成为真正的中央政府机关报。

《商务官报》和《学务官报》。1906年由商务部和学务部创办。

此外，省级官报，也在同样的形势下层出不穷，还有五花八门的部门报纸。

2. 报律的出现

在出版业蓬勃发展的同时，作为新政的内容之一，清政府开始制定“集会言论出版之律”。1906年，清政府颁布了《大清印刷物专律》、《报章应守规则》。

《大清印刷物专律》是清政府制定的第一部关于报刊出版的专门法律，由清政府商部、巡警部、学部共同拟定，对报刊的注册、审批、处罚等作了严格的规定。

《报章应守规则》由巡警部拟定，是对前者的补充。

《大清报律》于1908年颁布，是中国历史上第一部新闻法，由商部、民政部、法部等部门参照日本的新闻法拟定，于1908年3月14日奉旨颁行，共45条。《大清报律》规定报刊创办前必须向警察机关注册，缴纳保证金；每期报纸出版前的样报必须呈送巡警官署或地方官署查核；在新闻报道与言论方面，不准刊登审判衙门禁止旁听的诉讼事件、未经公判的预审事件。等等。这些律令虽有浓厚的封建色彩，但这毕竟是中国近代新闻法制度的源头所在，其意义是不容忽视。

（七）新闻业务的进步

1. 新闻报道的进步

新闻的比重明显增加；新闻种类增多；新闻写作呈多元化趋势；新闻时效性进

一步加强。

2. 记者地位的提高

3. 编辑工作的改进

在版式上结束了国人早期办报长时间"报"、"刊"不分的局面，报纸的特点得以充分的发挥；新闻标题明显变化，由过去按地区分类，一文一题发展为主题、副题、眉题等同时使用的多行题形式；新闻摄影图片也在报刊上大量出现。

4. 言论的进一步发展

时评大量出现；编者按广泛使用。

5. 副刊的地位进一步确立

大部分报纸都开设了文艺副刊，刊载小说、诗歌等文艺性作品。

(八)报纸的经营受到重视

1. 争取读者

《中国日报》、《民立报》等都采用过向订户赠送月份牌的方法。《民呼日报》发行之初还采用过赠送彩券的办法。

2. 广告受到普遍的重视

现代报刊的雏形在这次报刊发展的热潮中已经基本确立。

四、近代新闻事业的职业化发展

辛亥革命的胜利，结束了几千年的封建统治，建立了新型的民主共和国，自由新闻体制得以确立。宽松的环境使新闻事业在短时间里得到迅速发展。政治运动中萌生的政治色彩浓厚的报纸淡出舞台，而以新闻为职业的报纸和报人成为主角。中国历史上的第一批名记者也在此时出现，并且绚烂夺目、璀璨无比，令后人无法企及。

(一)新闻界形势

1. 新闻事业发展的宽松环境

1912年1月1日，中华民国成立。中华民国成立后的南京临时政府，首先废除了《大清报律》等前清有关法令，同时将言论出版自由的原则以法律的形式确立了下来。

1912年3月4日，南京临时政府在废除《大清报律》的同时，制定了《暂行报律》，体现了临时政府对于新闻事业的重视。

1912年3月11日颁布的《中华民国临时约法》规定："人民有言论、著作、刊行及集会、结社之自由"。

1912年3月7日，孙中山应上海日报公会请求，下令交通部核减新闻邮电费。

2. 报刊的大量涌现

1912年，全国报纸由100家陡然增至500家，总销量4200份。这在历史上都是最高纪录。这些蜂拥而起的报刊大多是政党报刊。此外,以实业、教育为主题的经济报刊、教育报刊和女性报刊也较为突出。代表性报刊有湖北军政府的《中华民国公报》;成都军政府的《四川都督府公报》;浙江军政府的《浙江军政府公报》。

其中,1911 年 10 月 16 日,湖北军政府创刊的《中华民国公报》是中国资产阶级政权下第一个官办机关报;1912 年月 29 日,南京临时政府出版的《临时政府公报》是中国历史上第一个资产阶级共和国的国家机关报。

3. 通讯社的大量出现

(1)中兴通信社。1904 年 1 月 17 日,骆侠挺在广州创办了中兴通信社,这是中国人自办最早的通讯社。

(2)远东通信社。1908 年,清驻外使馆随员王慕陶在比利时建立远东通信社。

(3)展民通信社。1911 年,杨实公在广州建展民通信社。

1912 年至 1913 年两年间,全国出现了许多地方性的通讯社:如广州的公民通信社;上海的民国第一通信社、上海通信社、安庆的安徽通信社、武汉的湖北通信社、长沙的湖南通信社、北平的北平通信社等。但通讯社条件普遍简陋,主要靠剪报和译报,很少自采新闻,因此没有产生较大影响的通讯社。

4. 政党报刊的蜂拥而起

蜂拥而起的报刊中,大量是政党报刊,但这个时期的政党报刊的作用却十分有限。

代表性报刊有下列几种:北京的《国风日报》、《亚东新报》;上海的《天铎报》、《中华民报》、《民国新闻》、《太平洋报》;天津的《民意报》、《国风报》。

此外,还有一些较小的政党也有自己的报刊。

(二)北洋报灾与政党报刊的没落

1912 年 3 月,袁世凯的上台,显示了中国民族资产阶级的软弱性,政权最终由充满独裁气味的袁世凯及其北洋军阀所掌握,新闻界也进入备受摧残的时期。

1. 袁世凯对新闻界进行残酷封杀

在北京,袁世凯的内务总长赵秉钧指使军警 200 余人,捣毁《中央新闻》报馆,绑走经理、主笔等工作人员 11 人。在武汉,副总统黎元洪在不到半年的时间里,就查封了 6 家革命报纸,《大江报》主笔凌大同被扣上“专取无政府主义”罪名就地正法,并将头颅悬挂在城门上。在湖南,《岳阳日报》被当局查封,主笔被捕。在福建,《民心日报》、《群报》被强行查封,《民心日报》发行人受通缉,《群报》总编遭杖责,两名记者被暗杀。在上海,上海租界的报纸虽然不能封,袁世凯的内务部就明令各地“禁止售卖”,这些报纸无法维持而被迫停刊。有些政治上相当保守的报纸也在这场新闻界的浩劫中遭殃。

从 1912 年 4 月到 1916 年 6 月袁世凯当权期间,全国报纸总计至少有 71 家被封,4 家被传讯,9 家被军警捣毁;新闻记者有 60 人被捕,24 人被杀。全国报纸始终在130～150家之间徘徊，形成民国之后新闻出版业低潮。

2. 出台新闻法，限制新闻工作的进行

此间，袁世凯政府还出台了多种控制新闻的法律文件，对新闻稿实行预检，违者军法严惩，并要求所有报刊重新登记。据统计，至1913年底，报纸由民国元年的500家锐减到139家，北京上百家报纸只剩20余家。因为这一年是癸丑年，历史上人们称之为“癸丑报灾”。

1914年5月以后，又出台了一系列的新闻法令，如《报纸条例》、《出版法》、《修正报纸条例》、《新闻电报章程》、《电信条例》、《著作权法》等，对新闻工作进行限制。

袁世凯死后，由于《临时约法》的恢复和袁世凯时期各类禁令的废止，报刊的数量一度反弹。到1916年底，全国报纸达到了289种。但是，袁世凯的继任者本质上与袁世凯相同，所以不久之后，又故伎重演。张勋复辟期间，12天封了北京14家报馆；段祺瑞在击败黎元洪重新执政以后，不但宣布袁世凯时期的新闻法律有效，而且制定了更为苛刻的《报纸法案》，并实行报刊邮电检查以加强对新闻界的控制。

报纸失去新闻选择的自主权。从1916年至1919年的几年间，全国至少有29家报纸被封，17名记者遭到枪杀或判刑。到1918年，全国的报纸数量下降到221种，近代新闻事业早期的勃勃生机丧失殆尽。

3. 末世穷途的怪现象开始出现

横加指责和肆意刁难的军阀控制，使很多报纸无法生存。而留下来的一些报刊，把办报变成了骗钱、谋生的手段，有些甚至卖起鸦片。资产阶级政党报刊也彻底没落。由近代政治运动而产生的政论报刊时代在险恶的政治环境中中断。

（三）新闻事业的职业化发展

政论报刊急速地消退了，但时局的动荡却刺激着人们对于新闻的需求。中国近代报业在这里找到了可以发展自己的空间，于是报刊的新闻报道得以充分的发展。

1. 新闻报道得以充分的发展

电讯的数量大增，每天多则三五十条，少则一二十条，重要电讯用大号黑体字刊出。电讯的种类也丰富起来，出现了专电、外电、通电、公电等各种名目的电讯，其中的“本报专电”由于时效性强，很受欢迎。

一批以采写新闻通讯而著名的记者出现。详细报道新闻事件纪实性、解释性、述评性的新闻通讯受到普遍重视，特别是一些时政方面的重要新闻，更是受到读者的欢迎。一些有财力的报纸不惜重金聘请一流记者长驻北京，专门采写北京的时政新闻。如上海的《申报》、《新闻报》、《时报》等大报，分别下重金聘请黄远生、邵飘萍、张季鸾等著名记者为他们的北京特约通讯员。这一时期，我国涌现出一批以采写新闻通讯而闻名的记者，通讯文体也在这些记者笔下大放异彩。

2. 副刊的发展

在新闻报道得到加强的同时,绝大部分报纸都有了副刊。报纸副刊进一步面向市民,副刊的地位得以确立。副刊从辛亥革命时期的一个战场变成了表现市民文化的重要园地,副刊的消闲性更为突出。

3. 名记者的出现

黄远生(1885—1915),原名基,字远庸,笔名远生,江西九江人。出身书香门第,1903 年至 1904 年两年间,连中秀才、举人、进士三榜。中进士后,他无心做官,申请赴日本中央大学学习法律。1909 年学成回国,被任命为邮传部员外郎,参议厅行走和编译局纂修官。此间经常为北京、上海的报刊撰写时事述评。辛亥革命后离开官场投身报界,先后主编《少年中国》周刊、《庸言》月刊,担任上海《时报》、《申报》驻北京特约记者,并为《东方杂志》、《国民公报》、《东方日报》、《亚细亚日报》等撰稿。他是我国第一位以采写新闻通讯而闻名的记者,所写通讯最为精彩,也是我国现代通讯的奠基人。

黄远生的新闻思想论著不多,但提出的新闻记者须有“四能”是十分有价值的——脑筋能想;腿脚能奔走;耳能听;手能写。

非常可惜的是,这样一位才华横溢的超群记者,却因为不愿为袁世凯利用而惨遭杀害。1915 年 12 月在美国旧金山被国民党美洲支部派人刺杀,年仅 31 岁。

邵飘萍(1886—1926),浙江金华东阳人。原名新成,又名镜清、振青,字飘萍,是继黄远生之后的又一个以采写北京政文而闻名的记者。邵飘萍的父亲是一个私塾先生,因此,他从小得到较好的教育,13 岁就考中了秀才。1906 年考入杭州的浙江高等学堂,毕业后在家乡金华做中学教师,并任《申报》的地方通讯员。辛亥革命后,他协助杭辛斋创办《汉民日报》,并担任主笔,同时兼任杭州《浙江军政府公报》编辑和《申报》通讯员,开始其职业报人生涯。1914 年东渡日本学习,其间与志同道合者组织东京通讯社向国内发稿。1915 年回国,受聘上海《申报》、《时报》、《时事新报》撰写时事短评。袁世凯死后,赴京担任《申报》驻京特派记者,开始了他最辉煌的新闻生涯。1918 年 10 月,他在北京独资创办大型日报《京报》,自任社长。报纸一问世,就从 300 份增至 4000 份。期间参加中国第一个新闻团体——北大新闻学研究会的创建活动,并担任讲师。1919 年 8 月,《京报》因揭露段祺瑞政府被查封,邵飘萍再次流亡日本,应聘为大阪《朝日新闻社》顾问。1920 年,皖系军阀倒台,邵飘萍回到北京复刊《京报》,并开始改革《京报》,使该报成为北方有影响的大报。

邵飘萍是一个新闻通才,他的新闻成就是多方面的。在业务上,他是多面手,既写评论,也写新闻通讯;既当记者也当主笔、主编、社长;既办报纸,也办通讯社。最为人称道的是他采写新闻的能力。在新闻理论的研究上,邵飘萍也颇有成就。他的《新闻学总论》、《实际应用新闻学》、和徐宝璜合著的《新闻学纲要》是中国最早的一批新闻学著作。《实际应用新闻学》是中国第一部新闻采访学专著。他还是我国新闻教育早期的拓荒者之一。

邵飘萍还是一个一生追求进步的记者。从近代孙中山领导的辛亥革命、“二次革命”后的反袁斗争,到“五四”运动、“五卅”运动、“三一八”运动,他都积极支持,亲身参与;俄国十月革命胜利后,他又致力于马克思主义的研究,与中国共产党密切联系,并于1925年在北京秘密加入中国共产党。1926年,“三一八”惨案发生,邵飘萍在《京报》上揭露事实真相,抨击军阀。同年4月24日被军阀逮捕,以“宣传赤化”罪,未加审讯就于26日枪决,年仅40岁。

邵飘萍终其一生都在思想上保持着一个新闻记者与时俱进的先进性和斗争精神。这正是一个优秀的新闻工作者应有的品质。

思考题

1. 民国初期政党报刊兴盛与衰落的原因是什么?

2. 民国初期新闻事业的职业化表现在哪些方面?

3. 谈谈黄远生是以写什么新闻作品而闻名的?著名的新闻记者“四能”是什么?

4. 简述邵飘萍的新闻成就。

第三节　现代新闻事业新格局的形成

1915年《新青年》的创办,拉开了中国现代新闻事业的序幕。《新青年》高举民主与科学的旗帜,发动了中国历史上伟大的新文化运动。这是一次思想解放运动,使新闻事业的发展进入了一个崭新的时期。

一、报刊再度成为思想解放运动的阵地

据记载,在“五四”运动爆发的当年,全国涌现的新思潮报刊达400余种,报刊又一次呈现出蓬勃发展的局面。并且,在这个时期,马克思主义开始传入中国,新闻界在思想领域呈现出多元化的特征。

(一)《新青年》与新文化运动

发动新文化运动,是《新青年》对中国历史最重要的贡献。讲到这里,不得不提到一个重要人物——陈独秀。中华民国成立后,中国社会并没有按照革命者的理想发展,一些曾经追随辛亥革命的资产阶级知识分子痛定思痛,开始把目光转向中国国民。他们认为,要在中国实现民主共和政治,必须对国民来一次彻底的思想改造,用资产阶级的民主思想取代封建主义思想,只有这样,才能从根本上实现民主共和。陈独秀就是这些激进知识分子中具有代表性的人物之一。

1. 陈独秀和《新青年》

陈独秀(1879—1942),原名庆同,字仲甫,笔名三爱、实庵、只眼,安徽怀宁人,出身于官僚地主家庭。1901 年至 1914 年间,他多次东渡日本,同时积极参加革命活动。1903 年 8 月,他在上海和章士钊、苏曼殊等创办《国民日报》,进行反对清政府封建专职的宣传。1904 年 3 月,陈独秀在家乡安庆与人合作创办并主编《安徽俗话报》,这是一份面向民众进行宣传的半月刊,是安徽最早出现的革命报刊。陈独秀以“三爱”的笔名,在刊物上发表了大量的时事评论。“二次革命”时,陈独秀遭通缉,逃往上海,于 1914 年夏应邀赴日,协助章士钊编辑《甲寅》,期间,认识了李大钊等人。这个时期,他反思革命以来的国家命运,进一步认识到,只有国民自觉地居于主人的地位,才能建设 20 世纪的国家。1915 年夏,陈独秀回国着手创办《新青年》。

《新青年》的创刊。1915 年 9 月 15 日,《新青年》在上海创刊。最初名叫《青年杂志》,月刊,满 6 期为一卷,第二卷起改名《新青年》。在创刊号开篇的《报告》里,陈独秀开宗明义地指出:“国势陵夷,道衰学弊。后来责任,端在青年。本志之作,盖欲与青年诸君商榷将来所以修身治国之道。”表明《新青年》关注的将是“势、道、学”。把治国的希望寄托在青年身上,在回答读者来信中,他明确提出:“改造青年之思想,辅导青年之修养,为本志之天职。”在发刊词《敬告青年》中,他提出科学和民主的方向。由此,一场影响深远的新文化运动开始了。

《新青年》的改组。1920 年,中共上海发起组正式成立,《新青年》从 9 月 1 日出版的第 8 卷第 1 期起改组为其机关报,仍由陈独秀主编。1921 年 7 月,中国共产党成立,《新青年》成为其理论刊物。1922 年 7 月停刊,共出刊 9 卷 54 期。

在主持《新青年》的同时,陈独秀还与李大钊等共同创办了《每周评论》。1920 年,陈独秀作为中国共产党上海发起组的核心人物,亲自领导了《新青年》的改组以及《共产党》月刊的创办等报刊工作。中国共产党成立后,他成为中共中央总书记,领导创办中共中央机关报《向导》,理论机关报《新青年》季刊和《前锋》月刊,并参与编辑工作。1927 年,陈独秀被撤销总书记职务,1929 年被开除出党后成立了托派组织,出版托派刊物《无产者》、《火花》、《热潮》等。1932 年,陈独秀被国民党政府逮捕判刑,抗战后获释,1942 年在四川病逝。

2.《新青年》的历史作用

首先是用思想的光芒烛照社会;其次是结合对现实的批判进行思想宣传;第三是组成强有力的反封建文化阵营。

(二)宣传新思想报刊的勃兴

新文化运动的展开,使国内的文化思想领域日趋活跃;“五四”运动的爆发,更彻底打破了新闻界思想的禁锢。俄国十月革命的胜利和第一次世界大战的结束,使国人对于世界局势和中国前途更加关心。国内宣传新思潮的报刊因此激增。仅

1919 年一年中，全国涌现的新思潮报刊就达 400 余种。其中较有影响的有：

《每周评论》。1918 年 12 月 22 日在北京创刊，创办人为陈独秀和李大钊。这是一份以时事述评为主的小型四开周报。

《新潮》、《国民》。1919 年初在北京创刊，创办者为北京大学的学生。是北大学生报刊中最有代表性的。

《湘江评论》。1919 年 7 月 14 日创刊于长沙，主编为毛泽东。这是一张四开四版的周报，主要内容为传播反帝反封建的新思想。

《天津学生联合会报》。1919 年 7 月创办，主编周恩来。为天津学生联合会机关报。最初为对开日报，后改为 3 日刊。作为学生报刊，宣传新思潮是报纸的主基调。

二、新型报刊的出现

在“五四”运动的影响下，在对新思潮的欢呼声中，一批激进的知识分子开始转向马克思主义，新文化运动也突破了知识层面而逐渐与日益兴起的工人运动相结合。此时，以马克思主义为指导，以社会主义为方向的无产阶级报刊在我国出现了。其标志是《新青年》的改组、《共产党》月刊的创办和一批工人报刊的出现，它们标志着中国共产党新闻事业的萌芽。

（一）《新青年》编辑部的迁址和《新青年》内容及管理体制的改变

早在 1919 年底，《新青年》就开始了内容上的转变。1920 年，《新青年》编辑部迁移至上海，同年 5 月出版的第 7 卷第 6 期被编为《劳动节纪念专号》，发表李大钊的长文《MayDay 运动史》和译文《俄罗斯苏维埃劳动法典》，还大篇幅地报道全国各地工人阶级的生活情况。表明《新青年》既接受马克思主义思想的影响，又看到了工人阶级的力量，开始从民主主义刊物向社会主义刊物转变。

同时，《新青年》的管理体制也发生了改变，直接原因是 1920 年 5 月上海共产主义小组的成立。《新青年》成为上海发起组的机关刊物。在印刷业务上，也脱离了与群益书店的关系，独立印刷发行。

（二）《共产党》月刊的出版

1920 年 11 月 11 日，中共上海发起组又创办了半秘密的大型理论刊物《共产党》月刊，主要目的是为了更好地进行共产主义教育，介绍国际共产主义运动经验，推进建党工作。值得注意的是，在《共产党》月刊上发表的论述中国革命问题的文章中，有的文章已经注意到中国农民问题对中国革命的重要意义，开始注意用马克思主义思想解释中国的实际问题，提出马克思主义者到农民中去做革命工作的任务。《共产党》月刊的创办，有力地推动了建党工作的发展。毛泽东曾称赞它“颇不愧‘旗帜鲜明’四个字”。

（三）工人报刊的出现

1920 年，各地共产党小组成立后，更注意与工人的联系，在工人中开办夜校，出版小型的工人报刊,先后在上海、北京、广州等地创办《劳动界》、《劳动音》、《劳动者》等刊物,这是我国最早的以马克思主义为指导的工人报刊。

《劳动界》于1920年8月15日在上海创刊,周刊。主要编撰人是陈独秀、李汉俊、陈望道。以启发工人阶级的觉悟、鼓动他们参加工人运动为宗旨,主要报道国际、国内工人运动情况,启发工人阶级的觉悟。

《劳动音》于1920年11月在北京创刊,周刊。主要编辑人员有邓中夏、罗章龙等。着重反映工人阶级受剥削、受压迫的悲惨生活以及工人的罢工斗争并及时指出工人运动的正确方向。

《劳动者》于1920年10月3日在广州创刊,周刊。提出劳动运动是工人自救的唯一途径,并向工人通俗地宣传马克思主义。

工人刊物的创刊,把马列主义的宣传和工人运动的具体实践初步结合起来,促进了我国共产主义运动的开展。

三、广播电台的诞生

中国境内第一批广播电台是一批来华经商的外国人为推销无线电设备而创办的,主要集中在上海。

(一)外国人创办第一批无线电广播电台

1922年12月,美国人奥邦斯在上海创办中国无线电公司,并与英文《大陆报》馆合作,开办“大陆报—中国无线电公司广播电台”。

大陆报—中国无线电公司广播电台是中国境内第一座广播电台,呼号为XRO,发射功率为50瓦,于1923年1月23日晚首次播音。每晚播出1小时,主要内容有《大陆报》提供的国内新闻和上海本地新闻以及大量的娱乐节目,星期日还有宗教性节目。1923年1月26日,该台播出孙中山当日在上海发表的《和平统一宣言》,受到孙中山称赞。但是,该广播电台没有得到有关当局的批准,被北洋政府取缔,于4月间停播。

1923年5月底,经营电器的美国商人,新孚洋行老板戴维斯(Dawis)创办了一座功率为50瓦的广播电台,1924年8月因经费困难而停办。

1924年5月15日,开洛电话材料公司创办的广播电台开播,呼号为KRC,发射功率为100瓦。主要播报商业行情、新闻和音乐。为了争取中国听众,聘请中国人担任播音台的正副主任,增播中国唱片和地方戏曲音乐。1929年10月停办。这家广播电台是这批外商广播电台中时间最长,影响最大的一家。

1925年1月,日商义昌洋行在天津开办广播电台,于1927年5月停办。

(二)中国人开始自办广播电台

当外国人的广播电台在上海出现时,中国当局还不明白广播电台和用于通讯联络的无线电台的关系,在禁止的同时,当局慢慢意识到新闻和音乐的广播电台有别于通信联络的无线电台,收音机不是无线电收发报机,于是讨论了有关无线电广播电台的规则,有条件地允许建立广播电台。北洋政府交通部于1924年8月公布了《装用广播无线电接收机暂行规则》,对于安装广播无线电接收的手段、费用、注意事项等作了初步规定。这是中国历史上第一个关于无线电广播的法令。

我国第一座自办的广播电台——哈尔滨广播无线电台。于1926年10月1日建成并正式播音。1926年,奉系军阀在哈尔滨筹建广播电台,当时奉系军阀正处在直奉战争失败后的整顿阶段,为了东山再起,他们大力发展用于军事通信的无线电事业。在此基础上,哈尔滨广播无线电台建成并于10月1日正式播音,呼号为XOH,发射功率100瓦,每天播送两个小时,内容有新闻、音乐、商业行情等。这是我国第一座自办的广播电台。1928年元旦又扩建为哈尔滨广播电台,发射功率扩大到1000瓦,呼号改为COHB,增设俄语节目、日语节目,后取消日语节目,改为英语节目。当时,哈尔滨有收音机1200多台。

北京、天津、沈阳广播电台于1927年至1928年间建立。1926年,奉系军阀上台后,颁布了《无线电广播条例》、《装设广播无线电收听器规则》、《运销广播无线电收听器规则》等具体规定,这些规定对于促进我国早期广播事业的发展起到了一定的作用。1927年至1928年间,北京、天津、沈阳广播电台相继建成。

民办广播电台紧随着官办广播电台后面出现。1927年3月19日,上海新新公司广播电台开播,这是目前所知我国第一座民营广播电台。

全国性广播电台出现。1928年8月,国民党中央广播电台出现,标志着全国性广播电台的建立。它的出现,使我国新闻事业的发展在形式上更具现代色彩,其意义是深远的。

四、新闻学研究和新闻教育发端

思想的解放,现代报刊的蓬勃发展以及现代广播的出现,使中国新闻事业进入了一个新时期。新闻学研究和新闻学教育也得到了发展,中国新闻的从“术”而“学”由此开始。

(一)新闻学专著出现

1.新闻学译著的出现

早在近代资产阶级报刊活动时期,我国就出现了最早的新闻学著作,但它还不是国人所著,为新闻学译著。最早的译著是日本学者松本君平的《新闻学》,又名《欧美新闻事业》,由商务印书馆1903年10月出版,内容包括新闻理论、新闻业务、欧美各国新闻史几个部分。梁启超曾很推崇这本书,徐宝璜的《新闻学》论著中,也引用过其中的观点。随后出现的是美国人休曼的《应用新闻学》,1913年由广学会出版,商务印书馆代印。内容以实务为主,对新闻的采访、写作、编辑、通讯社、星期日增刊、乡村报纸、广告等进行了广泛的论述。

2. 国人新闻学著作的出版

“五四”运动后，中国新闻学真正由“术”到“学”。从1917年到1927年间，我国共出版了20多种新闻学专著、译著，基本上包括了新闻学的各个方面。影响较大的有以下几种：

徐宝璜的《新闻学》，1919年底由北大出版社正式出版。1930年再版时改名为《新闻学纲要》。这是我国最早的新闻学理论专著，蔡元培在序言中称其为我国新闻界的“破天荒”之作。

任白涛的《应用新闻学》，1922年11月上海亚东图书馆出版。该书从采写编辑等方面较为全面地阐述了新闻业务知识，也大量地涉及新闻理论知识。

邵飘萍的《实际应用新闻学》，1923年9月由京报馆正式出版，是我国最早的新闻采访学专著。

姚公鹤的《上海报纸小史》，1917年由商务印书馆出版，是中国地方新闻史研究的发端。

戈公振的《中国报学史》，1927年11月由商务印书馆出版，是我国第一部全面系统论述中国新闻事业发展史的专著，书中的史料丰富而系统，分期方法独到，开中国新闻史研究之先河。

(二)新闻教育发端

1. 北京大学新闻学研究会的成立

1918年10月成立的北京大学新闻学研究会，标志着我国新闻教育的发端。

1918年春，当时的北大学生罗章龙、谭平山等提出组织课余研究新闻的团体，得到校长蔡元培的支持。学会于1918年10月14日正式成立，初名“北京大学新闻研究会”，后改名为“北京大学新闻学研究会”。宗旨是“研究新闻学理，增长新闻经验，以谋新闻事业之发展”。北京大学新闻学研究会开我国新闻学研究与教育之先河。

北京大学新闻学研究会由蔡元培兼会长，徐宝璜任副会长，徐宝璜和邵飘萍任导师。该会开班授课，先后办过两期研究班，听课会员百余人。毛泽东、高君宇、罗章龙等都曾是该会会员。研究会还聘请李大钊、高一涵等知名人士来讲课。

2. 全国高校纷纷成立新闻系科

1927年，我国先后有12所高校成立新闻系科，这些学校主要集中在北京、上海。继北京大学新闻学研究会之后，较有影响的有：

平民大学报学系，成立于1923年，由徐宝璜任系主任。

燕京大学新闻系，1924年成立，美国新闻界教育人士资助5万美元，由美国人白瑞华任系主任。

北京民国大学也一度开过报学系。

圣约翰大学新闻系，1920年创建于上海，附属于普通本科。

上海南方大学报学系，1925年春成立于上海，由《申报》协理汪英宾任系主任。

上海沪江大学、大夏大学、光华大学,也于1926年成立了报学系。

南方大学报学系停办后,大部分师生转入上海国民大学,该校因此增设报学系,戈公振任系主任。

复旦大学于1924年设立"新闻学讲座",由陈望道主持。1929年正式成立新闻系,主任为谢六逸。

厦门大学报学科,1921年创建于厦门,两年后停办。

正规新闻教育的出现,标志着新闻事业的发展。新闻教育的繁荣,不但为新闻事业的发展提供了后备人才,也促进了新闻学研究的开展,使新闻事业进入了一个新的发展阶段。

五、新闻业务的进步

(一)白话文和新式标点符号被广泛运用

白话文和新式标点符号的运用,是"五四"新文化运动推动新闻事业向现代迈进的一项重大改革。

由《新青年》发动的文学革命,其重要内容之一就是进行书面语的改革,提倡白话文,倡导"文言一致",反对脱离口语的文言文。在《新青年》的带动下,一些宣传新文化的报刊纷纷仿效,《每周评论》、《国民》、《新潮》、《湘江评论》等一批报刊都采用了白话文。使用白话文的人多了以后,一些大报也开始刊登白话文消息、通讯和评论。部分大报的进步副刊也开始采用白话文,如《晨报副刊》、《觉悟》、《学灯》等。白话文逐渐在报刊中取得优势。

《新青年》在推广白话文的同时,也开始对文章的分段与标点进行研究。1917年5月,刘半农提出文章分段的主张并且建议使用标点符号。《新青年》就此问题与读者一起开展讨论,最后在集思广益的基础上,拟定公布了十几种标点符号,并率先使用。其他进步报刊也先后使用起来,标点符号由此得到推广。

作为一种语言载体的变革,白话文运动影响的不仅仅是表达形式,更是"在强有力地动摇着传统的文化——心理结构"。(李泽厚.中国近代思想史论.天津:天津社会科学院出版社,2003)白话文的广泛运用和理论研究,加速了文言文的消亡,白话文运动彻底动摇了文言文的统治地位,宣告了历时2000多年的文言文时代的结束和一个崭新的白话文时代的开始。

(二)自由讨论的展开和政论的恢复与发展

在《新青年》的带领下,军阀统治时期的言论禁锢松动了,报刊成为自由讨论,百家争鸣的重要园地,政论也随之得以恢复和加强;新文化运动使报刊政论传统得以恢复和发展,中国报刊的政论传统在这里得到延续;新文化运动使政论文体有所变化,特别突出的是新闻述评的广泛运用,并使政论的战斗风格被进一步发扬,同时使政论文体得到了发展。

(三)副刊的改进

1. 副刊风格的变化

新文化运动之前的报纸副刊,以消闲为主基调,长时期成为鸳鸯蝴蝶派的阵地。新文化运动改变了这种局面,副刊成为新文化运动的主要战场。

2. 副刊内容的变化

副刊风格的变化,直接影响到副刊内容的变化,其中,最有代表性的几份报纸副刊:

北京的晨报副刊。1919 年 12 月,在李大钊的支持下进行改革,增加介绍修养、新知识、新思想的栏目“自由论坛”、“译丛”等。晨报副刊在宣传马克思主义和介绍十月革命中发挥了重要作用。1925 年以后,因主持人的改变,晨报副刊成为新月派的阵地。是五四新文化运动中最早革新的一份副刊。

上海的民国日报副刊。1919 年 6 月 16 日,该报取消原有的《民国闲话》和《民国小说》两个副刊,改出《觉悟》副刊。《觉悟》在宣传马克思主义和十月革命、介绍现代科学文化知识方面起到积极作用。1925 年以后,《民国日报》被国民党右派掌握,1931 年 12 月停刊。

上海《时事新报》的《学灯》。1918 年 3 月 4 日,《时事新报》的《学灯》副刊问世,重点关注学校教育和青年修养;五四运动以后,加强对西方文化和科学知识的介绍,积极宣传新思潮,包括共产主义、社会主义、空想社会主义和无政府主义等等,宣传新思想的重要阵地;后期逐渐右倾,影响渐小。1947 年 2 月停刊。

北京的京报副刊。1924 年 12 月 5 日创刊,为文学副刊,得到鲁迅等大批进步作家的支持,鲁迅在该刊发表了40 多篇杂文。该刊秉承了五四新文化运动的精神,积极支持群众爱国运动,反帝反军阀,批判“甲寅派”的复古思想和“现代评论派”的资产阶级自由主义思想,倡导进步文化,在当时产生了很大影响。

在五四新文化运动的影响下,中国报纸副刊写下了自己辉煌的一页,也成就了一批著名的副刊编辑,如晨报副刊主编孙伏园等。

(四)国际通讯报道的加强

第一次世界大战以后世界形势的变化、十月革命的胜利、马克思主义与其他形形色色思潮在国内的传播等,都使国人特别是知识分子和青年学生越来越关心国际形势的发展变化,这些促使报刊加强了国际通讯的报道。

1. 向国外派送采访记者

1918 年 2 月,天津《大公报》经理兼总编辑胡政之随中国代表团赴法采访巴黎和会,成为采访该会的唯一中国记者。“五四”以后,不少报刊在出国留学生中发展通讯员,以丰富报刊的国际新闻。

2. 选聘驻外记者

1920 年秋,《北京晨报》、上海《时事新报》联合选聘驻外记者,向美、英、法、德、俄5国一次选派出7名特派员，成为中国新闻史上的创举，大大发展了国际通讯报道。

其中，最为突出的是瞿秋白的"莫斯科通讯"。

3. 选聘特约通讯员

周恩来于1920年11月赴法国勤工俭学，应邀担任《益世报》的特约通讯员。从1921年2月到1922年2月，在该报发表56篇旅欧通讯。

思考题

1.《新青年》在新文化运动中的作用是什么？

2. 我国无产阶级报刊产生的历史背景和特点是什么？

3. 五四时期的中国高校校报起到的作用是什么？这种现象说明了什么？

第四节　中国共产党新闻事业的建立与发展

中国共产党的新闻事业从其发展的脉络看，是萌芽于五四时期，正式建立于大革命时期，初步发展于10年内战时期，而成熟于抗战时期，壮大、胜利于解放战争时期。其发展里程与中国共产党的发展里程、与中国革命的发展里程是紧密相关的。

一、中国共产党党报体系的建立

五四运动以后，随着马克思主义在国内的传播，以《新青年》改组、《共产党》月刊创办为标志的中国共产党新闻事业开始萌芽。建党后，党的机关报以及团组织、工农组织机关报纷纷创刊，党的报刊体系正式建立。

10年内战时期，中国共产党创建农村根据地，中央和各个根据地都创办了报刊，通讯社也建立起来，人民政权下的新闻事业首先在农村建立并初步发展。抗战时期，中国共产党以延安为中心，建立了广泛的敌后抗日民主根据地，出现了党报史上最早的大型日报，加强了通讯社，还创建了广播电台，共产党新闻事业建立了较为健全合理的系统。随着1942年整风运动的开展，共产党新闻事业又进行了重要改革，初步建立了中国无产阶级新闻理论。解放战争时期，随着中国人民解放军在战场上的节节胜利，中国共产党新闻事业再获发展，新闻中心从农村转向城市，最终走向全国。

(一)党中央报刊

中国共产党成立后，非常重视报刊工作。在党的第一次全国代表大会所通过第一个决议中，就已经规定了党报的一些原则性问题。1922年7月，党的第二次全国代表大会再次讨论党报问题，决定停办《共产党》月刊，创办全国性的政治机关报《向导》。

1.《向导》

《向导》于1922年9月13日在上海创刊,是中共中央的第一个政治机关报,为周报。1927年7月停刊,共出版201期。以时事政治评论为主,几乎每期都有对当时重要政治事件的评论。《向导》还积极指导政治斗争实践。

2.《新青年》和《前锋》

1923年6月、7月,中共中央又分别创办了《新青年》季刊和《前锋》月刊。《新青年》季刊主要宣传马克思主义理论;《前锋》着重系统分析中国革命的一些基本问题。

3.《热血日报》

《热血日报》是中国共产党于1925年6月4日,在上海创办的第一张日报。创办这张日报,是为了正确地指导五卅运动,加强党报的宣传力量。《热血日报》是一张通俗的四开四版铅印报纸,由瞿秋白主编。至6月27日停刊,共出版24期。

瞿秋白是中国共产党早期领导人、我国无产阶级新闻事业奠基人之一。

(二)青年团报刊

1920年,共产主义小组成立不久,就在各地建立社会主义青年团组织。中国共产党成立后,进一步加强了团组织工作,团的刊物也在各地陆续发展起来。最早的一批青年团报刊是由地方团组织创办的。

1921年至1922年,先后创刊的有成都团组织的《人生》、北京团组织的《先驱》、广州团组织的《青年周刊》等。

团中央第一个机关刊物是《先驱》,半月刊,出版时间最长,影响最大。1922年5月,中国社会主义青年团举行第一次全国代表大会,建立团中央机构,《先驱》成为团中央第一个机关刊物,于1923年团的二大前夕停刊。

此外还有团中央机关报《中国青年》,1923年10月20日在上海创刊,为周刊,由恽代英、萧楚女主编。1927年出版至八卷3期停刊,前后出版4年之久,最高发行量达3万多份。《中国青年》是第一次国内革命战争时期最杰出的刊物之一,它面向广大青年学生和青年工人,结合青年的实际生活进行革命教育,引导他们摆脱各种错误思想的影响走上革命的道路。

(三)共产党主办的群众性报刊

1.工人报刊

1921年至1927年,随着中国共产党的成立和国共合作的开展,工人运动和农民运动都蓬勃发展。在领导群众进行斗争的同时,中国共产党也创办了大批群众性报刊,其中以《劳动周刊》和《工人周刊》影响最大。

《劳动周刊》是中国劳动组合书记部机关报,1921年8月创刊于上海,铅印四开四版。这是中国共产党领导下的第一张全国性的工人报纸,它的宗旨是紧紧围绕劳动组合书记部的中心任务,一方面报道工人阶级极端痛苦的现实生活,另一方面宣传和指导工人斗争。1922年6月9日,被上海公共租界工部局以“登载过激言论”、“鼓励劳动革命”的罪名被勒令停刊,共出版41期。

《工人周刊》原由北京党组织以“工人周刊社”的名义出版,创刊于1921年7月,1922年夏,中国劳动组合书记部迁到北京后,转为该部机关报。1924年2月,全国铁路工会成立后又转为这个工会的机关报,一直出到1925年底。曾被《共产党》月刊誉为“北方劳动界的一颗明星”。

此外,还有山东的《山东劳动周刊》、武汉的《劳动周刊》、香港的《香港劳动周刊》等。另外还有很多各地工会组织创办的刊物,如陇海铁路总工会的《唐山潮声》、湖北工团联合会的《真报》、广东工会的《劳动周刊》等。形成了中国新闻史上工人报刊的第一个高潮。

1923年“二七”惨案后,全国工人运动进入低潮,工人报刊大都被停刊或查封,只有少数报刊如《工人周刊》等还在坚持出版。

1924年下半年至1927年,由于国共合作的实现、五卅运动爆发和北伐战争开始,工人报刊又出现了全国性的高潮。

1924年初,工人报刊开始复苏。《工人周刊》突破重围终于复刊。《中国工人》也于同年10月创刊于上海。1925年五卅运动后,随着罢工浪潮遍及全国,一批指导工人运动的报刊创刊,如《上海总工会日刊》、《山东周刊》、《工人之路》等。

北伐战争开始后,工人组织进一步发展和完善,地方工会纷纷建立,各地工会的报刊也随之诞生,主要是省、市总工会主办的刊物。如湖北全省总工会的《工人导报》、《工人画报》,上海总工会的《平民日报》、《上海总工会五日报》等。

一个从全国总工会到省、市总工会和各地工会的工人报刊系统开始出现,与产业工会的工人报刊一起,形成1920年以来工人报刊发展的最高峰。

2. 农民报刊

国共合作以后,南方农民运动开始兴起,北伐战争的胜利更为农民运动的发展开辟了道路,以湖南农民为中心的农民运动轰轰烈烈地开展起来。在广泛的农民运动基础上,中国新闻史上最早的农民报刊出现了。

《中国农民》创刊于1926年1月,月刊,由国共合作后的国民党中央农民部创办。它以农民干部为主要发行对象,主要刊登关于农民问题的理论文章、各地农民运动调查报告和农民运动的工作报告。它的编撰者大都是共产党员,有毛泽东、李大钊、林伯渠、彭湃等。

《农民运动》创刊于1926年7月,是一份通俗性的周刊,前期受共产党员的影响,对农民运动的发展给予一定的支持。

1926年下半年到1927年初,是农民报刊最活跃的时期,很多省农民协会都创办了自己的刊物。这些报刊对农民运动的发展起到较大的推动作用。

与近代资产阶级政党报刊相比,早期共产党的报刊面向最广大的工人、农民群众，宣传上注意遵循党的纲领、方针政策，宣传内容配合党的中心任务，报刊在实际斗争中的作用大大加强。早期共产党报刊已经初步认识到无产阶级的办报思想、办报原则——办报是为了革命，无产阶级革命报刊是无产阶级革命事业的一部分；无产阶级报刊不仅要进行宣传鼓动，而且要指导工作、组织斗争等等。这些初步形成了我国无产阶级报刊的传统。

二、中国共产党新闻事业的初步发展

10年内战时期，中国共产党创建了工农红军，建立了自己的农村根据地，中央和各个根据地都创办了报刊，通讯社也建立了起来。据记载，仅1931年底至1934年10月中央红军开始长征这段时间，中央革命根据地出版的报刊就有约160种。人民政权下的新闻事业在农村建立并初步发展。

(一)根据地的红色新闻事业

面向士兵和群众的《时事简报》。由于当时农村根据地的经济和文化都很落后，因此最初的宣传形式也十分简陋，《时事简报》是当时那类报纸中最有代表性的一种。《时事简报》是由红军和当地政府普遍兴办的一种张贴在外的大字报，约3天一期。《时事简报》是1929年2月，毛泽东为红四军第九次党代会所作决议中提出的“军及纵队各为一单位办一壁报，由政治部宣传科负责，名字均叫《时事简报》。内容是:1.国际国内政治消息;2.游击地区群众斗争情形;3.红军工作情形。每星期至少一张，一概用大张纸写，不用油印。”1931年3月，毛泽东又为中央革命军事委员会总政治部拟写了在红区普遍地举办《时事简报》的通令和怎样办《时事简报》的小册子。在通令中，毛泽东强调《时事简报》是“提高群众斗争情绪、打破群众保守观念的重要武器”；对于简报的内容和编写方法，毛泽东提出了16条要求，其中特别突出简报的群众性与真实性，还提出群众的兴趣与宣传效果等问题。

“红中社”与《红色中华报》。1931年11月7日，中华苏维埃第一次全国代表大会在江西瑞金召开，中华苏维埃共和国临时中央政府成立。当天，红色中华通讯社建立，红色中华通讯社是中华苏维埃共和国临时中央政府的机关通讯社。

红色中华通讯社简称“红中社”，主要任务为播发新闻。呼号为CSR，该呼号一直沿用到1956年。通讯社每天编辑完成《红色中华》的稿子后，将红军的战报和苏区的经济建设报告编成两三千字的电讯稿对外播发。1934年10月16日停止播发新闻，至1936年恢复。“红中社”除播发新闻外，还出版《参考消息》，供中央领导参阅。

《红色中华》报创刊于1931年12月11日，是党在根据地出版的第一张中央级铅印报纸，四开小型报。最初为周刊，宗旨是:为工农民主政权的建设和巩固进行积极的宣传。它的主要工作有三项:组织苏区广大工农劳苦大众积极参加苏维埃政权;指导各级苏维埃的实际工作,纠正各级苏维埃在工作中的缺点与错误;揭穿帝国主义与国民党军阀等反动派进攻革命和欺骗工农的阴谋、政治内幕,介绍红军斗争及工农运动的消息。从1933年2月10日第50期起,改为中央苏区中央局、中华苏维埃共和国临时中央政府、中华全国总工会、中央青年团的联合机关报,改成3日刊。《红色中华》办得比较通俗生动。该报最高发行量达到4万多份。

《红星报》由总政治部于1931年12月11日在江西瑞金创办,是中国工农红军军事委员会机关报,与《红色中华》同日创刊。邓小平、陆定一先后担任主编。在苏区时是铅印四开,在长征途中改成油印。开始为5日刊,后变为不定期出版。《红星报》的任务是为提高红军的政治素质、文化水平而办的。最大的特点是通俗生动,适合文化程度不高的战士和普通群众阅读。它的出版发行得到了党中央和苏维埃政府领导的大力支持,社论大部分是中央领导所写。周恩来、博古、陈云、彭德怀、聂荣臻、朱德、陈毅等都为该报写过社论和理论文章。长征途中,《红星报》在极其艰难的条件下坚持出版,成为党中央和中央军委唯一的报纸。

《红军日报》于1930年7月29日创办,是红军报刊中第一张,也是唯一的一张铅印对开大型日报。彭德怀的红三军团在攻克长沙国民党民国日报社,收缴了印刷设备后,利用其出版了《红军日报》。报纸出版的时间很短,8月5日,红三军退出长沙后即停刊。

《斗争》是在中共苏区中央局机关报,为周刊,属中央一级报刊。

《青年实话》是中共青年团苏区中央局机关刊物。

《苏区工人》是中华全国总工会苏区中央执行局机关报。

各根据地党政军组织除了办墙报以外,也出版了一批机关报刊。

(二)中国共产党在国统区的报刊活动

大革命失败后,中国共产党在国统区的报刊活动和其他一切活动一样,均被取缔。中共中央采取了一系列措施,在国统区恢复报刊活动。

1.《布尔塞维克》

《布尔塞维克》为中共中央机关理论刊物,1927年10月24日首先在上海出版。中共中央指定瞿秋白、罗亦农、邓中夏、王若飞、郑超麟组成编辑委员会,瞿秋白任主任。最初是周刊,后改为半月刊、月刊和不定期刊,采用伪装封面出版。内容以评述国内外形势,政治经济问题为主,刊载中共中央和共产国际的文件,还设有地方通信、读者之声等栏目。《布尔塞维克》共出版52期,1932年7月出版最后一期。

2.《上海报》

《上海报》是中共在国统区出版的报纸中最有特色的一张报纸,1929年4月17日在上海出版。它是一张四开四版的通俗报纸,由中共中央宣传部、中共江苏省委支持,李求实、谢觉哉、吴永康任编辑,以工人为主要对象,报道工人运动,支持工人斗争,受到工人的欢迎。1930年8月14日停刊。

3.《红旗》

1928年11月20日,中共中央在上海出版机关报《红旗》,由中共中央宣传部主编。1930年8月和《上海报》合并,出版《红旗日报》,仍为中共中央机关报,李求实主编。1931年3月再改出《红旗周报》,至1934年3月终刊。

4.中国工农通讯社

中国工农通讯社1931年春在上海成立。这是中共中央宣传部领导下的一个革命通讯社,主要介绍中共的政策和苏区的建设,报道工农红军战况和各地工运消息、国统区抗日救亡运动等。用中英文两种文字发稿,以英文为主,寄发给国内外进步报刊。

(三)中国共产党新闻事业的逐步成熟

抗战爆发以后,中国共产党以延安为中心,建立了广泛的敌后抗日民主根据地,其新闻事业也得到了进一步的发展。

1.建立根据地新闻系统

1935年10月,红军完成长征到达陕北,中共中央所在地延安成为中国共产党政治文化中心,新闻事业在延安得到迅速发展,创办了不少党政军系统报刊。

1936年1月,中共中央在陕北瓦窑堡复刊《红色中华》,并于1937年1月29日将其改名为《新中华报》,作为陕甘宁边区政府机关报。同年4月24日又创办中共中央机关刊物《解放》周刊。1939年2月7日,中共中央将《新中华报》改组成党中央机关报,兼陕甘宁边区政府机关报,改变了当时延安没有党中央机关报的局面。

从1939年到1940年,党政军各系统纷纷创办报刊,成千上万的进步文化工作者和知识青年来到延安参加革命工作,延安成为全国抗战力量的领导中心。其中主要有党内刊物《共产党人》、八路军总政治部的《八路军军政杂志》、全国青年联合会主办的《中国青年》、中共中央职工委员会主办的《中国工人》、陕甘宁边区文化协会主办的《中国文化》、中共中央妇女运动委员会主办的《中国妇女》以及新华社的新华电讯稿《今日新闻》、大众读物出版社创办的通俗报纸《边区群众报》等。延安成了抗战时期中国共产党新闻事业的中心,在宣传党在抗日战争时期的路线、方针、政策,指导和反映抗日民主根据地的抗战与建设中发挥了重要的作用。

1941年,由于日寇的扫荡和国民党的围剿,根据地有所缩小,并遇到了极大的经济困难。在局势日趋恶化的同时,共产党内部也出现了一定程度的混乱。为了统一全党思想,增强宣传力量,中国共产党对延安的报刊进行了调整,合并《新中华报》和《今日新闻》,停办《解放》周刊等多种刊物,集中力量出版大型中共中央机关报《解放日报》。

《解放日报》于1941年5月16日创刊,最初为对开两版,9月起为对开四版。博古任社长,杨松任总编辑。党中央和毛泽东直接指导该报工作,毛泽东还经常为它撰写、修改重要社论和文章。许多优秀新闻工作者都参加过它的工作。该报从创刊到1947年3月停刊,共5年多,为宣传党的方针政策作出了很大贡献。这是共产党在根据地出版的第一个大型日报。

新华通讯社的发展。1937年1月,红色中华通讯社改名为新华通讯社,简称“新华社”,由《新中华报》编辑部以新华社名义向全国发布新闻。抗战开始时,采编工作只限于陕甘宁边区,抗战开始以后,新华社所担负的宣传任务逐步加重。从1938年起,新华社逐渐在几个大解放区建立分社或地方性通讯社组织。为了更好地加强新华社工作,1939年初,中共中央决定把新华社与《新中华报》分开,独立成立编辑部。新华社组织机构逐步完善,通讯网络健全,获得迅速发展。到抗战结束,新华社拥有9个总分社、40多个分社,通讯员发展到近3万人。

延安新华广播电台建立。1940年春,中共中央专门成立广播委员会,负责筹建广播电台工作。委员会由新华通讯社、中共中央军事委员会三局等单位负责人组成,周恩来任主任。1940年12月30日,在克服了物质上、技术上的种种困难后,延安新华广播电台开始播音,呼号XNCR。延安新华广播电台在组织机构上属于新华社,广播稿由新华社广播科提供。直至1949年6月正式与新华社分离。

2. 各根据地新闻报刊的发展

抗战时期,中国共产党建立了华南、华北、华中等抗日根据地。在根据地内,各级党委及政府部门、群众团体纷纷创办报刊。从1937年到1939年间,仅华北、华中根据地就有报刊700种。这些报刊多为油印小报,但却成为发动群众抗日斗争的有力武器。

1937年12月11日创办中共晋察冀机关报《抗敌报》。此外,较有影响的还有中共中央山东分局的机关报《大众日报》等。抗日敌后根据地的报刊是在极其艰苦的条件下出版的,根据地的新闻工作者为共产主义的新闻事业写下了可歌可泣的一页。

《新华日报》在国统区的宣传斗争。1938年1月11日,大型日报《新华日报》在汉口创办,这是中国共产党在国统区公开出版的第一张机关报。《新华日报》分武汉、重庆两个时期。早期在武汉由中共长江局领导,王明曾负责报社工作。1938年10月25日武汉失守,报社被迫迁至重庆,由中共南方局领导,南方局书记周恩来兼任报社的董事长,直接领导报社工作。1946年春以后,报社由中共四川省委领导。

作为党在国统区公开出版的机关报,《新华日报》在国统区出版了近9年,正如陆定一同志所说:“《新华日报》八年的历史,是一篇辛酸苦辣的历史,这些说不尽道不完的辛酸苦辣,是有代价的,是有重大代价的。”在对待国民党的新闻检查中,《新华日报》采取了公开说理与合法斗争相结合的方法;在与新闻检查所的斗争中,《新华日报》学会了灵活的斗争艺术。《新华日报》还有效地突破了国民党的物资封锁,为反发行封锁进行了艰苦的斗争。

《新华日报》为党报工作积累了宝贵而丰富的经验:在复杂的环境中应有坚定正确的政治方向,坚持无产阶级的党性原则;贴近人民群众,最大限度地反映人民的斗争生活;业务上过得硬,并形成自己的特色。

这些经验丰富了无产阶级党报理论和实践,为党报的进一步发展提供了有价值的借鉴。《新华日报》取得的成绩是多方面的:正确宣传了共产党的纲领、路线、方针政策,开展了广泛而有效的统战工作,推动了国统区的进步文化运动,是中国共产党在这一时期的一份成绩卓著的报纸。

以《解放日报》为首的根据地新闻改革。从1941年开始,由于日本帝国主义的扫荡和国民党的围剿,根据地处在极度困难的时期。要战胜这些困难,必须广泛发动根据地的人民群众。要做到这一点,处于领导地位的共产党必须在思想上、政治上、组织上再前进一步。因此,1942年,党中央开始全党整风运动,以《解放日报》为首的根据地新闻界也开始改革。

根据地新闻界在改革前为宣传党的方针政策作出过很大贡献,但是由于党内历次“左”右倾错误,特别是王明“左”倾机会主义错误的影响,新闻界教条主义现象仍然存在。同时,随着根据地的扩大,大批小资产阶级知识分子加入新闻队伍,在扩大党的新闻队伍的同时,也带来了一些资产阶级的新闻观点,在新闻工作中出现了一些脱离党的领导、脱离实际和群众的倾向:在版面安排上,大量的篇幅让给国际新闻;对党的政策和中心工作宣传不力;一些社论质量不高;新闻中出现了不真实的情况;文风也出现了问题,篇幅巨大而枯燥无味等。《解放日报》的这类现象在根据地新闻界普遍存在,因此,全党整风中,共产党领导根据地新闻界进行了整风和新闻改革。

《解放日报》的改革。1942年2月1日,毛泽东在延安中央党校开学典礼上作了《整顿党的作风》的演说,整风运动正式开始。根据党的整风精神,1942年3月6日,中共中央宣传部发出《为改革党报的通知》,要求各地党报根据毛泽东整顿三风的号召来检查和改造报纸,并提出改革党的新闻工作的具体要求:加强党对报纸的领导;增强报纸的党性和群众性、加强报纸的战斗性等。同时指出:党报的主要任务“就是要宣传党的政策,贯彻党的政策,反映党的工作,反映群众生活”。通知发出以后,《解放日报》带头进行改革,首先彻底改变过去以国际新闻为主的模式。3月31日,毛泽东主持改版座谈会;4月1日,《解放日报》发表题为《致读者》的社论,宣布改版。改版后的头版新闻10条新闻有9条是国内新闻,1条国际新闻;第二版除《党内生活》专栏外,有11条新闻,其中陕甘宁边区的10条,军队1条;第三版主要是国际新闻;第四版是综合副刊。这种版面安排,实际上反映了宣传方针的变化,即由过去的重外轻内、忽视党报对党的实际工作的指导,转到现在的以宣传中国共产党及其领导的根据地为中心。报纸在联系实际、联系群众方面向前迈出了一大步。改版后的社论数量有所减少,但是质量显著提高。新闻报道也有较大改进,文风也有突出的改进。

其次是全党办报——改革的进一步深化,在《解放日报》的带动下,各根据地的党报、新华社总社和分社也纷纷进行改革。毛泽东在《解放日报》改版座谈会上就指出:“利用《解放日报》,应当是各机关的经常业务之一。”改版后不久,中共中央政治局任命陆定一为该报总编辑。1942 年 9 月,中共中央决定《解放日报》兼中共中央西北局机关报。西北局于 9 月 9 日发出《关于解放日报工作问题的决定》。其后,《解放日报》又进一步从理论上明确这一思想,1942 年 9 月 22 日,配合中共西北中央局的决定,《解放日报》发表《党与党报》的社论,指出只依靠少数编辑记者的意见和兴趣办报,“那就一定党性不纯,一定闹独立性、出乱子”。同时阐述了全党办报的思想。

全党办报思想的提出和全党办报方针的贯彻实施,使《解放日报》很快成为一张既符合党的要求,又为群众所需要的真正的党的机关报。

《解放日报》改革的成效。改革首先使新闻实际工作的方法得到了改进,充分发挥了党报联系实际、联系群众、组织群众、指导工作的作用,在宣传上取得了明显的成效;其次是新闻理论上的收获。

关于新闻本源和实质的问题的讨论。1943 年 9 月 1 日,《解放日报》发表了陆定一的文章《我们对于新闻学的基本观点》,对新闻来源这一新闻学的核心问题进行探讨。著名的观点“新闻的定义,就是新近发生的事实的报道”,“新闻的本源是事实,新闻是事实的报道,事实是第一性的,新闻是第二性的,事实在先,新闻(报道)在后”就是出自该篇文章。

关于党报性质的问题。1942 年 4 月 1 日,《解放日报》社论《致读者》援引列宁、斯大林的话指出:“报纸不仅是集体的宣传者和集体的鼓动者,而且还是具体的组织者”,“报纸是我们最锐利和最有力的武器”。9 月 22 日的社论《党与党报》进一步指出,“所谓集体宣传者集体组织者,绝不是指报馆同仁那样的‘集体’……报纸是党的喉舌,是一个巨大集体的喉舌。”1945 年 5 月 16 日,《解放日报》社论《提高一步》又提出,“我们的报纸是人民大众的喉舌,面向人民大众负责”。

《致读者》将党报的性质概括为:党性、群众性、战斗性、组织性。

关于如何办好党报问题。强调报纸必须坚持党性原则。《党与党报》提出:“在党报工作的同志,只是整个党的一部分,一切要依照党的意志办事,一言一行,一字一句,都要顾到党的影响。”“党报不但要求忠实于党的总路线、总方针,而且要与党的领导机关的意志呼吸相关,息息相通,这是党报工作人员的责任。”

全党办报。“党必须动员全党来参加报纸的工作。”这包含三层意思:一是“党的领导机关要看重报纸,给报纸以宣传方针,而且对于每一个新的重要问题,都要随时指导党报如何进行宣传。”二是党建立的各个机关要“利用党报,宣传解释各种政策,推动工作和检查工作的进行”,同时也有责任“向党报供给消息,供给文章,提供意见等等”。三是每个党员个人也对党报负有责任,“这种责任,就是:不要对党报漠不关心,而要阅读党报,讨论党报上的重要文章、消息与谈话,推销党报,向党通讯等等”。

1945 年 5 月 16 日,《解放日报》发表社论《提高一步》,提出党报的工作作风问题:毛泽东所说的党的理论联系实际、密切联系群众、批评与自我批评的工作作风,就是党报应用的工作作风。

这是中国共产党新闻史上第一次对党报的理论进行完整而系统的论述、总结。这些理论观点都成为中国特有的马克思主义新闻学的重要内容,直到今天仍然是中国共产党党报理论的精髓,指导着党的新闻实际工作。

三、战争中中国共产党新闻事业的曲折发展

(一)内战全面爆发,城市报刊再次撤回农村

1945 年 9 月 12 日,中共中央晋察冀分局机关报《晋察冀日报》由阜平迁至张家口出版,成为解放区第一份在城市出版的大型日报。1946 年 5 月 15 日,晋冀鲁豫边区中央局机关报《人民日报》在邯郸市创刊。广播电台也获得发展。

但是,1946 年 10 月,内战全面爆发,随着解放区面积的缩小,解放区的新闻事业也开始收缩。延安新华广播电台与其他地区的人民广播电台一样被迫转移或停播,不少报刊停办,城市报刊再撤回农村,大批报刊被迫缩小规模,改为油印。延安《解放日报》1947 年 3 月 27 日出满 2130 号后停刊。至 1947 年下半年,随着解放战争的逐步胜利,中国共产党新闻事业再获发展,新闻中心从农村转向城市。

(二)解放战争中的军事宣传与土改宣传

《解放日报》停办以后,中共中央有两年多时间没有办机关报,而是加强了新华社的工作。新华社担负起机关报、通讯社和广播电台三重任务。从 1947 年 3 月国民党大举进攻以后,新华社就担负起如此的重任,毛泽东在此期间,为新华社撰写了大量的文稿。

解放战争时期,新华社的突出贡献就是它的军事宣传报道。在整个战争时期,新华社的记者活跃在各个战场上,成功地报道了许多壮丽的场面和动人的情景。并且,在不同的战争发展阶段,都能根据中共中央的战略部署和方针政策,组织不同的宣传重点,极大地鼓舞了解放区军民必胜的信心,瓦解了敌人的军心,推动了解放战争的胜利发展,也为组织军事报道积累了丰富的经验。

(三)中国共产党新闻事业从农村到城市

随着解放战争的推进,一些城市陆续解放,中国共产党新闻事业开始由农村转向城市。对于如何搞好城市报刊宣传问题,中共中央、中央宣传部、新华社针对出现的问题及时进行总结,发出了一系列指示和决定:1948 年 8 月 15 日,中共中央宣传部发出《关于城市党报方针的指示》;11 月 18 日,中宣部和新华社联合发出《关

于纠正各地新闻报道中右倾偏向的指示》;1949 年 3 月,中共中央在河北平山县西柏坡村召开七届二中全会,会议决定全党工作重心由乡村转移到城市。新华社等主要新闻机构也对进城以后新闻工作业务进行研究,并提出一系列的指导意见。

进入城市后,中共中央所在地北平成为新闻中心。中央一级的新闻机构相继建立。

原晋冀鲁豫边区中央机关报《人民日报》于 1948 年 6 月 14 日停刊,与《晋察冀日报》合办,于 6 月 15 日出版中共中央华北局机关报《人民日报》,1949 年 3 月 15 日迁北平出版,8 月,根据中共中央决定,《人民日报》改为中共中央机关报。

1949 年 3 月 25 日,新华通讯社总社从河北省平山县迁入北平。同日,陕北新华广播电台也迁入北平,并改名为北平新华广播电台。

1949 年 6 月 16 日,中国民主同盟机关报《光明日报》在北平创刊。

1949 年 7 月 15 日,中华全国总工会机关报《工人日报》在北平创刊。

此外,共产主义青年团、全国妇女联合会、全国少年儿童工作委员会的机关报刊也纷纷迁至北平出版或在北平创刊。

至此,中国新闻事业进入了一个新的历史时期。

思考题

1. 战争和报纸的发展关系是什么?
2. 中国共产党对报纸发展的作用是什么?
3. 简述中国共产党的党报理论。

第五节　中国国民党新闻事业的建立与发展

北伐战争以后,国民党代替北洋军阀的统治,执掌政权。国民党南京政府成立之后,逐步建立起覆盖全国的新闻系统。特别是 20 世纪 30 年代以后,蒋介石的军政权力日渐牢固。四大家族的官僚资本逐渐发展,国民党的宣传机器随之大大加强。

一、中国国民党新闻网的建立

(一)中国国民党新闻网的形成

1. 党报条例颁布

1928 年 6 月,国民党中央颁布《设置党报条例》、《指导党报条例》、《补助党报条例》三个条例,在党报的类型、管理制度、宣传内容、宣传纪律、津贴办法等方面作出明确规定。党报条例颁发后,国民党党报体系很快建立起来。

2. 国民党党报网建立

国民党党报数量多,层次也多,从中央到省、市、县,各级都办有党报。中央一级的党报最主要的是《中央日报》。

《中央日报》于1927年3月22日在武汉创刊。在当时国共合作的条件下,由国民党宣传部主办,实际上是以汪精卫为代表的国民党假左派的喉舌。汪精卫公开反共后,该报停刊。1928年2月,《中央日报》又在上海创刊,后因国民党中央颁布《设置党报办法》,规定《中央日报》要设在首都,遂于1929年2月迁至南京出版,成为国民党中宣部直辖党报,代表执政党发言,在党报中居领导地位。1929年日销2万份。1948年,《中央日报》开始在台湾筹备台北版;1949年3月12日,《中央日报》迁台北出版发行。

各大城市的中央直属党报。除《中央日报》以外,国民党还在南北各大城市设立一些中央直属党报。重要的有华北的《华北日报》、汉口的《武汉日报》、福州的《福建日报》、广州的《中山日报》、天津的《民国日报》等。

3. 中央通讯社

国民党中央通讯社于1924年4月1日在广州创建,由国民党中央委员会宣传部主办。中央通讯社作为国民党的一个重要宣传机构,专门为国民党中央对外发布新闻。初创时期规模较小,从1932年开始,有所发展。到1936年,国内的分社、办事处由4个发展到23个。到1948年,总社直辖分支机构发展到52个,成为国统区最大的通讯社。

4. 广播电台

中央广播电台的建立。国民党定都南京以后,陈果夫等人就开始积极提倡和筹建广播电台,后于1928年春购得一部500瓦的广播机,同年5月,国民党第二届中央执行委员会通过建台计划,将电台定名为"中国国民党中央执行委员会无线广播电台",简称中央广播电台,呼号为XKM,由中央广播电台管理处负责。1928年8月1日正式播音。最初,每天两小时左右。后逐渐发展成为规模较大的电台。

地方电台的兴起。与此同时,中央广播电台管理处还积极发展地方电台。到抗战前夕,发展到16座,对外分别用9种本地语、12种外国语播音。地方台是从1928年浙江杭州电台建台开始,逐渐在昆明、广州、南昌、太原等地建立,后在各地普遍发展。

(二)国民党的有关新闻法令

1. 系列新闻法令出台

国民党在建立新闻系统的同时,还颁布了一系列新闻法令。从1929年到1934年先后颁布了《宣传品审查条例》、《出版法实施细则》、《修正重要都市新闻检查办法》、《指导全国广播电台播送节目办法》、《图书杂志审查办法》以及《危害民国紧急治罪法》的有关条文等。

2. 核心新闻法《出版法》

早期的法律条文以国民党政府1930年公布的《出版法》为主。

二、中国国民党主要新闻机构的发展

进入20世纪30年代以后，随着国民党政权的逐渐稳定，国民党的新闻机构也获得较大发展。

（一）报纸的发展

1. 巨大报系的形成

20世纪30年代以后，国民党党报系统迅速发展。特别是国民党中央直属的报纸，到抗战胜利前后，已发展成巨大的报系。全国的中央直属党报单位有18个，报纸29家，省市党报41家，县级党报397家。其中发展最快的是《中央日报》。

2.《扫荡报》

《扫荡报》是一份国民党军报，于1932年6月23日在南京创刊。1934年5月，迁到武汉出版。抗战爆发后，由于该报的消息迅速、及时、翔实而销量大增。后改名《和平日报》。1949年该报大陆各版先后停刊，总社迁到台湾，并于同年7月1日改回《扫荡报》，拥护国民党中央，坚决反共，1950年停刊。

（二）中央通讯社的发展

1. 中央通讯社的迅速发展

国民党中央通讯社的前身是国民党中央宣传部新闻科，后从中央党部划分出来。初创时规模很小，甚至未设记者，只有二三十名工作人员，两部老式收音机。1932年以后，在国民党政府的直接过问和资助下，通讯社进行了改组，中央通讯社有了较快的发展。

2. 国内通讯网络的逐步健全

到20世纪30年代后期，中央通讯社发展成国统区规模最大的通讯社：国内通讯网络健全，国内的分社、办事处由1932年的4个发展到1936年的23个，记者遍布全国，平均每天播发新闻稿1万余字。同时在国外设立办事机构，聘任驻外特派员，加强国外新闻采访业务。抗战前夕，已在国外设立4处办事机构，最早设立的是东京分社，还相继与美联社、路透社、哈瓦斯社等外国通讯社签订过交换新闻的合同。抗战时期还和塔斯社交换过电讯稿。抗战胜利后，中央通讯社扩展更快，至1948年，总社直辖分支机构52个，国外办事机构增至25个，直接订户560余家。1949年底，中央通讯社迁至台北。

（三）中央广播电台的发展

1. 中央广播电台发展成为全国规模最大的广播电台

1928年以后，中央广播电台在陈果夫、叶楚仓等人的筹划下，从德国购进75千瓦的机器，于1932年11月正式开播，呼号为AGOA，成为当时中亚最大的电台，号称“东亚第一,世界第三”。1936 年 4 月,国民党规定全国广播电台除星期日外,每天必须播中央台晚间约一小时的新闻、演讲等节目。抗战爆发后,中央电台西迁至重庆,并设北平、西安、贵州、昆明、兰州等分台,另在每一战区设置一座流动电台。中央电台成为全国规模最大的广播电台。

2. 总台迁都进入发展全盛时期

抗战胜利后,中央电台总台迁回南京,发展成为拥有电台 41 座、中短波发射机 81 部的大规模广播网,总电力 549 万瓦,每日播音 620 多小时,进入全盛时期。

三、中国国民党新闻事业在大陆的瓦解

随着国民党军队在战场上的失利,国民党政权在政治上、经济上陷入困境,国民党新闻事业也在大陆土崩瓦解,新闻机构纷纷撤离大陆。

(一)政治、军事的失利使得国民党新闻机构的政治军事宣传彻底破产

1. 政治、军事的失利使得国民党的新闻地位急剧下降

当蒋介石的军队在前线节节败退,国民党军队纷纷向人民投降之际,国民党的新闻地位也急剧下降,国民党新闻机构的政治、军事宣传彻底破产。

2. 歪曲新闻事实,疯狂进行反共宣传

尽管蒋介石的军队在前线节节败退,蒋军高级将领纷纷放下武器,向人民投降,但是为了进行反共宣传,这些新闻机构还是竭尽歪曲造谣之能事,报道所谓“共区设立机构,专门贩卖烟毒,甚至卖人肉”等。对国民党的战况,则竭力粉饰。“大江东去”已成定局,国民党新闻机构终于走到了尽头。

3. 国民党当局的新闻专制统治进一步强化

面临崩溃结局的国民党,并没有因为战局的急转直下而停止残暴的新闻独裁。1948 年 5 月 18 日,国民党政府公布了《维持社会秩序临时办法》六条,规定:严禁 10 人以上的请愿和一切罢工、罢课和游行示威活动,如遇此类事件发生,各地军警在必要时可以采取“紧急处置”手段。同时,再也不允许任何报刊宣传与自己不同的任何观点,即便是有过密切关系的《大公报》也不例外,如果与此相反,不论是中共报刊还是民主党派报刊一律封闭。因此,当时的报业受到严重摧残,一切敢于批评国民党的民营报刊都被查封,一批进步的新闻工作者遭捕杀。

(二)国民党新闻事业在大陆的彻底瓦解

1. 国民党新闻机构被人民政权接管

1949 年初,随着人民解放战争取得全面胜利,国民党新闻事业迅速在大陆被接管。除极少数人员及部分器材撤至台湾、香港以外,国民党各类新闻机构均被人民解放军军事管制委员会接收。中国国民党新闻事业在大陆彻底瓦解。

2. 国民党主要新闻机构先后迁至台湾

在“无可奈何花落去”的境况下,国民党的主要新闻机构《中央日报》、中央通讯

社、中央广播电台等按照国民党指示，于1948年至1949年间先后迁至台湾。在台湾，国民党当局对新闻事业严加控制，实行了长达30年的“报禁”，直至1988年解除“报禁”。

思考题

1. 中国国民党统治时期的新闻发展处于怎样一种状态？最有影响的报纸是哪一份？为什么？

2. 中国国民党新闻机构什么时候撤离大陆、前往台湾？为什么？

第六节 现代民营新闻事业的艰难发展

中国现代民营新闻事业的发展与现代的政治、经济发展息息相关。现代中国社会民族危机的加剧、连年的战争，给民营新闻事业造成不断的冲击。国民党的专制统治，也制约着民营新闻事业的壮大，现代民营新闻事业的发展举步维艰。

一、“五四”新文化运动和民营新闻事业的发展

(一)“五四”新文化运动为民营新闻事业的发展提供理论指导

“五四”新文化运动在对封建思想造成冲击的同时，带来了思想的解放、新思想的传播、新闻理念的引进和革新，这些都为民营新闻事业的发展提供了理论指导。

(二)繁荣的城市经济为民营新闻事业的发展提供了经济保障

第一次世界大战以后，中国民族资本主义的发展以及城市经济的繁荣，又为民营新闻事业提供了可资发展壮大的经济保障，使得现代民营新闻事业获得了一定的发展空间。中国历史上的民营大报及名报人在这一时期也随之出现。

(三)“五四”新文化运动以后民营新闻事业的长足发展

1. 大报的崛起和报业托拉斯的出现

上海的《申报》和《新闻报》是两家老牌的中文报纸。到1930年，两报的销量均突破10万份，达到15万份(《新闻报》)和14.8万份(《申报》)，成为当时中国销量最高的日报。

2. 北方有影响的大报的崛起

在北方，有影响的大报也开始崛起：天津的《大公报》开始续刊；北京的《世界晚报》、《世界画报》；邵飘萍的《京报》、林白水的《社会日报》也在这一时期出现。

3. 上海“四社”的逐步形成

“四社”是由一位名叫张竹平的组建的，是《时事新报》、《大晚报》、《大陆报》和申时电讯社共同组成的联合办事处的简称。

张竹平(1886—1944),江苏太仓人,毕业于上海圣约翰大学,约1914年进申报馆工作,任经理。期间,他为报纸的广告发行等工作出谋划策,在《申报》的发展过程中起过重要作用。但他不甘长期寄人篱下,1924年他利用申报的通讯印刷设备组织电讯社,进行非正式发稿;1928年正式建立申时电讯社,并于是年冬天,与人合股买下《时事新报》。这使他和史量才之间产生了矛盾。1930年,张竹平离开了《申报》,独立开展自己的事业。1931年,他又与人合股买下英文《大陆报》。1932年,再与人合办《大晚报》。至此,张竹平的“四社”联合体成立。

“四社”的成立,在当时的新闻界造成很大影响,被看成是“报业托拉斯”。但实际上“四社”仅是业务上的联系,不是资本的联合;张竹平独资的也仅是申时电讯社,其他三张报纸张竹平拥有的股份都不超过三分之一。所以,它仅仅只是一个报团的雏形。

4. 小报的热潮

面向市民阶层的小报在这一时期大量涌现,这也是民营报业发展的重要标志之一。从1926年到1931年共出版700多种。

在这一时期,最有代表性的小报是上海的“四大金刚”:《晶报》、《金刚钻》、《福尔摩斯》和《罗宾汉》。这些小报的出现,反映了当时半殖民地半封建社会的都市生活百态,也形成民营报业发展的一道景观。

黄色小报也随之而起。宽松的办报环境,使得鱼龙混杂的各色报纸纷纷出现,黄色小报在其中数量较多。

二、抗战前后国统区民营新闻事业的震荡与变化

1931年“九一八”事变以后,随着民族危机的到来,国人开始全民参与抗日救亡运动,抗日救亡浪潮一浪高过一浪。民族危机的加重也震荡着新闻界,一方面,救亡报刊大量涌现,另一方面,民营报业出现了明显的分化:有呼吁抗日并揭露国民党不抵抗主义的,如《申报》;也有在宣传抗日的同时表现出亲蒋的,如《大公报》。各地救亡团体也出版了一批抗日报刊。在抗日救亡高潮中,一些有思想的报人开始积极探索,寻求解救中国命运的道路。他们的新闻报道,在当时的国统区以及中国新闻史上都产生了很大的影响。

(一)范长江和《大公报》

1. 范长江

范长江(1909—1970),原名范希天,四川内江人,著名新闻记者、新闻学家。1939年,他参加了中国共产党,1942年后赴延安,走上新闻工作的领导岗位,先后担任过新华日报社华中版社长、华中新闻专科学校校长、新华通讯社“四大队”队长、新华社副社长等职。中华人民共和国成立后,历任新华通讯社总编辑、新闻总署副署长、人民日报社社长、解放日报社社长、国家科委副主任等职,1970年10月在“文

革”中不幸逝世。

2. 范长江的新闻活动

1935 年 7 月，范长江以《大公报》特约通讯员的身份，开始他的西北地区考察采访的。他历时 10 个月，行程 6000 余公里，采访了川、陕、甘、青、宁等省区的 48 个县市，撰写了大量的通讯报道。他报道了很多鲜为人知的新闻材料，反映了西北地区吏治的黑暗和人民的贫穷，还公开报道了中国红军二万五千里长征的行踪和影响。他的通讯在《大公报》陆续发表后，引起轰动。不久，他的这些通讯汇集成《中国的西北角》一书正式出版，半年内连印 7 次，范长江一举成名。随后，他成为《大公报》的正式记者。

1936 年 12 月西安事变以后，范长江又赴延安采访，成为当时国统区进入延安采访的第一个记者。范长江得以采访了毛泽东。此后，范长江的思想发生了深刻的变化。抗战爆发后，范长江采写了大量的战地通讯。

3. 范长江的代表作以及对中国新闻事业的贡献

《中国的西北角》和《塞上行》是范长江西北通讯的代表作。范长江同志是我国无产阶级新闻事业的开拓者和领导者之一，是杰出的无产阶级新闻战士。他为发展我国的无产阶级新闻事业，立下了不可磨灭的功勋。毛泽东、周恩来同志生前都对范长江同志给予了高度的赞扬和评价。胡乔木同志在 1982 年提议新闻界后辈要“做范长江这样的记者”。1990 年中国记协设立了“范长江新闻奖”，并于 1991 年开始评奖活动。

(二) 左翼文化工作者的新闻活动

在抗战前后民营新闻事业的发展中，左翼文化工作者的新闻活动因其明显的进步政治倾向而显得十分突出。

1. 中国左翼作家联盟成立

1930 年 3 月 20 日，中国左翼作家联盟成立。

2. 社会团体纷纷联盟办报刊

在中国左翼作家联盟成立之后，社会科学家、戏剧家、美术家等也纷纷成立联盟，同时，这些联盟也都办起了自己的机关报刊，还倡导成立中国新闻学研究会，积极参加抗日救国运动。

(三) 外国记者的抗日救亡报道

从 20 世纪 20 年代开始，一批同情中国革命的外国新闻工作者陆续来到中国，写下他们眼中的中国抗日革命斗争。比较有影响的人和代表作品如下：

1. 美国记者艾格妮丝·史沫特莱和她的《中国的战歌》、《伟大的道路》；

2. 德国报告文学家基希和他的《秘密的中国》；

3. 美国记者埃德加·斯诺和他的《红星照耀中国》。

美国记者埃德加·斯诺是众多同情中国革命的外国记者中影响最大的一个，

他的《红星照耀中国》也轰动了全球,震撼了世界。斯诺于1928年来华,曾任欧美几家报社驻华记者、通讯员。1933年4月到1935年6月,斯诺同时兼任北平燕京大学新闻系讲师。1936年6月斯诺访问陕甘宁边区,写了大量通讯报道,成为第一个采访红区的西方记者。抗日战争爆发后,又任《每日先驱报》和美国《星期六晚邮报》驻华战地记者。1942年去中亚和苏联前线采访,离开中国。新中国成立后,曾三次来华访问,1972年2月15日因病在瑞士日内瓦逝世。

(四)抗战爆发后新闻事业中心的转移

抗日战争爆发后,由于国民党在战场上的节节失利,一些大城市相继失守,新闻事业一部分遭到破坏,一部分被迫迁移,新闻活动中心也不断随之转移。抗战胜利后,上海、北平、南京、天津等大城市的民营报刊纷纷迁回原地出版。

1. 沦陷区报刊的撤离

1938年10月,武汉、广州相继失陷之后,日本基本上停止了对国民党正面战场的大规模进攻,抗战进入相持阶段。此时,原先在上海、南京、武汉、广州等地的报刊,大部分迁往西南后方的重要城市,如重庆、桂林,一小部分迁往香港。

2. 国民党顽固派继续摧残抗日进步新闻事业

抗日战争刚开始时,毛泽东便提出,必须给人民以爱国的自由,要求蒋介石政府取消《危害国民紧急治罪法》和《新闻检查条例》。然而,蒋介石政府不但不给人民出版自由,反而加大了对新闻出版事业的控制和迫害。尤其是对抗日进步新闻事业的横加摧残——实行原稿审查,迫害进步报刊;强迫收买报纸,排斥“异己”记者;封闭抗日报纸,枪杀抗日记者;封锁抗战消息,封锁进步言论。

三、解放战争时期民营新闻事业的发展和萎缩

1945年抗战胜利后,被迫迁移的报刊纷纷迁回原地,一些民营报纸利用战后短暂的和平民主政治环境,趁机扩张,向报团方向发展。

(一)民营报刊的复苏

日本政府的投降,使得整个政治格局发生了巨大的改变,抗战时期不得不迁往后方的报刊纷纷迁回原地,民营报刊也充分利用这短暂而民主和平的政治环境恢复元气,有些甚至努力往报团方向发展。1947年5月18日,国民党政府公布《维持社会秩序临时办法》,上海、北平、天津、重庆等城市先后“戒严”,沈阳、天津、北平等地的新闻检查制度再度出现。在这种时候,国统区出现了“第三条道路”的宣传。

所谓“第三条道路”,实际上是资产阶级和小资产阶级的利益与思想的体现,他们既不满于国民党大地主、大资产阶级的政权,也不愿实行共产党领导的人民民主专政,而企图走一条英美式的资产阶级道路。最有代表性的是储安平的《观察》周刊。

(二)著名报刊与报人

1. 邹韬奋和他的报刊活动

邹韬奋(1895—1944),我国杰出的新闻记者、政论家、出版家。1926 年 10 月接手主编中华职业教育社的《生活》周刊,从此开始了他毕生的新闻出版事业。1944 年 7 月 24 日,邹韬奋因病逝世,在遗嘱中,他呼吁全国坚持团结抗日,早日实行真正的民主政治,建立独立自由幸福的新中国,并请求中共中央追认他为中国共产党党员。1944 年 9 月 28 日,中共中央委员会致电邹韬奋家属,"接受先生的临终请求,并以此引为吾党的光荣。"延安、重庆等根据地分别举行隆重的追悼会。毛泽东的题词:"热爱人民,真诚地为人民服务,鞠躬尽瘁,死而后已。这就是韬奋先生的精神,这就是他感人的地方。"1944 年 11 月 22 日,以纪念邹韬奋"救国罪"8 周年为契机,延安《解放日报》以四个整版的篇幅刊出《韬奋先生逝世纪念特刊》,刊登了中共中央负责人的题词。

邹韬奋的办报思想与经验:邹韬奋坚持报刊要始终立于人民大众立场的观点,报刊要以推动社会进步为目的;报刊要发扬服务精神;报刊要树立平民化风格。

2. 史量才和《申报》

史量才(1880—1934),江苏江宁人,原名史家修,生于上海青浦县,父亲是商人。史量才早年就读于杭州蚕学馆,毕业后曾在上海创办女子桑蚕学堂。1905 年与黄炎培等发起成立江苏教育总会。1908 年曾兼任《时报》主笔。1912 年 10 月接办《申报》后,自任总经理。由于经营得法,报业发展很快。1929 年又陆续购进《新闻报》和《时事新报》的大部分股份,成为当时国内最大的报业资本家。1931 年"九一八"事变后,史量才改变以往的保守政治立场,主张抗日。他对《申报》进行了一系列改革,在社会上产生了积极影响,1934 年 11 月 13 日被国民党特务杀害。后由其子史咏庚继承,1945 年抗战胜利后被国民党接收。1949 年 5 月上海解放后《申报》停刊。1933 年是《申报》历史上最辉煌的时期。这一年《申报》的发行量突破 15 万份。

《申报》的发展与史量才的经营策略:以发展经济为主的初期策略;以扩展规模为主的中期策略;明确政治立场,发展文化事业,谋求舆论中心地位;办申报新闻函授学校。

3. 新记公司和《大公报》

《大公报》于 1902 年 6 月 17 日在天津创刊,创办人英华。辛亥革命后,英华隐退,报纸于 1916 年 9 月卖给了安福系财阀王郅隆。后王郅隆去日本考察死于地震,1925 年 11 月 27 日停刊。1926 年 9 月 1 日,吴鼎昌、胡政之、张季鸾三人组成"新记公司",接办《大公报》。创刊之日提出"不党、不卖、不私、不盲"的办报四不方针,在旧中国政学界产生广泛影响。

《大公报》的业务特色:四不方针;引人注目的言论;富有特色的新闻报道。

《大公报》对人才的培养:很注意吸收人才,合理使用人才;注意人才的栽培。

思考题

1. 中国现代民营新闻事业发展的背景是什么?

2. 简述抗战前后著名记者各自的特色和贡献等基本情况。

第七节 当代社会主义新闻事业的建立与初步发展

1949 年 10 月,中华人民共和国成立,中国历史进入了一个崭新的时代,中国的新闻事业也进入了一个新时期。

一、社会主义新闻事业新格局的形成

建国以后,党和人民的新闻事业得到迅速的发展。

(一)新中国新闻网的建立

20 世纪 50 年代前期,社会主义新闻事业发展全面而迅速,初步建立起全国性的新闻网;50 年代末,我国电视事业开始创立,到 1959 年,全国有电视台 20 座。至此,一个以报刊、通讯社、广播电视等多媒体,中央、省区、地市等多层次,综合性、专业性等多类别的规模全面的新闻网全面建立。

1. 报刊

(1)中国共产党机关报——《人民日报》

1948 年 6 月 15 日,《人民日报》创刊于河北平山县,为中共中央华北局机关报,后迁至北平。1949 年 8 月改组为中共中央机关报,代表中共中央发言,在党报体系中占领导地位。1955 年 1 月起,《人民日报》在上海、武汉、西安、广州等国内重要城市印刷,并建立记者站,1960 年达到 100 万份/期发行量,在国家政治生活中具有极大的影响力。

(2)地方党报

1950 年前后,绝大部分省、自治区、直辖市党委都建立了自己的机关报。1956 年 4 月的《西藏日报》出版,意味着全中国省级党报全部建立。在省级党报建立的同时,部分城市和地区党委也纷纷创办党委机关报,形成了一个以中央党报为领导,省级党报为骨干,地市县党报为基础的党报系统。

地方党报以其数量众多在党报系统中居于重要地位。

(3)军队、人民团体、政府机构的报纸

《解放军报》于 1956 年元旦在北京创刊,为中共中央军委机关报,直属总政治部领导,居军报系统之首。中国人民解放军报纸数量众多,自成体系。解放之初,6

大军区都有报纸。1955年6大军区撤销,全国野战部队分为13个大军区,各军区也办有自己的报纸。

《工人日报》于1949年7月15日在北平创刊,为中华全国总工会机关报,主要读者为全国职工和工会工作者。

《中国青年报》于1951年4月27日在北平创刊,为中国新民主主义青年团机关报,主要读者为全国青年。初为日刊,后改为日报。

《中国少年报》于1950年11月5日在北平创刊,为中国少年先锋队队报,由青年团中央主办,主要读者是全国少年儿童,为周报。

(4)其他机关报

还有一些国家机构相继创办了自己的机关报。这类报纸以报道某项专门业务活动为主,读者也以专业人员为主。具有代表性的有:

1931年8月创刊的《健康报》;

1949年5月创刊的《人民铁道》;

1950年5月创刊的《人民邮电》;

1956年5月创刊的《冶金报》;

1958年9月创刊的《体育报》。

(5)民主党派报纸和其他报纸

《光明日报》于1949年6月16日在北平创刊,初为中国民主同盟中央机关报,1953年起由中国各民主党派、全国工商联联合主办,1957年改由中共中央宣传部和中共中央统战部领导。主要报道文教、统战等工作,读者多为知识分子。

《团结报》于1956年4月25日在北京创刊,为中国国民党革命委员会中央机关报。1957年8月在全国公开发行,1966年6月停刊。是民主党派中存续时间最长的报纸,但发行量不大。

《大公报》于1902年在天津创刊。解放以后,天津版《大公报》改组为《进步日报》;上海《大公报》发表新生宣言,宣布报纸归人民所有。1953年1月1日,两地报纸合并,在天津出版全国性的《大公报》。1956年10月迁到北京出版,1966年9月停刊。主要报道经济新闻和国际新闻,读者多为工商界人士。

《文汇报》于1939年1月25日在上海创刊。1947年被国民党政府勒令停刊。1949年6月复刊。1956年4月迁北京与《教师报》合并,同年10月1日回沪恢复出版。主要报道评述文教工作,读者多为知识分子。

2. 期刊

(1)综合性期刊

新中国成立以后,各类期刊中率先得到发展的是全国性的综合性刊物、专业性刊物和外文刊物。其中比较有影响的有《新华月刊》、《时事手册》(半月刊)、《新建设》(半月刊)、《新观察》(半月刊)、《学习》(月刊)、《中国青年》(半月刊)、《新中国妇女》(半月刊,后改名为《中国妇女》)、《文艺报》(半月刊)、《民族团结》(月刊)、《人民中国报道》(世界语月刊)、《中国建设》(英、西班牙、法、阿拉伯等文版月刊)、《人民中国》(日文月刊)、《北京周报》(英、法、日、德等文版周刊)。

(2)党的理论刊物

1958年“大跃进”运动开展以后,党的理论刊物纷纷创刊。

《红旗》杂志创刊于1958年6月1日在北京创刊,是中共中央主办的政治理论刊物,创办初为半月刊,1965年1月改为月刊。主要读者为具有一定文化的党员、干部、理论宣传工作者、政治思想工作者以及大专院校学生等青年知识分子。该刊经常发表重要的政论文章,影响力较大。“文革”(1966—1976年)时期,和《人民日报》、《解放军报》并列为“两报一刊”,成为中国一个时期内的重要舆论机关。

地方理论刊物的创刊。《红旗》杂志创刊以后,各省、市、自治区党委的理论刊物也纷纷而起。

比较有代表性的有:北京市委的《前线》、河北省委的《东风》、黑龙江省委的《奋斗》、上海市委的《解放》、浙江省委的《求是》、云南省委的《创造》等。一些地市党委甚至县委也随之创办自己的理论刊物。

这些刊物大多产生于“大跃进”年代,不免打上时代的烙印,也存在着不少的缺点。在内容上全部照搬照套中央刊物,缺乏特色,但作为特定时期的舆论机构,还是起到了应有的作用,在国内的政治生活中产生过一定的影响。

3. 通讯社

新中国成立以后,党和政府就对中国的通讯机构进行了清理整顿,加强对通讯事业的统一领导和管理,组建了集中统一的国家通讯社和中国新闻社。

(1)新华通讯社

新华通讯社的前身是1931年在江西瑞金创建的红色中华通讯社。1937年改新华通讯社。建国以后,为了适应新形势,改变战争年代的分散状况,建立集中统一的国家通讯社,中共中央和新闻总署在1950年3月、4月先后发布《关于改新华社为统一的国家通讯社的指示》和《关于统一新华通讯社组织和工作的决定》。根据这两个文件精神,新华社开始统一和调整全国的机构。同年11月,新华社第一次全国社务会议召开,标志着新华社组织上和工作上的集中统一工作已基本完成。作为国家通讯社,新华社在建国后的最初几年,从组织规模到业务建设都有较快的发展。到1952年,新华社的工作人员已达2002人,国内设有6个总分社,28个分社,国外设有5个分社,先后接办、创办了《时事手册》、《参考消息》、《国内参考》、《新闻业务》等10余种刊物。在此期间,新华社还积极开展与塔斯社及东欧社会主义国家通讯社的合作,与路透社等西方国家的通讯社也开始建立合作。新华社逐步成为一个集国内报道、对外报道、国际新闻报道等多种报道功能于一体的有影响的大型通讯社。

(2)中国新闻社

1949年新中国成立后，散居在世界各地的华侨约有2000万，办有华文报纸约97家，所载大陆新闻主要录自香港和中国内地报纸以及外国通讯社电讯，缺乏直接的中国新闻来源。为了改变这种状况，正确、全面地介绍、宣传中国，1952年6月，中共中央指示，扩充一个专门的通讯社，向国外华侨报纸发送新闻与通讯。同年9月，一批热心新闻事业的知名人士金仲华、胡愈之、王芸生、顾执中等即发起创办中国新闻通讯社，由33名发起者组成董事会，金仲华任社长。开始时，中国新闻社的工作机构设在新华社内，为新华社华侨广播组(后改为部)，对外使用中国通讯社的名义。初期广播华语记录新闻，每天5000字，同时向海外航空寄发新闻稿《中国新闻》。以后逐步增加供应文字特稿、图片新闻，并开展音像制作等业务。1957年3月，中新社脱离新华社，成为一家独立的通讯社。中新社在促进建立爱国统一战线、介绍政府方针政策、报道国家建设成就和侨乡情况等方面发挥了积极作用，成为海外华侨和港澳新闻界中较有影响的通讯社。

4. 广播电视事业

中国广播电视事业由共产党领导，中央一级的广播电视机构直属政府的中央广播事业局；地方一级的广播电视机构实行双重领导，即同级地方党委和政府负责思想、组织方面的领导，中央广播事业局负责业务指导。

(1)广播事业

1949年9月颁布，且具有临时宪法作用的《中国人民政治协商会议共同纲领》规定，要“发展人民广播事业”。建国以后，国家通过接收国民党政府的官办电台，改造民营电台，恢复、充实和改建人民广播电台等办法，加速人民广播事业的发展。1950年，全国拥有人民广播电台65座。到1965年，全国建有广播电台87座，有线广播站2365个，形成了一个相当完整的从中央到地方、无线和有线、对内和对外相结合的广播宣传网。

中央人民广播电台的前身是延安新华广播电台，1949年12月5日改为现名。1952年12月，第一次全国广播工作会议将中央人民广播电台确定为广播事业的建设重点。开播之初只有1套节目，每天广播13个小时。1965年发展到4套节目，每天广播60多小时。这期间，还相继开办了藏、蒙古、朝鲜、维吾尔族等少数民族语言广播节目和对台广播节目。同时，中央人民广播电台于1950年4月组建国际广播编辑部，并以“北京广播电台”的呼号正式开办对外广播。1961年初，对外广播的语种已达33种。另外，还开办了对海外侨胞和华人的汉语普通话和4种方言广播。作为国家广播电台，中央人民广播电台承担了面向全国广播的任务。

各大区、省(市)级广播电台。建国初期，全国划分为6大行政区，到1950年5

月5日,各大区(华北除外)均建立了广播电台。沈阳的东北人民广播电台、西安的西北人民广播电台、上海的华东人民广播电台、重庆的中南人民广播电台。1954年,大行政区建制撤销,5座大区的广播电台也随之撤销。

省级广播电台是随着解放战争的进程和全国省级行政区的划定而逐步建立起来的。到1954年,大部分省份已建立了省级广播电台。1960年11月,西藏人民广播电台建成播音。至此,除台湾省外,全国各省、自治区、直辖市的广播电台全部建成。

大区和省级人民广播电台担负着向本区、本省进行广播宣传和转播中央人民广播电台重点新闻节目的任务,是全国广播电台网中的一个中间枢纽。

地、市一级广播电台。1950年以前,东北、华北、华东、中南的一些城市利用接收的广播电台设备建立自己的广播电台。此后,一些城市和地区也相继办起了广播电台。就全国总体情况来看,地市级广播电台发展速度不快,其中地区电台更少。由于广播贴近实际,便于迅速传递本地区的情况的特点,因此很受听众的喜爱。

农村有线广播网。建立农村有线广播网、宣传教育亿万农民是我国广播事业的重要任务。

1952年4月,吉林省九台县利用电话传递广播节目试验成功后,建立起我国第一座县级有线广播站。1955年12月,毛泽东在《征询对农业十七条意见》中指示:“在七年内,建立有线广播网,使每个乡和每个合作社都能收听到有线广播。”此后,有线广播站在全国迅速得到普及。到1960年,全国共有县(市)有线广播站2181个,有线广播喇叭1141.9万只。

农村有线广播在我国大部分地区,特别是经济落后地区长期发挥着宣传教育的作用,是我国广播网中最普及也是极其重要的一部分。

(2)电视事业

20世纪50年代末期,中国电视事业开始起步。1958年5月1日,我国第一座电视台——北京电视台建成试播,9月2日,正式播送节目。同年10月和12月,上海电视台、哈尔滨电视台相继开播和试播。1959年,全国有电视台20座。1962年,国家对电视事业进行了调整,保留北京、上海、广州、沈阳、天津5座电视台,其他一律停办。困难时期过后,电视事业又有一定发展,至1966年,全国共有电视台13座。

我国电视事业起步较晚,其发展又受到经济、技术等因素的制约。但在20世纪60年代前期,电视事业仍然发挥了自身的作用,对一些重大事件作了报道,确立了电视事业在整个新闻宣传网中的独立而重要的地位。

(二)对私营新闻事业的改造

早在1949年新中国成立之前,随着一些大城市的解放,中共中央就开始关注旧有新闻事业的接收和改造工作。

1. 新中国成立之前对城市旧有新闻事业的清理和接收

1948 年 11 月 8 日，中共中央颁布《关于新解放城市中外报刊通讯社处理办法的决定》(以下简称《决定》)。其中，对所解放城市的新闻业状况进行简要分析，认为这些城市的新闻机构“绝大部分是反动派所掌握的，少数是中间的，只有极少数是进步的。在许多城市中根本没有进步的和中间性的报纸刊物”。《决定》同时提出，“报纸刊物与通讯社是一定的阶级、政党与社会团体进行阶级斗争的一种工具，不是生产事业，故对于私营报纸、刊物与通讯社，一般地不能采取对私营工商业同样的政策。”基于这样的分析和认识，《决定》提出了基本的原则：“除对极少数真正鼓励群众革命热情的进步报纸刊物，应扶助其复刊发行以外，对其他的私营报纸、刊物与通讯社，均不采取鼓励政策。”《决定》还并特别强调，“无限制地放任的政策和一律取消的政策，这两种政策均不符合于我党保护人民的言论出版自由，和剥夺反人民的言论出版自由的原则。”据此原则，中共中央对于旧有新闻事业和新闻工作者的处理办法作了具体规定。1948 年 11 月 26 日，中共中央下发了《关于处理新解放城市报刊、通讯社中的几个具体问题的指示》；1949 年 1 月 18 日下发了《对处理帝国主义通讯社电讯办法的规定》；1949 年 2 月 28 日下发了《关于对私营广播电台的处理办法和天津市委的指示》等一系列文件以指导此项工作。

根据这些文件的指示精神，新解放城市的党委和政府对旧有新闻事业进行了清理接收。

2. 对在华外国人主办新闻事业的清理和规范

对于在华外国人主办的新闻事业，党和人民政府也根据不同的情况，采取不同的办法：对帝国主义国家设立的新闻机构，一律予以封闭；对外国私营报刊，则准许其继续出版。

3. 中央出台出版经营新闻机构的具体规定

中共中央对于允许出版经营的新闻机构在具体运作上也作了一些规定：不得有违反人民政府法令之行动；不得进行反对人民解放战争、反对土地改革、反对人民民主制度的宣传；不得进行反对世界人民民主运动的宣传；不得泄露国家机密与军事机密等。民营广播电台必须转播新华台节目，不得有反对人民解放军及人民政府之任何宣传；广播节目必须经军管会之审查等。这些措施和规定对巩固政权、稳定形势起到了重要作用。

据新闻总署 1950 年 2 月统计，当时全国报纸共有 281 家，其中私有报纸 55 家，而上海最多，共有 14 家。这些报纸大多是在旧中国有影响的进步报纸，但不久后由于私营报纸的生存环境有了变化，优势不复存在，广告收入减少，采访新闻不顺畅等等原因，在发展中遇到了很大的困难。尽管党和政府给予了多方面的扶植和支持,其整体情况还是每况愈下,私营报纸的从业者也纷纷要求早日成为社会主义国家的革命新闻工作者,这使得私营报纸停刊的越来越多。在这种情况下,党和国家对新闻事业采取了合并改组、公私合营等措施,到1952年底,全国所有的私营性质的报社全部实行了公私合营。1953年后,民间面目或民主党派的报纸,全国只剩下《文汇报》、《新闻日报》、《新民晚报》、《大公报》、《光明日报》5家,其中《光明日报》1949年创刊时即是公营的民主党派报纸,其他几家也成了公营的人民报纸。

1952年底,中央广播事业局宣布,全国34家私营广播电台全部改造完毕,全部广播电台由国家经营。至此,中国私营新闻事业的社会主义改造先于全国私营经济的改造而完成。

(三)新闻政策和新闻法规

为了更好地发展由国家经营的报刊、广播电台以及其他大众传播媒介,使新闻业成为党和人民的喉舌,党和政府制定了有关新闻宣传工作的政策、法规,对新闻事业的发展产生了深远的影响。

1. 新闻政策

(1)新闻工作要服从党的领导

党直接管理新闻宣传工作;实行报刊审批备案制度;加强对党报和其他新闻宣传组织机构的领导(这些政策一直延续下来,并将继续下去)。

(2)新闻宣传必须服从并服务于党的路线方针和政策

党报是无产阶级及其政党的舆论工具,是指导群众进行革命斗争的手段,党报的新闻宣传必须服从党的路线、方针和政策并为其服务。这是无产阶级政党关于党报的基本观点。

(3)开展批评和自我批评

1950年4月,中共中央做出《关于在报纸刊物上开展批评与自我批评的决定》,这是新中国成立以后,党指导在报刊上开展批评与自我批评的第一个纲领性文件。这些决定和指示的贯彻执行,开创了报刊批评的新时期,并使报刊这一批评和自我批评这一政策逐渐形成制度。

2. 新闻法规

新中国成立以后,国家在《共同纲领》和1954年通过的《宪法》中设有适用于新闻出版的条款,但没有制定专门的新闻法,只先后颁布了一些有关新闻出版工作的行政法规。

二、社会主义新闻事业的探索和发展

新中国成立以后,中央决定把党和国家的工作重心转移到经济建设上来,全国的新闻宣传中心也发生了变化。

(一)新闻工作的成绩与失误

1. 经济建设的宣传报道

经济建设是党和国家建国初期的工作重心,也是宣传报道的中心。从解放初期的恢复生产、打击资产阶级的囤积居奇、平抑物价、稳定生活,到1953年开始的第一个五年计划和对资本主义私营工商业、农业和手工业的社会主义改造,新闻媒介都密切配合党的经济政策,进行充分的报道和大力的宣传。

2. 抗美援朝的宣传报道

抗美援朝战争的开始,使新闻媒介的报道重心发生了变化,战争报道大规模上升;战争报道时间大幅度延长;战争报道体裁丰富。1950年6月,朝鲜战争爆发,10月,中国人民志愿军入朝作战,抗美援朝战争开始。新闻媒介从原来的以经济建设为中心的报道转移到为配合战争而进行广泛的宣传报道。报道规模大,全国的新闻媒介全力以赴地投入战争新闻报道。在这场战争报道中,报道体裁的多样化,完全超出了一般的新闻范畴,涌现出了大批优秀的新闻通讯和报告文学作品,最著名的是魏巍的《谁是最可爱的人》,至今为人们所传颂。这一时期的报道为我国的军事宣传积累了宝贵而丰富的经验。

3. 政治运动的宣传报道

1951年初至1952年底,为巩固新生政权,党和国家先后开展了镇压反革命、"三反"(在党政机关队伍中反贪污、反浪费、反官僚主义)、"五反"(在资本主义工商业者中反行贿、反偷税漏税、反盗窃国家资财、反偷工减料、反盗窃国家经济情报)等政治运动。全国各新闻单位为配合运动进行了长时间、大规模的宣传。

4. 思想文化领域宣传的失误

新中国成立之初,为了消除思想文化领域中旧的意识形态,中央要求省市以上的党报"加强理论宣传",成为宣传马克思列宁主义的"重要基地"。1951年至1953年间,新闻界先后开展过三次较大规模的学术思想问题的讨论。由于错误思想的影响,三次讨论都出现了失误。其中共同的问题是:先做结论,自下而上地发动对被讨论者的批判;无限上纲,把学术问题作为政治问题,最终演化为阶级斗争。结果是不但没有展开真正学术意义上的讨论,不给被批判者以答辩的机会,甚至展开全国性的群众批判运动,极大地妨碍了思想讨论的正常开展,严重打击了一批思想进步的知识分子。

(二)新闻工作的探索与改革

1. 学习苏联经验

20世纪50年代初,由于我国新闻界对建设新型的社会主义新闻事业缺乏经验,于是借鉴苏联的新闻工作经验。虽然时间不长,但产生了一定的弊端。最早是人民日报社、新华社派个别记者去真理报社和塔斯社学习访问。1951年1月,《人民日报》开辟了《新闻工作》副刊，专门介绍苏联新闻工作经验；六七月份，我国的报纸开始学习苏联报纸，开设“党的生活”专栏，在摄影等方面也开始借鉴。1954 年前后，学习苏联经验形成热潮，频繁互访，出版有关著作，模仿苏联新闻工作经验等。但是，由于生搬硬套，也产生较大的弊端。

2. 新闻工作改革

1956 年，我国社会主义改造基本完成，转入全面的社会主义建设时期。党的工作重点放到“改变我国在经济上和科学文化上的落后状况上”，提出“调动一切积极因素”的口号，并鼓励知识分子投入社会主义建设。1956 年 4 月，党中央提出发展科学文化“百花齐放，百家争鸣”的方针。在国际上，中国共产党也开始摆脱苏联的影响，以独立的姿态出现在共产国际组织中。良好的政治形势对新闻工作提出了新的要求，学习苏联模式带来的负效应，刚从农村来到城市之后的不适应等，都影响到新闻事业的发展，改革势在必行。

这次改革是在中共中央的领导下，在中央一级新闻媒介的带动下进行的。首先改革的是《人民日报》，差不多同时，新华社和中央人民广播电台也进行了改革。

这次新闻改革是一次思想的解放，是从中国社会主义新闻事业的实际出发，在总结研究并继承中国新闻事业优良传统的基础上进行的。它在中国社会主义新闻发展史上有着重要的意义。

三、社会主义新闻事业在政治运动中的曲折演变

从 1957 年的整风运动和反右派斗争开始，到 1976 年的文化大革命结束，新中国经历了建国以来最为坎坷的时期。不断出现的政治运动也给新闻事业带来了很大的负面影响。1957 年的整风运动中，反右派斗争扩大化，新闻界受到冲击；1958 年至 1960 年的“大跃进”运动，严重违背了新闻规律。1966 年“文革”开始后，在一场政治、思想、经济、文化领域的大劫难下，新闻界遭遇建国以来的最大打击，新闻事业严重受挫，并且成为错误路线的舆论工具。这是中国新闻事业应当认真研究和记取的教训。

思考题

1. 中共中央发布了那几个文件，用于指导民营新闻事业的改造？国内外之间的区别是什么？

2. 无产阶级政党关于党报的基本观点是什么？

3. 新中国宣传工作上的成绩和失误分别是什么？产生的原因是什么？

4. 马克思主义新闻观的核心内容是什么？

5. 新闻的正确作用是什么？你觉得应该怎么来保证？

第八节 新时期新闻事业的改革与繁荣

党的十一届三中全会以来,新闻界迎来了改革、开放、搞活的春风,掀起了改革的高潮。改革需要理论,理论推动改革,新闻、新闻学、新闻事业获得空前的发展,新闻理论研究日渐深化。中国新闻改革蓬蓬勃勃地进行,虽跌宕起伏,但始终沿着一条健康的道路前进。

一、新时期新闻学观念的历史演变

1976 年后,新闻必须改革,成为"四人帮"覆灭后新闻工作者内心深处最强烈、最迫切的愿望和呼声。一场新闻事业史上最宏伟、最持久、最有声势的新闻改革在 1979 年的中国大地上蓬蓬勃勃地开展起来。

(一)新时期新闻理论上的拨乱反正

1976 年,"四人帮"被粉碎,全国上下开始拨乱反正。新闻界揭批"四人帮"的斗争,有力地推动了全国拨乱反正的整体工作。其中社会影响最大的是一场关于真理问题的讨论。

1.《实践是检验真理的唯一标准》的发表及效应

1978 年 5 月 11 日,《光明日报》在头版显著位置发表了特约评论员的文章《实践是检验真理的唯一标准》,一石激起千层浪。新华社、《人民日报》、《解放军报》纷纷转载,全国上下迅即掀起讨论学习高潮。

《实践是检验真理的唯一标准》是一篇思想解放的战斗檄文和理性宣言,尖锐地批判了林彪、"四人帮"的种种政治谬误,冲破"两个凡是"的人为藩篱,极力鼓励人们冲破思想"禁区",一场声势浩大的思想解放运动在全国大地上展开了。《人民日报》等媒体,在真理问题大讨论的同时还组织撰写了一大批文章,讨论是非问题,澄清冤假错案,其中各报对于张志新烈士的宣传影响最大。此外,"文革"中新闻界第一大冤案——"三家村反党集团"案于 1979 年 7 月,经过中央批准,由北京市委予以彻底平反。

通过揭批"四人帮"运动和拨乱反正运动,全国各项工作逐渐走上正轨。新闻工作的优良传统也逐渐得到恢复和发扬。新闻界重提 1956 年党报改革的传统,重新学习刘少奇关于新闻工作的指示,尤其是关于"新闻必须是客观的、真实的、公正的、全面的,同时必须是有立场的",以及开展报刊批评的思想,对新闻界的拨乱反正起到重要作用。

2. 马克思主义新闻观的继承和发展

重申马克思主义的新闻观。"喉舌论"是马克思主义新闻观的一个重要内容,由马克思本人亲自创立。中国共产党自介入报纸管理后,一直坚持马克思主义"喉舌论"的办报思想,同时,在把马克思主义同中国具体新闻实践相结合的过程中,逐步形成了一套有中国特色的马克思主义新闻观:坚持党对新闻工作的领导,从不讳言党领导下的新闻事业是党、政府和人民的耳目喉舌;新闻媒介不仅要上情下达,也要下情上达,下情互达;媒介不仅要坚持党性原则,还要坚持人民性、群众性等原则,既对上对党负责,也对下对人民负责。

确立马克思主义新闻观在新闻实践中的地位。马克思主义的"喉舌论"是社会主义新闻事业的根本和灵魂,并且具有与时俱进的优秀理论品格。

(二)新闻界的改革开放

1. 西方新闻传播观念对我国新闻界的实践影响

改革开放和国门大开,使各种各样的新思想、新观念涌入国内。西方传播界的理论被引入新闻界。

2. 西方新闻传播研究著作日渐增多

传统新闻理论受到挑战,"受众"、"传播"等新名词纷纷用于新闻实践。

二、各类新闻媒介的发展状况

经过20多年的新闻学研究,新闻基本实现了回归。新闻引进了传播学内容,扩大和丰富了新闻的内涵和表达手段。新闻事业的体制和运作机制、模式都有了很大的进步和变化,并越来越朝着规范化、法制化、市场化的方向发展。新闻学术研究和新闻教育日趋繁荣。在此背景下,各类新闻媒介获得了长足的发展。

(一)报纸的变化

改革开放以来,我国报纸的数量和结构都发生了很大的变化。

1. "文革"后的办报高潮

1978年,全国报纸只有186种。截至2002年底新闻出版署公布的数据,全国共有2137种报纸,其中,全国性报纸212种,省级报纸771种,地市级报纸893种。在全国出版的报纸中,日报有491种,占报纸总数的22.98%。在报业的发展过程中,先后经历了晚报、经济报、都市类报的繁荣期。

2. 晚报界的办报高潮

从1978年开始,我国晚报界掀起了一股办报高潮,除于1979年11月率先复刊的《南昌晚报》等一批老晚报以外,至2002年底止,共有139家经国家新闻出版署批准发行的晚报。

3. 财经类报纸得到长足发展

1978年,《财贸战线》周报创刊,1982年改为全国性报纸《经济日报》,报名由邓小平题写。《经济日报》是"以经济建设为中心"战略转移的产物,被海内外视为"邓小平时代的标志性报纸",鼎盛时期的发行量高达190万份,可谓中国经济发展的晴雨表和行业发展的风向标,见证和记录了中国改革的历史进程。20世纪90年代以后,《经济日报》发展势头明显减弱,而随着金融业的发展,中国出现了第一批证券类报纸。进入21世纪以后,又有一些有影响的财经大报问世,如《21世纪经济报道》、《经济观察报》等,这些财经报纸采用现代金融理念和媒介运作方式,借鉴国外财经大报成功的经验,对财经事件作深入的报道和全面分析,指引人们透过纷繁复杂的社会经济现象深入本质去分析问题。

我国财经类报纸占全国总报纸数的40%,约有800多种。

4. 都市报的创办热潮

20世纪90年代中期,各省市机关都尝试着创办都市报,把它作为党委机关报的延伸和补充。《浙江日报》下属的《今日早报》、《杭州日报》下属的《都市快报》均属于这一类。在全国有影响的此类都市报,有《现代快报》、《楚天都市报》、《大河报》和《华西都市报》等。都市报的办报宗旨为立足城市、面向市场、贴近读者、具有强烈的市民化、城市化色彩,实际上就是市民报。截至1998年底,全国36家广告收入超亿元的报社中,有30家是都市报,占全国广告总收入的63.6%,都市报成为一种现象并受到新闻界的关注。1997年12月,由中国记协主办的"市场经济与都市报发展"研讨会在北京召开,这是中国新闻界业内人士第一次对都市报现象进行研究。都市报的兴起,逐步改变着我国报业市场的结构和格局,把报纸由公费订阅变成个人生活的必需品,这是我国报业发展的历史性变化。

5. 报业集团的出现

(1)报业集团的雏形

改革开放以后,报纸在结构上发生的变化,形成以党报为主体,晚报、都市报、经济类报纸并存的局面,在规模上已具备了报业集团的雏形。1978年,党的十四大召开以后,"事业管理、企业经营"的报业运作新思路得到了落实,这时的报纸,都把争取更多资源并适度降低成本作为追求的目标。十四届五中全会进一步提出两个根本性的转变:一是经济体制由传统的计划经济向市场经济体制转变;二是经济增长方式从粗放型向集约型转变。正是基于这样的背景,从数量规模发展向质量效益转变,成为中国报刊业一种战略调整。

(2)全国第一家报业集团

1994年6月,国家新闻出版署在浙江杭州举办了全国首次报业集团问题研讨会。通过对15家市报和10家省报的调查,新闻出版署确定广州日报社为组建报业集团的试点。1996年,我国第一家报业集团——《广州日报》报业集团成立,5月29日正式挂牌运行。1998年先后又成立了《羊城晚报》报业集团和《文汇新民报》报业集团。1999年,《深圳特区报》报业集团正式成立。2000年1月至5月,国家新闻出版署又先后批准了九个报业集团成立。这些报业集团的建立,为实现集约化经营创造了条件,新闻媒介在经济实力逐步壮大的同时,也向现代企业制度方向迈进。报业集团正在不断的发展之中。

2001年8月和12月，中央政府下发《关于深化新闻出版广播影视业改革的若干意见》、《〈关于深化新闻出版广播影视业改革若干意见〉的实施细则》，要求积极、大力推进媒介集团化改革，提出要组建跨地区、跨媒介的大型传媒集团，适度开放长期以来比较敏感的媒介融资、媒介与外资合作等领域。

(二)广播的发展

十一届三中全会后，我国的广播事业也步入了全面改革振兴的新阶段。

1.初步建成全国范围内的广播系统

1980年，全国已有电台近100座，发射台和转播台500座，调频台90多座。1985年以后，电视崛起，广播面临挑战，继而开始了改革。1986年，珠江经济广播电台的出现，标志着中国广播事业的改革由局部向整体过渡；1992年，上海东方广播电台的建立，使广播体制改革浮出水面。从1995年开始，国家停止批建新的广播电台，强调合理配置现有的节目资源。1998年底，一个以中央人民广播电台为中心、各省级台为依托的遍及全国的广播宣传网形成。截至2002年底，全国共有广播电台306家、广播节目套数1933套。在所有的节目中，突出新闻节目的龙头老大作用；在全部时段中，集中力量来办好一套节目。

2.与时俱进，拓展广播生存领域

2001年，中国加入世界贸易组织，广播生存的时间和空间都发生了急骤的变化。为改变这种状况，同年12月6日，中国广播影视集团公司成立，促使中国广播业改变过去的运作状态，集合自身的优势资源，实现跨越式发展。20世纪90年代以来，数字技术、网络技术的发展，为广播上网提供了技术上的强有力支持，网播、在线广播等开创了广播的新空间。

(三)电视的发展

电视在我国出现的时间较晚。但发展速度还是比较快的。

1.中央电视台的开播和新闻报道的改革

(1)中央电视台的开播

1976年7月1日，中央电视台开始试播《全国电视台新闻节目联播》，1978年元旦，这个节目正式定为《全国电视台新闻联播》，成为我国电视新闻的开拓者和领路先锋。

(2)新闻报道的改革

进入20世纪90年代以后，中国的电视新闻进入了一个高速发展的阶段。

1993年3月起，中央电视台第一套新闻节目播出，由4次增加到13次，并且实行整点播出，新闻直播和重要新闻滚动播出，大大提高了新闻的质量和时效。

1993年5月1日，中央电视台开播了具有里程碑意义的栏目——《东方时空》，标志着中国电视栏目化进入一个全新的阶段，其新颖的形式、强大的主持人阵容，成为思维创新的典型产物，它和20分钟的《早间新闻》构成一个小时的新闻节目版块。

1994 年,中央电视台对晚间节目进行了改造,4 月 1 日起,每晚在黄金时间开播《焦点访谈》,与《新闻联播》一起构筑黄金时段的大新闻板块,既有新闻总汇,又有热点聚焦,深受百姓欢迎。此外,《世界报道》和改版后的《晚间新闻》强档推出,形成晚间又一收视亮点和高峰。

1995 年 4 月,中央电视台又推出午间新闻栏目《新闻 30 分》,有意识地组织系列新闻和追踪报道,抓住群众关心的问题,有效开发了午间时段的收视潜力。

1996 年 5 月,国内最长的深度报道《新闻调查》开播,很快攀升到晚间 9 点时段各个栏目收视的榜首。

1997 年,是中国电视史上值得纪念的一年,被业内人士称为"中国电视直播年",以重大新闻的电视直播为标志,引导中国电视的新闻传播进入了一个全新的时代——邓小平同志追悼会、世纪奇观海尔波普彗星与日全食同现苍穹、香港回归、中共十五大、长江三峡实现大江截流等,这在中国电视史上都是空前的。

1998 年,中央电视台记者三赴伊拉克,及时报道危机与"沙漠之狐"行动,实现重大国际新闻事件报道的重大突破。

同时,电视对外宣传和服务也取得长足的进步。

2000 年 9 月 25 日,中央电视台英语频道正式开播,面向世界各国英语观众,以新闻和新闻性节目为主,全天 24 小时播出,成为对外宣传的主力军。

2001 年 11 月,中央电视台同美国 CNN 签订新闻交换节目协议,分别在自己的新闻节目中使用对方新闻内容,尤其在重大国际新闻事件报道中进行合作和协调。

2003 年 3 月,中央电视台在大型的"直播战争"节目中,采用了大量的 CNN 的新闻资料,丰富和完善了直播节目的正确性和时效性。

2. 电视的快速发展

1983 年,第十一次全国广播工作会议召开。会议制定了中央、省、市、县"四级办电视、四级混合覆盖"的专业建设方针,彻底改变了以往中央和省(区、市)两级办电视的格局,为推动中国电视事业的普及与发展发挥了重要作用,作出了重大的贡献,但同时存在大量的重复建设、重复制作、重复覆盖的问题,增加了成本,造成了严重的资源浪费,也导致了无序的恶性竞争。

20 世纪 90 年代,我国政府开始适度放开境外电视节目在我国落地的限制。2001 年,英国 BBC 获得在我国境内涉外宾馆、饭店落地资格。2001 年,全球传媒巨头新闻集团子公司 STAR 集团的一个综艺频道获中国政府批准落地广东地区,这是中国首次将有线电视网落地权授予境外频道。STAR 集团与中国中央电视台、中国国际电视总公司、广东有线电视网络公司签署了相关协议。目前,STAR 集团参股的凤凰卫视中文台已获准在广东落地。

21 世纪开始,广播电视也开始了集团化的改革。2000 年 7 月,国家广电总局在甘肃召开了广电厅(局)长座谈会,会上明确提出了中国电视体制集团化的需求。2001年5月,我国第一个广电集团——北京广播影视集团在北京成立。2001年12月6日,经党中央、国务院批准,中国规模最大的新闻传媒集团——中国广播影视集团在北京正式成立,被业内人士称为“中国媒介的航空母舰”。

广播影视事业发展取得了辉煌的成绩。基本上建立了世界上覆盖最多的广播电视网;基本上形成了卫星、无线、有线等多种传输方式并存,卫星接受、多路微波、无线转播、有线接收等多种接收方式并用和相互补充的广播电视覆盖网络。2003年,我国全面推动有线电视数字化。2010年,全国基本实现数字化。

目前,全国已有25个城市试播数字电视,19个城市已开办付费数字电视频道,广播电视已成为千家万户集公共信息传播、服务与文化娱乐为一体的多媒体信息传输平台。

(四)新兴的网络媒体

网上新闻被誉为继报纸、广播、电视之后的“第四媒体”。第四媒体集报纸、广播、电视三家之长,并以其快速,实现文本、图片、音乐、视频等素材的有机结合,并使受众全球化、一体化,真正实现了大众传播领域里的一次革命性飞跃。网络媒体作为先进的科学技术使信息的快速传递和受众希望尽快获得所需信息成为可能,因而受到了广大受众的欢迎。

1. 网络新闻的产生

军用网络的研究成功为网络新闻的产生提供了可能。因特网源于1969年的美国国防部研究人员和一些大学共同开发的军事计算机网络ARP A net。ARP A net最初的目的是为了防止冷战时期核战争的毁灭性打击,它使整个网络中的政府官员、科研人员可以互相合作和交换重要信息。随着冷战的结束,这一军事目的逐渐转化为和平目的使用的交互通信网。互联网以其高度的开放性、互动性和个性化及海量信息存储迅速得到了人们的青睐。

2. 网络媒体的诞生

1987年,美国《圣何塞信使报》开网络报刊之先河。

1995年,中国国家教委主办的中文刊物《神州学人》成为中国最早的网络报刊。

在传统媒体中,首先进行电子化尝试的是《杭州日报》,1993年12月6日,《杭州日报·下午版》通过该市的联机服务网络进行了传输,拉开了中国豹子电子化的序幕。1995年10月20日,《中国贸易报·电子报》在人民大会堂举行开播演示,这是国内第一家正式在国际互联网上发行的电子日报,它的问世标志着中国报刊业告别了纸和笔,进入了数字化生存的新时代。此后,《广州日报》、《中国证券报》、中央电视台、新华社等都推出了电子版,极大地丰富了传播的内容和形式。

3. 网络新闻的弊端

网络真是一柄双刃剑,一方面极大地开阔了人们的视野,方便了人们的生活、学习和工作;另一方面,又引发了一系列的社会问题,黑客作乱、色情传播、网络诈骗等网络安全和网络伦理引起了政府、管理者、教育部门和社会学家的广泛关注。2000 年 9 月 25 日,朱镕基总理签署了中华人民共和国国务院第 292 号令,公布《互联网信息服务管理办法》。但是,新兴的互联网不及传统媒体那样容易管理,牵涉到技术的、设施的、社会的、人为的等因素。因此,培养良好、健康、负责的,有益于网络发展的网络道德尤为重要。

思考题

1. 你怎样自学“这段不得不说的史实”?
2. 这段新闻史带给了你什么?“新闻”最应该坚持的是什么?
3. 你现在最想说的是什么?(可以写成各种文体,字数不限)

第四章

“传统”新闻学的本质内涵及理论建树

设立本章的目的,是为了让我们这些非新闻类专业学生对“传统”新闻的概念有一个基本的了解和印象。所谓“传统”,仅仅是为了和我们即将学习到的“旅游新闻”作比较,作区别而谓之。当我们即将开启一扇新知识殿堂的大门时,我们有必要对某些需要说明的问题作些区别,“传统”新闻基础理论简介就是起到这样的作用。

第一节　“传统”新闻学的基本概念

一、新闻和新闻学

对于我们从未接触过真正意义上“新闻”学习的人来说,首先需要搞明白“传统”新闻学的基本概念,这些基本概念也是“传统”新闻的本质内涵。搞清楚这些问题,有助于我们对即将学习的新知识的了解、理解、掌握和运用。因此,“新闻”和“新闻学”是我们首先要搞清的两个基本概念。

(一)什么是新闻

《辞海》释义:“报社、通讯社、广播电台、电视台等新闻机构对当前政治事件或社会事件所作的报道。要求迅速及时、真实,言简意赅,以事实说话。形式有消息、通讯、特写、记者通信、调查报告、新闻图片、电视新闻等。”(上海辞书出版社,1979年,1483页)

《现代汉语词典》释义:“①报纸或广播电台等报道的国内外消息。②泛指社会上最近发生的新事情。”(商务印书馆1978年12月版,第1267页)

学术界对新闻的定义是多种多样的,争鸣讨论,莫衷一是,提出的定义不下百余种。有代表性的有以下几种:

“新闻则书今日之事。”(《申报》)

“新闻是新近发生的事实的报道。”(陆定一)

“新闻是新近变动的事实的报道。”(王中)

“新闻是报道或评述最新的重要事实以影响舆论的手段。”(甘惜分)

“新闻是群众欲知、应知而未知的重要事实。”(范长江)

“新闻是对已经发生和正在发生的事情的报道。”(美.约斯特)

“新闻是最近发生的能引人兴味的事实。”(美.布莱尔)

虽然说法多种多样,但是大多数人坚持用陆定一的说法:“新闻是新近发生的事实的报道。”

(二)什么是新闻学

《辞海》释义:“研究新闻事业的性质、任务、作用和新闻工作的原则和方法的科学。”(上海辞书出版社1979年版,第1485页)

学术界:20世纪初,中国新闻学的奠基人徐宝潢在其“‘破天荒’之作”(蔡元培语)《新闻学》一书中为这门学科定义:“新闻学者,以养成良好新闻记者,并导新闻事业于正轨为职志者也。”从这一段话中,我们可以看到两层意思:一是新闻学是培养具有良好职业道德和敬业精神的从业者——新闻记者的;其二是专门引导新闻业,遵循新闻的客观规律和行业操守,行新闻工作者应行之职、新闻应负之责的规范之学科。

二、新闻学的研究对象

“新闻学包括三大部分:新闻理论、新闻业务、新闻史和新闻实践。”(张威.比较新闻学.南京日报出版社,第54页)

新闻理论研究内容:新闻的价值观、自由观、信仰、准则;新闻思想和流派(如黄色新闻、煽情主义、客观主义;新闻和大众传播理论)。

新闻业务研究内容:新闻技巧和报道手法。如软新闻和硬新闻的关系等。

新闻史和新闻实践研究内容:一切有关新闻活动经历的过程、事件、活动。比如:便士报、新闻信、邸报、苏报案等。

需要说明的是,任何一门学科都是在继承和创新中发展的,概莫能外。“新闻学”也同样,就像随着科技的发展和时代的进步,人类自身的进化,所有的学科都在不断地发生着变化一样。近一个世纪里,新闻学由最初的依附于其他学科之中,发展到独立于其他学科之外的专门学科。

思考题

1. 什么是“传统”新闻的本质内涵?它和“概念”的关系怎样?
2. 什么是新闻?什么是新闻学?
3. 新闻学研究的内容有哪些?

第二节 “传统”新闻媒介

“传统”新闻媒介的形式是和时代的生产力、科学技术的进步紧密地结合在一起的。从最早的口头新闻到今天网络新闻的发展历程便是佐证。同样,新闻形式的成熟和发展,催生了职业新闻人。从近代资本主义生产方式出现以后,随着商业、贸易、航海业的发达,印刷术的普及,诞生了以采集新闻为职业的记者和专门从事新闻工作的机构。电信和电子等现代科学技术发明以后,广播新闻和电视新闻开始进入人们的生活。报纸、广播和电视曾形成社会新闻媒介三足鼎立之势。

以先进技术为先导的创新革命正在兴起,新闻传播的样式、方式都在发生深刻的变化。随着通信卫星和计算机技术的开发和运用,人们可以坐在办公室里,把自己的声音、图像传到五湖四海,也可以坐在办公室里,把自己的思想、智慧送到大江南北。从现在国际上的媒介形式来看,传统媒体、印刷媒体、声像媒体、光电媒体、互联网媒体等在现实中的比重和影响力都在不断地发生着变化。网络新闻正越来越为大家所接受,但目前尚不能取代报纸、广播、电视。

一、报纸媒介

报纸是一种纸质的、平面的新闻媒介,也称纸质媒介、平面媒介,是媒介里面产生历史最长,拥有读者最多,作用最大的一种媒介。

《现代汉语词典》对于“媒介”词条的释义:“使双方(人或事物)发生人或关系的人或事物。”(商务印书馆,2001 年北京版,第 862 页)

《现代汉语词典》对于“媒体”词条的释义:“指交流、传播信息的工具。”(商务印书馆,2001 年北京版,第 862 页)

二、广播媒介

广播是人类在社会实践中日益增长的对信息的需要与现代科学技术相结合的产物。

19 世纪末 20 世纪初,一些国家的科学技术工作者利用无线电波传送声音的实验相继成功。1920 年 11 月 2 日,美国匹兹堡 KDKA 电台正式开播,成为历史上第一个商业电台。到 1922 年,美国的广播电台已经发展到了 500 家。这一年,设在法国巴黎埃菲尔铁塔的无线电台正式播音,英国广播公司(BBC)也在伦敦正式开播。我国的第一座电台——中国无线电公司,于 1922 年底在上海开办。

三、电视媒介

电视是以电传输设备为载体,传播视听信息符号的电子媒介。它的发明凝聚着众多科学家和从业者的心血。1817 年,瑞典人布兹列斯发现了具有质光体的物质"硒";1873 年英国人约瑟夫·梅发现硒的光电转换能力,在理论上提出了可以利用电讯传播符号传播图像的电视传播原理;1884 年德国科学家保罗·尼普寇发明扫描板,将影像以线条的形式扫描到涂布着硒元素的感光板上,形成了现代电视的雏形。1911 年,德国科学家温斯顿提出电子图像生成原理,阐述电子扫描及其偏转控制原理,这一研究成果是电视技术的基础理论。1921 年,法国人舒尔兹发明了一种电视装置。1930 年,英国 BBC 电视设备做实验广播,播出多幕剧《花言巧语的人》,这是世界上第一部电视剧。1931 年 3 月 25 日,BBC 以图像伴声音发射,开始做电视的播放实验。1936 年 11 月 2 日,英国在伦敦市郊的亚历山大宫开办世界上第一座正规的电视台,成为世界电视史上重要的里程碑。1939 年 2 月,美国的 RCA 开始彩色电视实验广播。同年 11 月 26 日,德国转播德意两国足球比赛,这是世界电视史上第一次电视实况转播。1954 年,美国正式开办彩色电视节目,成为世界上第一个开办彩色电视节目的国家。1962 年 7 月 10 日,美国太空总署发射卫星"电星一号",进入环绕地球运行轨道,揭开了电视进入太空时代的新纪元。我国于 1958 年 5 月 1 日,宣告北京电视台(中央电视台的前身)诞生,当晚播出的新闻节目是工农业战线代表的座谈会和新闻纪录片《到农村去》。之后的两年,上海、黑龙江、辽宁、天津等 6 个城市建台播出节目。1973 年 5 月 1 日,我国开始彩色电视实验广播。同年 10 月 1 日,北京、天津、上海三座城市彩色电视节目微波试传成功。同日,北京电视台彩色电视转入正式播出。至此,我国彩色电视开始形成。

四、网络媒介

网络媒介以网络作为传播的介质。网络新闻开始于 20 世纪 90 年代的中国网络新闻实践,通过这几年的发展,对整个新闻传播事业的冲击和影响已经到了不可小视的地步,在今天的传播媒介中,扮演着越来越重要的角色。在网络媒体的发展过程中,人们发现网络媒体自身所拥有的极大优势,被媒体专家称之为具有里程碑意义的"第六次媒体革命",让传统媒介感到了莫大的危机。

虽然网络新闻仍然要遵循传统新闻的五大要素,但是,这些要素的内涵,以及要素之间的构成关系、作用方式,与传统媒体相比有了很大的变化,有些甚至是革命性的。例如,从媒介本身来看,网络作为媒介、技术体系、虚拟社会和经营平台等多种属性的统一体,为新闻带来了全新的传播载体和传播情境。又如,传播者与受众之间关系的模糊,传播者与受众在新闻传播中相互作用方式上的变化,促使我们重新审视传播者和受众的概念。

思考题

1. 什么是媒介？什么是媒体？媒介和媒体的异同是什么？

2. 举例说明现实社会中的媒介形式。

第三节 “传统”新闻媒介体裁及特点

一、报纸

报纸是一种纸质的、平面的新闻媒介，是媒介里面产生历史最长、拥有读者最多、作用最大的一种。同时，报纸的种类也是最多的。

(一)报纸的种类和特点

1. 报纸的种类

报纸的定位、办报理念、读者群、内容、风格不尽相同。在我国，报纸一般有党报、都市报(市民报)、娱乐报(休闲报)、专业报(行业报)、社团报等几种。细分的话，还可以有很多种。

2. 各类报纸的特点

(1)党报

党报是政党的机关报，是政党的纲领、路线和政策的宣传工具。以传递党和政府的纲领、路线、政策导向为主要任务。

中共中央机关报是《人民日报》。以省市地名为报名的一类报纸基本属于党报，如《浙江日报》、《河南日报》、《黑龙江日报》、《北京日报》、《杭州日报》、《哈尔滨日报》等。前者作为省委、省政府的机关报，后者作为市委、市政府的机关报。《北京日报》代表的是直辖城市市委市政府的机关报。也有例外的，如上海市委机关报《解放日报》。

特点：严肃，宣传、教育功能强。

(2)都市报

都市报以城市市民为基本读者群，内容以服务、休闲娱乐为主的消遣类报纸。信息传播功能突出，服务作用明显。如浙江省的《钱江晚报》、《今日早报》，杭州市的《都市快报》、上海的《新民晚报》、南京的《扬子晚报》、北京的《北京晚报》等。

特点：轻松、休闲、内容宽泛，百姓需求的信息量大。突出信息提供和服务功能。

(3)专业报

专业报以报道和传递专业领域的各种新闻和信息为己任，是该专业领域的“机关报”，既传递着专业领域的政策法规、工作的指导方针，又承担专业领域信息交流、提供各种专业性服务的责任。如《中国新闻出版报》、《中国旅游报》、《中国教育报》、《科技日报》、《经济日报》、《农民日报》、《体育报》等。

特点：专业特色鲜明，内容局限性大，工作指导性很强。

(4)社团报

社团报是经过一定法定程序批准认可的某个社会团体承办的报纸。如《侨声报》(浙江省省侨办、省台办)、《联谊报》(浙江省省政协)。

特点:群体特色非常浓厚,内容和形式均为特定群体工作服务。

(二)报纸的文体及特点

新闻事实的丰富性决定了其题材的多样性,生活方式的多样性导致读者阅读口味的多样性,新文体也层出不穷,目前报纸上能见到的新闻体裁不少于几十种。但是比较常用的大致有5种,即消息、通讯、评论、深度报道和新闻图片。

1.消息

消息是最常见,表现形式最多样的一种新闻体裁。各种类型的消息既有共同的写作规律,又有各自不同的具体写作特点和表达方式。一般说,有以下几种:

(1)动态消息

动态消息即报道正在发生或新近发生的事件或活动的新闻,是报纸上大量出现的新闻报道体裁。

动态消息最鲜明最集中地体现了新闻的特征与优势,作为事物新近变动的一种反映,更强调时效性,更带有紧迫性。

按照变动时态的不同,动态消息可以分为纯新闻和连续性报道两类:

纯消息是对新近发生的单独事件的报道,西方新闻界称之为"纯新闻"。如有关集中展示两院院士风采专门展馆的报道:

展示院士风采之专门展馆在沪落成

本报讯1月7日 以集中展示两院院士风采的专门展馆——"上海院士风采馆"在上海市杨浦区落成开馆。展馆内共收集了在上海150余位两院院士的科研成果、文献资料等。同时,"上海院士风采馆"被确定为上海市重要的科学普及和爱国主义教育基地之一。

连续性报道是对处于一定变动中的、具有一定连续性的事件的报道,是事件一个发展阶段的反映。如有关以色列总理沙龙的报道。

采写动态消息时要善于抓住事物的动态,有必要时,要采用连续报道的形式。

例如,对以色列总理沙龙病情的报道:

沙龙病情有轻微好转

代总理奥尔默特表示将延续沙龙的政策

据新华社耶路撒冷1月7日电 (记者 ×××)以色列耶路撒冷哈达萨医院院长什洛莫7日傍晚说,当天早些时候的CT扫描显示沙龙总理的病情有轻微好转。

……

唤醒沙龙可能失败

新华社专电 以色列总理沙龙13日仍处于深度昏迷中。有医学专家认为,院方唤醒沙龙的努力可能已经失败,沙龙目前情况“令人担忧”。

……

(2)简讯

简讯又称为简明新闻。简讯一般不需要说明事件的详细经过,不交代新闻背景,也没有导语。

简讯是最简明扼要的新闻体裁,要求以最快的速度和最简短的文字,将新闻事件的简要情况报道出来。

采写简讯时,要抓住事物核心,简明扼要地加以报道;题材要新鲜,文字要简洁,讲求报道的时效性。

例如,关于湘江株洲至长沙段污染的报道:

湘江株洲至长沙段出现镉污染

据新华社长沙1月7日电 (记者 ×××)记者从湖南省环保局获悉,由于水利施工不当原因导致株洲冶炼厂含镉废水排入湘江,致使湘江株洲霞湾港至长沙段出现不同程度的镉超标,湘潭、长沙两市水厂取水水源水质受到不同程度污染。

(3)特写性消息

新闻素描式的消息写作方式,抓住几个重要新闻特征,清晰勾勒出意义完整的新闻事件。是用类似电影特写镜头的手法反映事实变动,不仅用事实说话,而且用形象说话的一种新闻报道体裁。

采写特写性消息时,要善于用节俭的笔墨集中而突出地描述某一重大事件,放大事件中某一富有特征的片段,或是某些重要和精彩的场面,生动形象地再现事物,突出事物的特征和细节。例如:

我给周恩来总理拍照

……车队快要进入闹市区,沿途的欢迎人群中,突然跑出两名女青年,向伏老和周总理献花,我立即跳下车,抢拍到了这个十分生动的画面。

(4)评述性消息

评述性消息是一种边述边评,夹叙夹议的新闻体裁,是报道和评论两者兼而有之的新闻报道形式。

写作评述性消息,重要的是熔述、评为一炉,但两者不能平分秋色,只能大叙小议,仍然要以叙述事实为主体,评论时要有的放矢,针对性强。例如:

今天我们怎么讲神话

你还记得那些古老的神话吗? 今天再去读那些古老的神话,又会有怎样不同的感受? 也许,正是从这样简单的思路出发,英国坎农格特出版社启动了一个名为"重述神话"的大型书系。

这一大型图书出版项目聚集了全球25个国家25家出版社的25位著名作家,25个参与国家中将各选出一位具有相当知名度的作家,以全新的时代视角,重写本国的部分经典神话传说,最终写成一部4万个英文单词左右(中文约10万字)的长篇小说。同时,每个神话将至少会在20个国家同时发行。(述)

……

"重述神话"旨在使各个国家的传统文化能够互相交流。(评)……

(5)人物消息

人物消息是一种以消息形式报道新闻人物,反映某个特定人物的思想和事迹的新闻体裁,是一种便捷、迅速而有效地报道人物的新闻手段。

写作人物消息时,不必像人物通讯那样有较多具体生动的情节和细节材料,但要突出人物事迹的主要方面,以事写人,短小精悍即可。

(6)公报式消息

公报式消息一般是党和政府授权给通讯社或主流媒体发表的新闻,用以宣布政府的重要政策、决定、灾情、疫情等,包括新闻公报、政府公告以及其他公报式的新闻报道。

这类新闻具有权威性和严肃性,色彩庄重,用词严谨、准确、科学,很有分寸。

(7)综合消息

综合消息也称综合新闻,是对持续一段时间内发生的某个重大事件或某个重要会议所讨论的问题进行综合的、概括的报道;或者围绕某一个鲜明的主题思想,把一个时期内发生在不同地域的诸多情况、现象、事实有机地组合起来,以反映全局的情况、概貌、成就、动向、经验或问题为内容的消息报道。

综合消息属于非事件新闻,其最突出的特点就是报道面广、概括性强,目前运用得比较多。

例如:

王昆欣院长会见浙江旅游职业学院留学生

国际教育学院召开"庆圣诞、迎新年"晚会

每年的十二月是各国人民喜迎各种节日、欢度新年的时节,尤其是西方国家的圣诞节，更是给欢乐而繁忙的十二月平添了几分温馨和浪漫。时值圣诞新春来临，学院为了给远离家乡和亲人的韩国和乌克兰留学生送去节日的祝福和关怀，举办了诸多活动让留学生共享节日的快乐与浪漫。

12 月 20 日下午，院办公室副主任韩永良和国际教育学院的老师，带领 12 名留学生参加了 2005 年浙江省教育厅和外事办主办的“迎新招待会”。

12 月 23 日下午，院长王昆欣和院办公室副主任韩永良亲切会见了韩国和乌克兰留学生，与他们进行了有关学习和生活方面的细致交谈，并和部分留学生代表合影留念。

……

2. 通讯

通讯是一种对新闻事件和新闻人物进行详尽深入报道，具有多种表现手法的新闻文体，一般分为人物通讯、事件通讯、概貌通讯、工作通讯等。

(1) 人物通讯

人物通讯侧重反映新闻人物的事迹，可以报道先进人物或先进集体的事迹，也可以报道转变中的人物和某些有争议的人物。

例如：

孔繁森——领导干部的永远楷模

有些人死了，就永远地消失了；有些人死了，却因为他的精神而与天地共存，与日月同辉。孔繁森，原中共阿里地委书记，正是用他的崇高、忠诚和无私，把自己的一腔热血洒在了西藏高原。他的理想，他的信念，他的人格，他的情操，使千万人的心灵为之震撼；他的精神将超越时空，成为人类永恒的追求；他的名字将永远镌刻在人们的心里。

我是党的干部，服从组织安排

20 世纪 90 年代，有这样一位共产党员，两次进藏，历时十载。在党的召唤面前，在人生的选择中，他的精神境界一次次地得到升华。

1993 年 4 月 4 日，孔繁森告别拉萨赴阿里上任。

……

党和西藏人民的利益高于一切

1988 年，工作几经调动的孔繁森已担任了聊城地区行署副专员。这时，又一次严峻的考验摆在他面前。山东省在选派进藏干部时，认为孔繁森政治上成熟，又有在西藏工作的经验，便准备让他带队。当组织上问他有什么困难，他还是那句话：“我是党的干部，服从组织安排。”

……

殚精竭虑为藏民

1988年,孔繁森第二次进藏后任拉萨市副市长,分管文教、卫生和民政工作。任职期间,他跑遍了全市8个县区的所有公办学校和一半以上乡办、村办小学,为发展少数民族教育事业殚精竭虑。1991年,一次车祸把他撞成了严重脑震荡、颅骨骨折,高烧昏迷。住院治疗期间,当他得知一所学校发生了问题时,便不顾高烧未退、眼睛充血,骑着自行车赶到学校现场进行处理。在他和全市教育工作者的共同努力下,拉萨的适龄儿童入学率从45%提高到80%。

……

老吾老以及人之老　幼吾幼以及人之幼

"900毫升"鲜血。这绝不是一个普通简单的数据,而是饱含着孔繁森博大、深沉和无私的爱!解放军西藏军区总医院血库一张献血证明上面写着:兹有孔繁森同志于1993年曾先后三次来我库自愿献血900毫升,已按医院规定付给献血营养费900元整。这张献血证明向我们述说着一个催人泪下的"幼吾幼以及人之幼"的动人故事。

……

鞠躬尽瘁　死而后已

孔繁森到底做了多少件好事,没人能说得清。或许这些事在某些人看来太普通、太平凡了,然而,正是这点点滴滴的小善而构筑成一座宏伟崇高的精神大厦!正是这点点滴滴的平凡小事,铸就了一个共产党员崇高而伟大的品格!就像阿里高原上的一条条小溪,成就了雅鲁藏布江的奔腾不息。

……

(2)事件通讯

事件通讯主要报道具有典型意义的新闻事件,以事件为主。主要特点是"以事见人,事因人生;以人记事,人以事显。"例如:

地震后市政府为何成众矢之的

百余人死伤、3亿元损失就因扣压准确预报不发布?

昭通风波再次凸显灾难信息的发布与公众利益保护之间平衡的艰难

"呜呼!为了一个'避免社会恐慌',就可以拿那么多人民生命财产当赌注?"

"昭通市有关部门刻意隐瞒地震预报,封锁了本该让公众知道的信息,既是对公民知情权的粗暴侵犯,是'懒政'的典型表现;也是极其严重的渎职行为,是涉嫌玩忽职守。"

近日,因一场地震和一则新闻报道,云南省昭通市政府成了众矢之的,境内外众多媒体纷纷发表评论,网民也在论坛上痛斥"昭通官僚"。

……

(3)概貌通讯

概貌通讯是反映一个地区、一个部门、一个单位在某一方面带有全貌性的通讯,见闻、纪行、侧记等都属于概貌通讯,但更多的是把自然风貌、人文景观、风情民俗,社会动态和社会变迁结合在一起的通讯。例如:

拉萨:见证西藏城市沧桑

据史书记载,西藏历史上有"前藏31城、后藏17城"之说。实际上这只是一种说法而已。西藏历史上并没有真正意义的城市,一些地方由大大小小的碉房组合在一起,形成了人类聚落,并无街巷之制,也无墙垣围绕。

拉萨过去有街无城

过去,拉萨之所以被看做是"圣城",是因为那里有寺院、有佛陀,是佛祖居住的地方。但寺院虽有坚墙围护,也不过是形似城郭而已。寺院内除佛殿和僧舍外,并无百姓居住……

到了西藏和平解放之初,拉萨也不过只有由虔诚的信徒们日复一日、年复一年地围绕大昭寺转经而走出来一条1公里多的转经道路,藏语称八廓街,在其周围形成面积不足3平方公里的街区……

改革开放以来,祖国内地的飞速发展,为西藏带来机遇……

破旧已成明日黄花

拉萨不再那么小了:拉萨现已拥有面积达50平方公里的城市建成区,人口超过30万……

拉萨不再那么杂乱了:……新建项目正按照城市规划有序进行……

拉萨不再那么破旧了:拉萨城到处是新的街道、新的房子、新的市政设施……周围的小街小巷都铺了青石板,给排水、通信、照明等管线都埋到地下。

拉萨不再那么落后了:以拉萨饭店和岗拉梅朵酒吧为代表的商业和旅游设施遍布大街小巷。拉萨城里还有了手机城、建材城、家具城、汽车城、美食城等……

阳光撒满高原城镇

过去西藏历史上的宗(相当于县),只是在当地的山顶上建一个城堡,除此之外,再没有其他市政建筑和设施可言。而今西藏各个县都建起新的街道、宾馆、商场、学校,县城里到处是农牧民盖的新房……

……

如今,以西藏自治区首府拉萨为中心的一批崭新的城镇,正在世界屋脊迅速崛起……

(4)工作通讯

工作通讯以提出问题、分析问题、介绍经验为主要报道内容,侧重反映在实际工作中某一方面带有经验性的通讯,以指导工作和思想为主要目的,是直接反映和指导当前实际工作的重要新闻体裁。例如:

洛宁县委租房办公调查

县委书记高维勋说:"对盖党政办公中心的必要性、合理性,一直没有怀疑过。"

河南西部山区的洛宁县,一个少有外来人口的国家级贫困县,因为一篇意想不到的报道,而成了关注的焦点。

省里的乃至北京来的媒体……

"租办公楼成了新闻?"连街头卖蒸肉的罗嫂都说,"没想到。"

……

报道引发的两种讨论

事情得回到6月26日……

……

县委书记谈"租房办公"

事实上,2005年2月,高维勋走马上任时,首先就遇上办公楼的事。

……

"我们无意炒作"

如果不是一场突如其来的媒体关注,这座楼就将平静地完工——2006年10月1日,预定的日期,县委干部们将平静地搬回去上班。

……

(5)通讯中的新成员

在当今的新闻实践中,还有一些和通讯有千丝万缕又交叉使用的文体,有专家把它归为通讯之列。如果从选材的形象、报道的生动、形式的深入等角度着眼,可以把它归纳为:

- 特写

以特写镜头"再现"新闻人物、新闻事件、新闻场景的形象化报道。

- 专访

对新闻人物、权威人士就新闻事件、社会问题等进行专门访问的专题性报道。

- 新闻小故事

取材于一人一事,情节紧凑、新奇,形式短小精悍的报道。

- 侧记

从一个侧面反映新闻事件或人物,由此及彼、由表及里,进而反映整个事件或人物的报道，篇幅可长可短。

- 巡礼

走马观花、大笔勾勒各种见闻、概况的粗线条报道。

- 花絮

从细小方面提供新闻事件的细节、镜头，只配合、点缀新闻事件报道而不另外单独发表的片段描写。此类形式在两会报道中经常会出现。

另有“札记”、“手记”、“目击记”、“透视”、“观察”和“对话”等文体，有学者提议也可一并归入通讯。

3. 新闻评论

新闻评论是对某一新闻事件或人们关心的某一问题的论述、分析、说理，用以直接表明作者和报纸编辑部的意见及主张，反映舆论和引导舆论，从而影响读者的思想和行为。评论包括社论、本报评论员文章、短评、编者按、杂文等各种体裁。

评论的特性。一是鲜明的政治性；二是强烈的新闻性；三是广泛的群众性；四是严格的科学性。

评论的要求。在说理论述上，论据和论点要统一；在具体分析上，要虚实结合、结构严密，有的放矢；在文采上，要深入浅出、形象生动、情理交融、朴素精练。

(1)社论

社论是报刊编辑部最重要的指导性言论，是新闻评论中最重要的体裁。它是报刊的旗帜和灵魂，不但直接代表报刊编辑部的意见，而且直接体现同级党委的思想观点和意见。它针对当前重大事件、重大问题、焦点热点问题选题立论，集中反映党和政府、团体对这些事件、问题的立场、观点和主张，具有鲜明的针对性、指导性和政策性，是引导社会舆论和指导人民行动的有力武器。

(2)评论员文章

评论员文章虽然不像社论那样直接代表编辑部意见或同级党委的观点，但它同样反映编辑部的观点和意见，具有一定的权威性。它的形式有本报评论员、署名本报评论员和特约评论员。

本报评论员。由本报评论员撰写以本报评论员名义发表的文章，不署作者姓名，以体现编辑部的立场观点为主。例如：

论 创 新

本报评论员

创新，是人类社会发展生生不息的动力；创新，是时代的要求，历史的召唤。

深刻理解创新，努力实践创新，必将为我们的时代谱就更加华美的乐章。

创新涉及政治、经济、科技、文化等社会生活的各个领域。勇于创新并善于创新，一个国家的经济社会发展就有了源源不断的动力，就能在国际竞争中占据主动,永远立于不败之地。

……

特约评论员。特约评论员文章是评论员文章的一种特殊形式,“特约”两字,是为了加重评论作者的身份,表明其为所评论问题方面的专家或重量级人物。所写文章不像一般评论员文章那样选一个侧面,谈一个问题,而是多侧面、成系统地全面论述,讲究论证的严密性和系统性。

例如:1978 年 5 月 11 日《光明日报》头版显著位置刊登特约评论员文章《实践是检验真理的唯一标准》。一石激起千层浪,新华社、《人民日报》、《解放军报》纷纷转载,一时间全国上下掀起了学习高潮,并在全国引起了一场声势浩大的思想解放运动,对真理标准问题展开了大讨论。该文的作者是南京大学教师胡福明,文章先前发表在《理论动态》上,《光明日报》于 5 月 11 日以本报特约评论员的名义公开发表。

署名本报评论员。以个人名义撰写代表编辑部观点和意见的评论文章,同样具有一定的权威性。如下文:

诚信为立身之本

讲求诚信、崇尚诚信是中华民族的传统美德,诚信是立身之本、处世之道、齐家之要、治国之宝。无论是孔子所说的“人而无信,不知其可也”,还是千百年来人们所颂扬和推崇的“一诺千金”、“君子一言,驷马难追”、“童叟无欺”等,都说明了诚实守信的极端重要性……

诚实守信是为人处世的最基本的道德规范之一……

……

(3)短评

短评是一种篇幅短小、内容单一、分析扼要、使用灵活的编辑部评论。评论的内容往往是根据党和国家的方针政策、配合新闻报道,就现实生活中和实际工作中的某一方面问题,代表编辑部发言。短评有署名和不署名两种,署名的短评代表个人,不挂短评的牌子,一般就一些思想方面的问题进行评论,可以借鉴杂文的写作手法,活泼生动,很受欢迎。不署名的短评代表编辑部集体意见,有较强的针对性、思想性和时间性,多配合新闻报道,起深化新闻主题的作用。

(4)编者按

编者按是一种依附于新闻报道或文稿的简短的新闻评论,通常只有一二百字,短的只有两三句话。编者按有三种形式,一种是文前按语、编者的话,是最常用的按语形式。第二种是文中按语,这种多为文中点评、插话,依附与或插入新闻的某段话或段落的后面,用括号、变体字、字号标出,起到诠释、说明、补正、评点的作用。第三种是编后语,这是编辑按语中常用的一种形式,是编辑对所编稿件的有感而发,既有抒情也有议论和联想,依附于新闻,对新闻起深化主题的作用有编后小议、编者附记、编辑点评或编后记等形式。

(5)专栏评论

专栏评论是指那些有固定的栏目名称、定期刊发、作者个人署名的短小的新闻评论,往往以新闻事实为由头,因事生感,就实论虚,在版面上常作强势处理,以引起读者的注意。专栏评论的篇幅有限制,但自由灵活,因此,要求在选题上要从大处着眼,从小处落笔;立论要深,也就是评论的角度要新颖,分析要深刻,要有新意;内容要充实。

例如:

2006年2月16日《杭州日报》第16版的《吴山晨话》,刊发作者个人署名的本报评论员文章《休闲之都是你的也是我的——解读世界休闲博览会　本报评论员　裘小桦》

(6)记者述评

记者述评又称新闻述评,是一种以事实为基础的评论,以评论为核心的新闻。记者述评是一种特殊的新闻品种,既有评论的特征,也有新闻的特色。记者在叙述新闻时可以对新闻事实进行评论。

4.深度报道

深度报道也称为解释性报道或分析性报道,是对某一新闻事件以解释、分析为主的报道形式。它使用新闻背景材料和相关的新闻事实表明、说明、解释新闻事件发生、发展的前因后果、来龙去脉,揭示其实质、意义,侧重告知读者这一新闻事件的“为什么”和“怎么样”。深度报道是报纸和电视展开竞争的利器,报纸只有大力发挥深度报道优势,才能在竞争中站稳脚跟。

深度报道的基本特征一是追根究源,深挖新闻背后的新闻;二是注重纵横联系,把新闻事件放在一定的社会和时代背景下分析,或把单一的、孤立的新闻事件与其他事件相比较相联系;三是大量运用背景材料拨云见雾,指点迷津;四是夹叙夹议。

深度报道的写作要求,一是把握住解释的“关节点”,即把着力点放在解释部分,但解释时要恰到好处;二是以客观事实为依据,切忌主观臆断;三是采写和掌握与深度报道有关的情况,事实和背景材料,认真做好调查研究工作,同时要善于根据材料从宏观上展开精辟的分析;四是思维方式的多元化,对事物进行多方位的深入思考;五是尽可能向专家请教,先知后写。

二、广播

(一)广播的特点

无线广播媒介是通过无线电波向拥有接受工具的广大听众传送信息的新闻传播活动。

列宁说无线电广播是“不要纸张,没有距离的报纸”,既指出了广播作为新闻传播工具同报纸的性质任务基本相同的一面,又非常形象地概括了广播的特点。报纸每天通过文字和图片向读者传播新闻,要经过各种不同的发行渠道送到读者手中。而无线广播用电波传送节目,用声音传递新闻信息,不用纸张。广播的特点有以下几个方面:

1. 传播的及时性

电波的传送速度决定了广播传播的速度,电波每秒运行30万公里,相当于绕地球7圈半,它不受或很少受时间和地理条件的限制。在电波覆盖的范围内,节目可以同时传递到千家万户。这是报纸等印刷媒体所无法比拟的。我国幅员辽阔,地域广大,农村和边远地区不能及时看到报纸,所以,广播的作用在我国显得尤其重要。广播的及时性主要表现在以下几个方面:

(1)广播能够把刚刚发生和正在发生的新闻事件告诉广大听众。第二次世界大战爆发的消息就是通过广播在第一时间里向世界宣布的。而报纸,最快也得在第二天才能见到,因为当时的报纸都是日报。

(2)广播可以随着重大事件的发生和发展进程连续不断地向听众报道,而报纸是绝对做不到的。

(3)广播的穿透力很强。无线电波可以穿墙过屋,不受场所限制;可以越境过洋不被山河阻隔。这种穿透力是其他媒介所无法替代的。

(4)现场感强。实况广播犹如让听众置身在重大新闻事件的发生现场,使听众产生身临其境的感觉。

2. 受众的群体性

广播是用声音来传递新闻信息的,受众是靠收听来了解新闻的,因而具有受众的群体性。

(1)对于广播而言,无论男女老幼,只要耳朵不聋,听得懂语言,就可以收听。从广播的普及程度看,收听广播在我国城乡已经相当普遍,从中央到地方的收听网络已非常完备,中央人民广播电台、省市人民广播电台、各县(乡)人民广播电台(广播站)一应俱全。

(2)收听广播特别方便,接收工具非常简单,携带性也很好,并且可以边做事情边收听,甚至可以提高工作效率。

(3)广播的内容十分广泛,信息量大,播出时间长,多频道,多波段,能够满足不同层次听众的需要。

受众的群体性真正使广播做到了雅俗共赏，也使它成为最受欢迎的新闻媒体之一。

3. 强烈的感染力

“听其声如见其面”，声音具有很大的传真性和感染力，比文字的表现力更直接传神，更能细腻地表达人们的思想、情感、情绪，真实地传递事物变动状况和现场气氛。

(1)广播不光用声音传递新闻内容，有时还配有悦耳的音乐、音响(包括现场发出的各种声音)，加上播音员富于感情的声调语气，更加真实、亲切、生动感人，容易接受，具有强烈的鼓动性和感染力。

(2)广播用社会生活和自然界的各种声音制造出一个奇妙而绚丽的声音大世界。录音报道更是用有声语言、现场音响或记者解说，并且经过剪接组合，表达出事物的生动情节，给人以真实感、亲切感，使听众身临其境。

4. 广播的缺陷

(1)稍纵即逝，不易保存

由于广播是靠音频信号单向传输，靠声音来传递各类信息，因此它是无法保存的，只能按顺序听、按时间听。听众无法自由选择，即便没有听清或没有听明白，也无法弥补，完全处于被动状态。而报纸或印刷媒体就没有这个问题，不明白的可以再看一遍，慢慢咀嚼琢磨，好的内容还可以留存下来作为资料。

(2)超越国界，保密性差

由于广播一经播出，任何人都可以收听到，因而不具有保密性，但内容却难免会有包括国家政治、经济、军事情报和其他重要的信息，因此，广播的保密性相对较差。不像报纸等印刷媒介，可以通过发行环节有所控制。

(3)语言多样，效果递减

由于我国有56个民族，多数民族有自己的语言，虽然有统一的文字，但语言却是多种多样的。因语言不同发生的交流困惑也屡见不鲜，因而也就无疑影响了广播的传播效果。为此，国家提出了推广普通话的要求。但是，在实际运作过程中仍然存在着各种问题。目前各地都用自己的方言节目广播，多少也能说明这个问题。

(4)弥补办法

为扬长避短、更好地发挥广播的优势，争取更大的社会效益，可以采取下列办法来弥补：

第一，延长播出时间，增办多套节目，增加波段、频道，以适应各类听众的不同需求，便于选择接收。

第二，加强预告。出版节目报纸(广播周报)，预告一周播出内容；精编节目预告，增加每天的预告次数，便于听众选择接收。

第三,精编节目,加大信息量,重要新闻适当重播,提供便利的收听条件。

要达到上述目的,必须在以下几个方面下工夫:

第一,要写好、编好、播报好。使人“容易懂,便于记”,用准确的语言,挑选最典型的音响,使人一听就懂,并留下深刻印象。

第二,使用合理的重复手段。合理地重复重要节目,重复必要的关键用语和声响,加强印象,以提高收听效果。

第三,定期编辑出版广播稿选和重要声音的节目资料。

5. 广播语言

(1)广播语言的特点

“说”是广播语言特点的一个制约因素,广播语言用电波传送给听众,听众用耳朵来接收。一方面听众往往会处于“一心两用”的状态,一方面电波稍纵即逝,这是一对矛盾。因此,要让听众能更准确、更方便地收听广播,“说”字很有讲究的。广播语言不仅仅是说给人听的语言,而且必须是让人一听就懂的语言。口语化、朗朗上口、听得明白的特点非常明显。广播语言必须说起来流畅,听起来顺耳。

广播语言不是一般的粗糙的口头语,而是经过加工提炼的、合乎规范的标准语。标准的普通话即为汉语标准语言。汉语标准语是以北方方言为基础方言,以北京语音为标准音,以典范的现代白话文著作为语法规范的普通话。

注意:并非以一切北京语音为标准音,有些北京语音并不符合汉语标准语言,所以要有区别地使用。广播语言中的语法,必须合乎汉语标准语规范,而且多用规范的口语句式。这样的口语句式结构简单,句子短,附加成分少,上口顺耳。

(2)广播语言的使用

根据广播语言的特点,结合广播文稿的遣词造句,广播语言的运用有以下几点具体要求:

第一,通俗易懂。因为广播服务的对象年龄、文化层次各不相同,因此广播语言应该是通俗易懂的,使不同地域和不同文化背景、不同年龄、不同文化层次的人都可以收听。通俗化是指用明白易懂的语言,深入浅出地报道新闻事实、评价事实,切忌用空洞的说教、艰涩的政治和技术术语,要尽量用听众自身的经验来说明问题。通俗语言的遣词造句是简洁明快、生动活泼、合乎语言规范的。

注意:有时候偶尔也用有群众的口头语或特定对象的土言土语,但那是经过加工、提炼、选择的富有生命力的语言,而不是纯自然形态的语言。

第二,具体形象。写广播稿,最好尽量用能够想象得出来的具体形象来代替抽象的概念,用生动的事迹、典型的事例、感人的情节和细节描写,来代替空洞的议论和抽象的叙述。遇到比较抽象的东西而无法形象描写时,要设法使它具体化、形象化,要尽可能地运用能够想象得出来的生动语言。比如说“电波每秒钟运行 30 万公里”,听众很难有个速度感觉,“30 万公里”是个什么概念?把它演绎成“相当于围绕地球走了7圈半”,这样的概念较之前面一说就具体多了,马上变得可感觉了。

第三,短小精悍。广播中的长句不便听众记忆,更有碍于理解。所以广播语言一定要短,要精悍。短小精悍是广播语言运用的又一基本要求。

广播的听众群是多类型、多层次的,因此要做到雅俗共赏、老少咸宜,广播的新闻报道量就要大,尽量为广大听众提供选择的机会。这就要求广播新闻的条数要多,信息量要大,报道面要广,既简短又说明问题,短小精悍就成为广播语言的必须要素了。

另外,广播语言在使用过程中,还要注意广播语言的响亮和谐和节奏感。要注意广播语言的平仄交错、起伏相间、抑扬顿挫、委婉动听,具有音韵美,读起来朗朗上口,听起来声声顺耳,令听众喜闻乐听。

(二)广播新闻的体裁和形式

广播新闻的体裁脱胎于报刊文体,结合广播自身的特点发展成为广播新闻文体。广播新闻文体多种多样,除图片新闻外,几乎包括了报刊、通讯社中所有的新闻体裁。但是,全部的广播新闻体裁都以声音的形式出现,又形成了独特的自身表现形式。

1. 广播新闻体裁

(1)口头播讲

这是一种单一的有声语言表达形式,又可以分为播读式、谈话式、人物讲话。

播读式是由播音员播读各类新闻体裁的广播稿件、报刊和通讯社的稿件。被播报的新闻体裁包括新闻报道(包括消息、通讯、新闻特写、新闻专报、调查报告、专访以及报告文学、纪实性游记等)和新闻评论(报纸社论、电台评论、评论员文章、观察家评论、短评、述评、编者按语等)。

同类体裁的写作要求基本一样,广播稿则更突出广播语言的特点。

例如,浙江人民广播电台的“新闻述评”,是电台早新闻中的一档品牌节目,影响力很大,“西湖之声”的“热线7:20”则最典型。

谈话式是由记者、编辑或节目主持人等向听众讲述事实或评价事实。这种形式采用的体裁也较多,如消息、通讯、特写、调查报告、记者汇报、述评、广播谈话、编者的话、答听众问等。从形式上说更为活泼,有一个人说的,也有两三个人议论的,或者几个人座谈的,改口播为述说、交谈,语言更加生活化、口语化,自然亲切,通俗易懂;从内容结构上说,比较灵活机动,不拘一格。

人物讲话是指新闻人物、与新闻事件有关的人物(当事人、目击者、知情人)、新闻发布人、英雄模范、专家学者、行家里手以及各类人员的讲话、演说等。

这些人物的讲话具有一定的代表性和权威性,使人产生面对面的亲切交流之感。具有较强的感染力和影响力,可信度比较高。这种形式一般用于谈比较重要的话题、经验介绍、宣传解释方针政策。

(2)音响报道

凡是有新闻事物实况音响并经常伴有新闻解说的,均可称为音响报道。它包括新闻报道和新闻评论的各种体裁。

新闻事物实况音响分为两部分:一部分是新闻现场的实况音响,包括人声(凡是人物发出的各种声音——语言以及喜怒哀乐等表达感情的声音)、物声(器乐声、机械声、鸟叫虫吟、鸡啼犬吠、风声雷鸣等自然界的各种声音);另一部分是与新闻事物相关的真实音响。这种声音必须是真实的,与所报道新闻事物(事件、人物)相关的,但不一定是这次事件的现场音响。这类音响以历史、背景资料和音响素材居多。

音响报道又可按播出手段的不同,分为现场直播、录音转播和配乐广播三种:

现场直播是在新闻事件发生的同时,听众就收听到了的新闻信息。发生和接收的时间几乎没有差距。现场直播又可分为实况转播和现场报道。

实况转播多为转播政治、体育、文化等活动的实况。可以全部转播,也可以取其一段转播。

现场报道又称现场口头报道或口头报道,体裁多为消息、通讯、述评等。其中,直接在现场播出的属于直播,在现场报道时录了音,经过后期剪辑再播出的属于录音报道范畴。

现场报道是广播记者在新闻事实发生的现场,一边观察,一边述说的报道方式。其基本特征是,记者身在现场,以观察者的身份出面述说,报道带有实况音响的现场情况。现场感强,时效性强,使听众与新闻事件有同步进行的感觉,便于把听众引入现场。

适合于做现场报道的几种题材:一是事实引人关注,新闻事实发生的现场具有较强的新闻性;二是场面集中,新闻事实单一而有层次,展开的场面比较集中、明确,便于记者现场观察、采录和述说;三是正在发生,新闻事实处于"正在进行时";四是音响典型,新闻现场具有能说明新闻事实的典型音响;五是可以进行公开报道,不涉及保密的新闻事件。

(3)录音报道

录音报道一般是指通过播放实况音响和广播工作者的语言叙述相结合的录音,来报道新闻事实或发表新闻评论的广播形式。消息、通讯、特写、访问、报告文学、新闻评论等各种体裁都适用。特别注意运用声音来征服听众,在选材时就着重于捕捉听觉形象。

录音报道的特征一是通过使用实况音响(真实音响)的录音素材来表达主题;二是对先期所录的实况音响(也包括记者在现场的语言叙述)进行剪辑、合成或复制再播出。在播出时间上,它晚于现场直播,但在内容上则更加精练和完美。

常见的录音报道形式有以下几种：

第一，录音新闻。这种新闻形式所报道的新闻事实具有一定的重要性，而且事实又带有典型的音响特点；通常是紧密配合形势，新闻事件的发展报告消息；时效性强，有要闻也有一般的新闻。

第二，录音通讯。这类形式一般用于适合写新闻通讯的题材而又具有典型音响素材的，才可以制作录音通讯。它要求写人叙事要比录音新闻详细生动，不仅有播音员或以第三者身份的记者的叙述，也可以穿插记者在现场与采访对象的交谈、议论，同时，还可以有各种现场的背景音响，听起来自然、真切、和谐、生动。

第三，录音访问。这是一种类似于报刊“人物专访”的广播新闻形式。在这种报道形式里，广播工作者亲自出面与采访对象交谈，谈论听众感兴趣的话题，而这些采访对象往往是一些具有代表性或权威性的人物。生活气息浓，有现场感，交谈双方是谈话而不是念稿。后期在剪辑访问录音时，还可以穿插叙述见闻、交代背景、描绘现场、抒发感情，以所见事实（包括情节、细节）来揭示主题。

第四，录音特写。特写是以细致描绘为主要表现手法，类似电影中的特写镜头。它抓住事物中最典型，最富有特征的片段（部分、部位），集中、具体地作较为细致的描绘，突出地加以反映。录音特写是有声的、形象化的报道，包括人物特写、事件特写、旅行特写、速写等。其特点是描述的范围小，描述细致深刻，其细腻的描述与精心选择的实况音响结合，情景交融，具有感人的魅力。

第五，录音剪辑。这是一种实况录音的压缩剪接形式，在剪辑复制时加上广播工作者的解说，多用于重要事件性新闻或大型活动的报道。一般处理方法为：当天白天采用全部实况转播的方法；晚间则选择特别重要和精彩的部分，压缩成占用时间较少的录音剪辑播出。也有一种剪辑方法，就是把同类录音素材围绕一个主题剪辑制作成一个节目。

第六，录音评论。这是一种带有相关音响的新闻评论。它与口播评论的不同之处在于有实况音响，这些音响往往作为言论的事实依据来使用。

（4）配乐（音）广播

这是一种根据文字稿件（包括各种新闻体裁）的需要，在播音员播读时配以音乐、音响效果（包括有人模拟、扮演文中有关人物的讲话）的广播形式。因为所配音乐、音响不是报道中的真实录音素材，所以称为配乐。只配音乐的称为“配乐广播”；既配音乐又配音响的称为“配音广播”。

三、电视媒介

（一）电视媒介、电视及特点

1. 电子媒介

以电传输设备为载体传播视听信息符号的媒介形式叫电子媒介。

2. 电视媒介

电视是以电传输设备为载体，传播视听信息符号的电子媒介。

3. 电视媒介的特点

(1)声画合一的形象性。声画结合，视听合一是电视的特点，它视听兼备，让观众如临其境。

(2)画面情节的概括性。电视画面的概括性，是指画面在节目里呈不连贯状态，不具备叙述事情变化和经过的能力。

(3)显示现场的纪实性。电视的现场纪实性，是电视新闻凭借其独有的画面直觉性所具有的特性。电视画面的视觉优势就在于不通过具体与抽象的感觉转换，不需要像报纸和广播那样进行二传式的“视觉转换”，就能切切实实证明新闻本源的实际状况。

(4)传播内容的兼容性。电视，排在空间艺术(绘画、雕刻、建筑)、时间艺术(音乐、诗歌)、综合艺术(舞蹈、戏剧、电影)之后，被誉为“第九艺术”。这种“第九艺术”把前八种艺术囊括在它的麾下。电视是一个开放的框架，可以兼容并蓄很多内容，电视节目的艺术部分可以表现为任何一种艺术门类，以及几种艺术门类的互相渗透或交叉。

电视的节目形式很多：除艺术性节目(电视剧)外，还有新闻性节目(新闻联播、新闻时间、新闻夜班车等)，知识性节目(探索奥秘、科技博览、法制在线)，服务性节目(发家致富、旅游指南、生活小窍门、留学专线)，教育性节目(实话实说、纪实、经济大讲堂)等。这些节目都是报纸、广播、杂志、电影、课堂教学、实验操作等混合、发展的衍生物。电视兼容了这一切，真正变成了无所不包、要什么有什么的“百花园”。

(5)不足和缺陷

电视也有自己缺陷和不足，主要表现在以下几个方面：

首先，不留痕迹的易逝性。电视和广播一样，传得快，消失得也快，看时很热闹，过后无踪影；当时没看上，事后无法补上；不便保存，无法反复研究；作为凭据比较困难，除非用录像设备。

其次，不能随意选择的限制性。电视节目是由电视台按时间顺序安排好的，它的排列组合观众是不能自由选择的，有很大的限制性，观众只能在限定的时间和固定的地点收看节目。

此外还有电视节目时间的限定性。电视节目的单位时间是有严格限制的(如中央电视台的《新闻联播》规定只有半小时，特殊情况才能有所调整)。因此，传送的信息量受到限制，新闻报道的内容难以充分描述、说透，深度报道也受到限制。

目前，这些缺陷都是通过重播、增加电视频道等来弥补。

(二)电视的画面和声音

以“看”为主要接收方式的电视,画面和声音在电视节目中的构成有着举足轻重的作用。努力提高画面和声音构成的质量,是提高电视新闻传播效果的重要措施。因此,必须了解电视画面和声音的特性,正确认识画面和声音的作用,从而达到提高电视新闻总体传播效果的目的。

1. 电视画面的特性

画面是电视节目的基本构成单位。通常所说的一组画面或一组镜头,是指电视摄录机在特定的空间和时间里所摄取的一段连续画面。电视画面有以下特性:

(1)连续性

电视画面展示的是与客观世界的运动方式同样的连续活动的活动情景,为真实地再现客观世界提供了最好的物质基础。

推、拉、摇、移、升、降、甩等运动镜头记录了事物运动的全部过程,客观地表现出远景、全景、中景、近景、特写等不同活动情景,同时也从水平方向和垂直方向等各种不同角度,完整地表现了镜头内部的运动(逻辑表现关系)。

(2)再现性

电视画面能准确而全面地再现摄像机前面的几乎全部内容。因此电视画面是一种客观视像,它拥有了现实世界几乎全部的外在表现,使观众确信屏幕上出现的一切是客观存在的。

(3)现场性

由于电视画面是客观现实在特定的时间、空间中的一种片段性再现,因此它给观众的感觉始终是一种现状,是当时正在发生、进行的事实,是现在时态。而事件发生的电视播映之间的时间间隔只有在用其他方式(解说词、旁白、画面字幕、画中人物的叙述等)提示观众以后,观众才能明白。

(4)选择性

电视画面中表现的对象是被预先处理过的,这在电视剧等文艺样式的电视画面中是显而易见的,无论人、景、物等,都是经过导演的精心选择和摆布的。在电视新闻的画面中,这一点也是显而易见的,只是比较隐蔽。因此,不论哪种画面,其表现的对象都是经过选择的,不同的人有不同的观察和选择。

(5)多义性

尽管电视画面忠实地再现了摄像机所记录下来的客观现实情景。然而画面并不指明这些情景的确切含义,它只肯定此情此景是具体存在过的,至于这些场景究竟表现了什么样的内涵,画面是无力做出明确答复的。比如一帧有数千名情绪激昂、振臂高呼的群众的画面,你说它是欢呼还是抗议?湖边一老一少的男女,坐在椅子上相依相偎的亲昵行为,是孙女在向爷爷撒娇?还是一对老夫少妻?当然,这样的多义性也为画面组接后产生全新意义提供了可能。

2. 声音在电视传播中的作用

在电视中,声音和画面共同承担着传播功能。从总体上说,它们是相互合作的伙伴关系,两者各显神通,缺一不可。而从具体节目来说,有些片段以声音为主,有些以画面为主。电视中的声音由语言、音乐、音响三要素组成:与画面组合以后,它的语言部分可以分为解说词、同期声讲话、内心独白等;它的音乐部分又可分为实况音乐和背景音乐;它的音响部分可分为同期音响和画外音响。声音在电视传播中的主要作用有:

(1)加强传播内容的真实感、亲切感

生活本身就是有声、有色、有形的,画面虽能再现现实生活的形与色,但没有声音的画面,充其量只能是“伟大的哑巴”,无法让人明白表达的究竟是什么。缺少了具有轻重高低、喜怒哀乐感情色彩很浓的声音,事实就无法表达清楚。只有视听结合,才能得到符合客观现实的真实的印象。

(2)声音叙述内容的自由性,打破了画面的时空局限,使电视传播的容量大大扩展

画面传播的内容受到时空的限制,只能反映摄像机记录下来的某一时空的情景,而对事情的前因后果、来龙去脉难以表达清楚,内在的思想和抽象的哲理更无法表达。而声音既可以自由地讲述过去、现在和将来,在时间的长河中任意遨游;又可以在思想和哲理的天空中纵横驰骋,阐述深刻的见解和抽象思维的内容。

(3)声音能够渲染、烘托环境气氛,刻画、描写人物心理

声音对于环境气氛的渲染和烘托,能够起到奠定画面基调的作用。同样的画面,能够因为声音的不同,而使人产生截然不同的感受。

(4)声音能发挥结构功能,使画面连接顺畅自然

电视片中的各个场景的各组画面,可以运用蒙太奇技术进行组接,也可以借助“声音桥梁”顺畅地连接起来。声音即能连接同一场面的不同镜头,又能连接不同时间、不同空间的镜头,具有很强的组接、结构画面的功能(电视散文和游记性专题中这种方法是最常用的)。但是,虽然声音组接画面可以变化多端,却还是有其内在纵向和横向的联系事物的因果关系。因此,声音结构功能(使不同时空的画面自然流畅地组合在一起)的发挥,必须是在符合逻辑的前提下才能实现的。

(5)声音能使静止的画面活动起来

人的五官具有“通感”,视听之间能够产生联觉,听到的声音能化成相应的视觉形象,能使静止的画面活动起来。

3. 声音和画面的默契关系

声音和画面共同担负电视传播的职责,双方配合得好,可以产生一加一大于二的立体交叉传播效果;但如果配合得不好,则两者又互为干扰,结果是一加一小于

二,甚至还不如单通道的传播效果。因此,了解声音和画面的几种组合方式,处理好它们的组合关系非常重要。

(1)声画合一

声音和画面传播的具体内容完全一致,即画面中出现的人和物就是声音的发声体,或者声音就是在具体说明画面中的事物场景。电视实况转播就是声画合一的组合方式。

这种声画合一的组合方式能加强传播内容的真实性和可信性。这种方式在新闻性电视节目中被较多地采用;在电视剧等艺术样式的电视节目中,它往往被用来表现主要内容和主要情节,以引起观众注意,加深观众印象。电视新闻中的同期声讲话和同期声音响就是声画合一的组合方式,它能真实地再现新闻人物的讲话和新闻现场的音响,体现新闻信息的完整性和新闻现场的重要性,增强新闻的真实感和可信度,常被用来传播重大的新闻事实,因此是目前国际电视界普遍采用的报道方式。

声画合一的组合方式比较容易被文化程度不高的观众接受和理解,因此也是作为大众文化的电视节目中经常采用的组合方式。

(2)声画对位

声画对位是指镜头声音和画面对立,声音和画面按照各自的规律表达不同的内容,又在各自独立发展的基础上有机结合,造成单是画面或单是声音无法完成的整体效果。

这种方式使声音和画面不再互相依附,重复表现同一事物,而是各自发挥作用。这就大大扩大了电视传播的容量,打破了画面的时空局限。

(3)声画合一和声画对位方式的综合运用

现代人们的审美情趣趋向求实求真,在声画组合的关系上又要求它们具有高度再现真实的能力。目前,影视中重新大量采用发音客体的现实音响,采用有声源音乐等客观表现的手法,同时获得了声画合一和声画对位的传播优势——既真实感人,又增大容量,达到声画立体交融的效果。

(三)电视媒介的体裁

电视的突出特点是集图像、声音、文字、色彩之美,使用多种符号传播信息。电视媒介的体裁也从最初的口播消息发展到图片报道、图像新闻、现场报道、综合版块等样式。目前,国内外常见的电视媒介体裁有口播新闻等形式。

1. 口播新闻

口播新闻指由播音员播读各类新闻体裁的新闻报道和新闻评论稿件。体裁与写作要求与广播稿相同。这种体裁的特点是:新闻时效性快;便于传播政令和理念性内容;不受图像限制,稿源丰富,有利于扩大节目的信息量。

2. 文字新闻

文字新闻指以屏幕文字为主体,或与口播新闻联合播出,或单独播映在其他节目画面上的新闻,听读一体,传播内容更加明了清晰。

当无声文字插映在其他节目画面下端时,既争得了新闻传播的时效,又不中断其他节目的正常播出,这是其他新闻媒介无法做到的。

3. 图像新闻

图像新闻指用新闻画面(活动图像或系列新闻照片)与新闻语言播音相结合的新闻报道。

这一类新闻是电视新闻消息部分的主体形式,画面和语言的有机组合,信息含量大,并且生动形象。但是要忌讳画面的摆设和重复单调:摆设易使新闻失实;重复有损于信息的容量,甚至给新闻内容造成质的损害。

4. 现场报道和现场实况直播

现场报道是指在新闻现场对新闻事件和新闻人物进行直接描述和采访的语言图像报道;多是摄录完毕后,作少许后期编辑加工再安排播出。

现场实况直播是对新闻事件的发生、发展全过程的同时空传播的语言图像报道;是在新闻现场对观众作同时空的直接播送。

两者的共同特点是:画面连续,没有或少有空间短缺,具有一定的现场情节纪实性,缩短了新闻事件与观众的心理距离,给观众传递了毋庸置疑的现场感。

5. 电视访问

电视访问指新闻人物接受记者访问的录像新闻。一般是新闻人物唱主角,回答记者就政治、经济、教育、文艺等某一方面的问题。由于新闻人物多是某方面的代表人物,节目往往具有权威性和说服力。

除了电视专访,在电视新闻中还采用街头随意性访问方式组成反映性新闻,对某一新闻进行印证。这两类电视新闻都是凭借现场同期声传达新闻内容,观众的心理参与性强,传播效果好。

6. 电视谈话和电视讨论

电视谈话往往是由知名人士以演讲方式进行;电视讨论则是在节目主持人的组织下,由有关方面的代表人物以座谈讨论的方式进行。两者都是选取社会大众关心或重要的问题为内容,通过电视屏幕,传播谈话、讨论者意见的报道形式。

电视谈话和电视讨论的特征是舆论导向明确,舆论影响直接,是上情下达和下情上达,沟通了上下联系的理想"桥梁"之一。确定恰当的议题和合适的人选,是保证节目质量的重要条件。

7. 新闻分析

新闻分析是解释性新闻节目。它针对一段时间里的国内外新闻的背景、因果状况作客观介绍,向观众充分展示新闻事实的全貌,帮助观众在全面了解新闻事件的基础上作出客观判断。这类节目常以节目主持人播讲的方式进行,配以相应的图像资料,仅仅是综合介绍,绝不介入主播人的主观评价,将作结论的权利交给观众。这类节目具有很浓的思辨色彩,因此广受各阶层观众的欢迎。

8. 专题新闻和专题报道

专题新闻和专题报道是对国家政治活动和社会活动中的重大事件所进行的集中性报道。

这类报道都是随采随报,时效性强。有的侧重报道,如中央十六大召开的专题报道;有的侧重述评,如国家重大政策出台,在背景、解释方面作出述评;有的报道和述评并重。

9. 新闻评论

评论,是电视合成为舆论中心的重要因素,是电视台的旗帜。

我国电视新闻评论直接代表新闻编辑中心发言,是党、政府和人民的喉舌。它直接宣传解释党和国家的政策主张,表达群众的呼声和要求,起着反映、指导和动员社会舆论的重要作用。样式有专论、短论、编后等。

10. 新闻杂志

新闻杂志是指以消息、专题、言论有机结合的版块报道形式。结构要素完备,在传播过程中更能集中观众的注意力,有利于传播效率的提高。

这种形式结构,舆论导向易于形成,新闻深度有保证,能满足人们对新闻报道新的欲求,即不但知道新闻本身,而且知道某一新闻的出现意味着什么。

11. 连续报道和系列报道

这是两种结构基本相同、报道手法相近的电视新闻体裁。

连续报道是指对同一新闻事件或新闻人物在一个阶段内的有关情况的发生、发展、结局的连续性报道。

其特点是报道连续及时,吸引力大;报道连续紧凑,报道与分析相同,舆论力量集中,震慑力强;报道的事件因果连续,从多角度综合事因,信息量大,事件本质易于显现。

要注意的是,连续报道的题材必须重大,或是社会广泛关注的;把握报道节奏,控制各次独立报道的有序联系,努力展现事件发生的因果关系;适当控制言论,使整个报道充实、深刻、有力度。

系列报道是指对某一新闻主题,从不同角度、不同侧面进行的多次性报道。它由多个独立的报道单元组成,单元之间没有内在的必然联系,它们各自是一条完整、独立的新闻,集合在一个大主题下,使观众通过多个独立报道的内容,对某一时期的某一问题有较系统、全面、深刻的了解和认识。

四、网络媒介

开始于20世纪90年代的中国网络新闻实践,通过这几年的发展,对整个新闻传播事业的冲击和影响已经到了不可小视的地步。网络新闻在今天的传播媒介中,扮演着越来越重要的角色,被媒体专家称之为具有里程碑意义的"第六次媒体革命",让传统媒介感到了莫大的危机。

(一)网络媒介的特点

网络新闻传播所依赖的传播渠道是网络,网络是网络新闻表现的介质。网络作为一种特殊的传播渠道,具有多方面的特点。

1. 网络媒介的多平台性

网络媒介的多平台性,首先表现在属性的多样性上。

(1)技术平台属性

技术上的变革是媒介发展的根本动力之一,与以往的媒介技术相比,网络及相关技术的覆盖面要广得多,网络的作用也远远超过传播的范畴。

(2)媒介属性

《现代汉语词典》(商务印书馆2001年北京版,第862页)对于"媒介"词条的释义:"使双方(人或事物)发生人或关系的人或事物。"从这个意义上说,网络就是这样一种媒介,但不是一种简单的大众媒介,网络承载了"使双方(人或事物)发生人或关系的人或事物"的作用。它的媒介属性是明明白白的。

(3)经营平台属性

网络还具有经营功能,是一个经营平台,承载着信息经济。在网络新闻信息的传播过程中,也借用了这种经营模式,使网络新闻找到了一个很好的生存和发展空间。

(4)虚拟社会属性

这个属性与我们是非常熟悉的,也为我们所认可。因为,人们不仅可以阅读网络新闻或消费网络媒介提供的各种服务,还可以生活在这个媒介中。因此,网络也就成了一个社会,网络的虚拟社会属性是其他任何一种传统媒介都不具有的。

(5)多种传播的统一

网络传播并不是单纯的大众传播,而是人际传播、群体传播、组织传播和大众传播的结合体。

2. 网络媒介的开放性

网络媒介特有的结构和技术,使"开放性"成为网络的一个突出特点。

(1)传播格局的开放性

网络传播格局的开放性,主要体现在宏观层面上的开放性上。一方面是传媒机构在传统媒体时代的垄断地位被打破,任何有条件利用网络的人,都可以成为信息的发布者;另一方面,除了专业化的新闻网站以外,商业网站和非职业化的传播者也经常参与新闻发布。同时,受众也会在一定时间和空间里参与信息的发布。

(2)传播过程的开放性

从某一个具体的新闻传播过程看,虽然专业新闻机构是新闻的第一发布者,但一个传播过程的效果，不仅与第一传播者相关，还与再传播者相关。在某种情况下，甚至再传播者的作用更为显著。受众在此扮演着再传播或再生产的角色。网站无法准确把握某一条新闻会有哪些人来接触，何时来接触，会用何种方式来消费新闻。

3. 网络媒介的多级性

(1)信息流动的多级性

网站——邮件——个人；

网站——BBS——个人；

网站——BBS——邮件——个人；

BBS——网站——个人；

邮件——BBS——个人；

BBS——BBS——……——个人；

邮件——邮件——……——个人。

(2)信息作品及消费过程的多级性

网络信息的组织与发布都采用层次化的结构。这种特殊性使得信息作品成了多级的：

第一层是标题；

第二层是内容提要；

第三层是新闻的主体内容；

第四层是关键词和背景链接；

第五层是相关报道。

4. 网络媒介的连通性

网络的技术结构本身就具有连通性的特点。互联网产生之初，其设计目的就是，当网络中的任一节点遭到破坏时，都不会影响到其他节点之间的通信。

(1)网络技术结构上的连通性

技术结构上的连通性促进了信息在网络中的自由流动与互相渗透。

(2)传播者与受众的连通性

网络传播使传播者和受众之间的直接连通成为可能。从技术层面上说，两者的连通也不是问题。

思考题

1. 新闻媒介的种类有哪些？各自的特点和优势是什么？

2. 你最感兴趣的媒介是哪一种？为什么？

第五章

旅游新闻学的由来和提出

准确地说,旅游是一种生活方式,是社会发展到一定阶段,人民生活水平达到一定程度而产生的一种生活方式。旅游新闻正是旅游作为一种生活方式形成以后,为满足实施旅游行为的人群对有关旅游信息的需求而产生的信息传播载体。

第一节　旅游新闻学产生的原因

旅游,作为一种生活方式,在我国兴起的时间并不长,大约在20世纪80年代初的改革开放形势下初露端倪。一部分开始富裕起来和有一定生活品质意识的人,开始有了旅游的愿望,旅游便逐步成为一种生活方式。生活方式的形成给我们带来了两个新话题——“旅游的新概念”和“新闻的新领域”。

一、旅游业的崛起和迅猛发展带来的旅游新概念

改革开放使我国经济获得了突飞猛进的快速发展,人们的钱包鼓起来的客观条件,使旅游不再是一些先富起来的人和具有公务旅游资格人士的专利,旅游市场慢慢形成。经过几年的旅游实践和发展,人们对旅游有了新的认知,旅游的意识也慢慢强烈起来,各旅游目的地均有由原先简陋的招待所逐渐改造成设施、设备颇为讲究的宾馆,餐饮业也如雨后春笋般地层出不穷,旅游业随之发展起来。之后,加上改革开放带来的大批国外商务考察团、探亲访友团,以及国门大开后的文化、艺术、学术交流增多,旅游业的国际化程度又大大提高,人们渴望对外界有更多的了解,希望从旅游业中获得的结果不再单一,旅游成了人们实现自身发展愿望的便捷途径。

旅游群体的崛起,旅游诉求的多样化,又促进了旅游业的迅猛发展,全新的旅游新概念随之产生。浩浩荡荡的旅游大军,经济、文化、娱乐、营销、信息交流等多种需求,使得与旅游相关的各类新闻成了人们外出旅游时必须要了解和掌握的信息,专门提供相关信息的旅游新闻也随之产生了。

二、旅游信息需求的广阔市场与旅游信息匮乏的巨大反差加速"旅游新闻"这一新领域的产生

逐步发展起来的旅游市场和广大旅游者对旅游信息的需求，并没有在同一时空里形成对称，也就是说不是齐头并进的。新闻敏感性很强的各路媒体虽然在较快的时间里对此作出反应，但与广大旅游爱好者的信息需求还是有较大的距离。反观20世纪80年代中期，旅游已不再是少数人的选择，而相关的新闻报道和旅游资讯在媒体上还是比较少见。专业的旅游媒介更是鲜有所见。到了90年代初期，改革开放的前沿——广东一带，才有一些媒体涉及旅游报道。专题类的旅游报道则是到了大约90年代中期才逐步显现。浙江媒体也差不多在那时才涉及相对专门的旅游报道。电视台紧随其后，利用其声画同步、声情并茂、先声夺人的优势，纷纷设置了旅游类专题栏目。浙江电视台、浙江有线电视台、杭州电视台等，也纷纷开始推出了旅游资讯和风光观赏之类的专题栏目。各类报纸和杂志社也都可陆续看到相关的旅游报道。但是从媒体应发挥的引导、服务功能来说，其深度、广度和受众满意度还是不足的，多停留在"照相机"阶段，除客观反映外，没有达到受众预期的目标，没有发挥媒体舆论监督的作用。导向功能和宏观调控功能更显不足。总之，广阔的旅游信息需求市场与提供旅游信息匮乏的巨大反差还是非常明显的。

三、旅游新闻的初露端倪

（一）中国第一份旅游专业报刊《旅游通讯》横空出世，旅游新闻初露端倪

中国旅游报是随着我国改革开放的深入，我国的旅游业进入崭新的大发展时期，党中央和邓小平同志对我国旅游业做出了一系列的重要指示，提出了具有重大指导意义的旅游经济思想以后诞生的。它的前身，是中国旅行游览事业管理总局出版的旅游专业报《旅游通讯》。

当时的旅游业正逐渐从"事业接待型"向"经济创汇型"转变，其规模、内容等都发生了质的飞跃，并迅速在全国蓬勃发展起来。旅游从业人员队伍也不断壮大，出现了日新月异的新局面，创造了丰富生动的新经验。这时，《中国旅游报》的前身《旅游通讯》应运而生。1979年4月1日，《旅游通讯》正式创刊。它的办刊宗旨正如《创刊词》中所说："经常宣传党关于旅游工作的方针、政策，反映有关旅游工作的动态，交流旅游工作的经验，介绍有关旅游的知识以及外国旅游业的发展情况和经验。"这就是最早的旅游新闻，也就是初露端倪的旅游新闻。

（二）不断发展的旅游业新形势促进旅游新闻的发展

为适应旅游业不断发展的新形势和市场经济对旅游报纸的需求，1981年1月，《旅游通讯》更名为《旅游报》，1985年1月进一步更名为《中国旅游报》，成为中国

唯一的全国性旅游行业报。2000 年 3 月 31 日,《中国旅游报》进行了全面改版,此次改版按旅游业六大要素规划报纸,以市场卖点设计版面,增加了信息量,突出了服务性。改版后的报纸由原来的每周 6 期改为每周 3 期(逢周一、三、五出版),由原来的对开 4 版改为对开 12 版(从 7 月份开始周三为对开 16 版)。1、4、13、16 版为彩色印刷。总版数由原来的每周 32 版增加到 40 版。版面设置除信息版和副刊版外,共设置了 7 个专刊:《市场导刊》、《酒店专刊》、《假日周刊》、《娱乐导刊》、《城市专刊》、《环球旅游》及《电子商务周刊》,7 个专刊轮流出版。2006 年,《中国旅游报》又有很大的改革和变动。报社要求全体工作人员抓住时机、锐意改革、扎实工作,努力将《中国旅游报》办成受读者欢迎的精品行业报、权威专业报,使其成为一份社会影响大,有较高信誉的旅游行业大报。

各省市的媒体在党中央和国家倡导进一步建立和谐社会的号召以来,把老百姓的小事当成了媒体报道的中心、核心。在旅游日益成为人们生活的必需品,成为社会发展新的经济增长点的时候,各地媒体也当仁不让,使出各自的看家本领,以赢得更多受众的芳心。2006 年春节期间,各地媒体有关旅游的新闻几乎占到了总报道量的三分之二以上。一向严肃的党报也在 2005 年年底的党报改革论坛会议精神影响下,大幅度地扩大群众所关心、所喜欢、所希望的报道内容。我们以 2006 年 2 月 9 日的《杭州日报》第一版为例,一共 9 条文字新闻,有关旅游的新闻占了 4 条,且在中心位置、以图文并茂的视觉冲击强效进行报道。

(三)《中国旅游报》电子版的隆重推出

在今天的因特网上,我们已经可以清楚、及时地看到《中国旅游报》的电子版;同时,我们还可以看到中国旅游网站和众多的地方旅游网。信息之多、范围之广、容量之大、速度之快,令人瞠目结舌!单从网站首页窗口展示的栏目,就让你目不暇接——《旅游报各版》、《出游服务》、《评优专栏》、《记者站园地》、《旅游企业》、《城市信息》、《旅游预报》、《旅游车船》、《特色旅游》、《企业资讯》、《宣传聚焦》、《旅游内参》、《文献法规》、《旅游论坛》、《旅游机构》、《招商引资》、《出境指南》、《理论前沿》、《教育培训》、《路线推荐》、《旅游资料库》、《挂失导游证》等,而每一个窗口点进去,还会有无数的内容。由此可见,旅游新闻随着旅游业的蓬勃发展和人们对旅游新闻需求的大量增加而迅猛发展,这也预示着旅游新闻发展前景的无可限量。

四、"旅游新闻学"的缺失

(一)相对完整的旅游新闻媒体结构不完善

虽然我们从中国旅游报的发展和旅游网站的建立,已经可以看到旅游新闻的内容从某个角度和某种意义上说,已经相对比较齐全:政府管理部门、旅游职能部门、旅游景点介绍、旅游相关的活动、旅游和经济、旅游和文化、旅游和环保、旅游和教育、旅游和人类、旅游业和旅游者之间发生的种种问题、旅游学术研究等内容，几乎旅游中碰到的各种情况都可以在那里涉及。但它还是只满足了一部分人士（全国专业从事旅游行业管理层人士和理性参与旅游消费的人群）的需要，但是就全国遍及的旅游热和庞大的旅游群体来说，这样的旅游媒体结构就显得不够理性、不够全面了。如体育新闻，从电视上，我们可以看到专业的体育频道；在报纸上，我们可以看到专业的体育报道，网站上也可以轻松地搜寻到。或许，有的人会说，各地也能见到一些旅游报，网站上的旅游内容则已经很丰富了。但至少，我们目前还没有从中央到地方电视台上看到专门的旅游频道，作为在中国经济建设指标的 GDP 中起支柱作用的行业应有的新闻地位是明显不够的。相信，不久的日子里，一定会有专业的旅游频道出现。

因此，我们仍然称旅游新闻为初露端倪。

（二）作为旅游新闻人才培养的教育体系没有建立

1. 旅游记者有特殊的要求

（1）旅游新闻记者需要特别的素质

很多人会说，旅游新闻记者有什么，和传统记者有什么不一样？真要建立旅游频道或是旅游专业报，只要是新闻专业或中文专业毕业的人有什么不可以？但是，在此我要郑重告诉大家：真还不一样！首先，旅游新闻记者不像“传统”新闻记者，去几个地方，或者到到现场、或者拿一些现成的资料、通稿，再拿一些图片，回来整合处理一下就可以了。旅游新闻记者要特别能跑，采写旅游新闻非常得辛苦，是一个满天下乱跑的苦差使。有句话非常经典：“旅游就是花钱买累。”旅游者是心甘情愿花钱买累，而跑旅游新闻的记者要受更多的累，要不然那些新闻怎么具有可读性？正所谓不入虎穴焉得虎子。

（2）旅游新闻记者需要特别的知识结构

旅游新闻的采写和“传统”新闻不一样，它需要独特的视角、看似不合情理的挖掘、反复对照和比较后才能采撷到比较理想的素材，前提是这个记者必须具有很渊博的知识、很丰富的阅历、强烈的社会责任感。可以毫不夸张地说，旅游新闻真能涵盖上至天文地理，下至鸡毛蒜皮的所有知识！比如说，海南婚庆游报道，“传统”新闻记者一般会就婚庆游主题作为本次报道的主线和核心，突出欢乐、祥和、幸福，现场场景报道一下就可以了，当然这也很符合“新闻真实性”的报道原则。而作为旅游记者来说，他们会从简单的婚庆游活动中揭示出很多具有愉悦心情、了解风土人情、蕴涵历史文化背景等丰富内涵的“看点”来，让读者在知晓这一新闻事件中有更多的享受，还会巧妙地提醒方方面面要注意婚庆游过程中反映出来的问题，如活动过程中对环境的保护，欢乐、祥和、幸福背后的铺张及孝道等等，这样的报道既符合新闻真实性原则又最大限度地挖掘出它的新闻价值，更积极地发挥舆论的导向作用。

还有不少旅游新闻，实际上是旅游活动的组织者和旅游记者共同策划组织的。如旅游交易会、×××旅游文化节、×××博览会等。

2. 旅游新闻人才培养还未上道

中国地大物博、历史久远，旅游资源无以穷尽。发展旅游业的关键是人才问题。当前，世界各国都在根据国情寻找适合自己的发展新路子，国际上都比较认可把服务业作为未来各国经济发展的新增长点。中国作为一个旅游大国，在此国际背景下，我们怎么唱好这台戏？

站在旅游业健康发展过程中起助推器作用的媒体立场上，旅游新闻人才奇缺的现状值得我们高度重视。浙江不仅是一个旅游大省，并将立志建成“旅游强省”，但却没有专门的旅游新闻人才培养基地，不能为旅游业的健康发展起更好的助推器作用，这与旅游业突飞猛进发展的形势明显是不适应的。

3. 创建结构合理、脉络清晰、知识架构科学的旅游新闻学科困难重重且任重道远

虽然我们已经大胆地给“旅游新闻学”下了一个明确的定义，并且已经勇敢地投入建设中，但是，我们的困难却非常多。我们要解决的理论问题不少，要解决的实践问题同样不少。如作为一门学科建设的理论框架和支撑内容很单薄；课时数的总量和知识学习总量成反比；学生的基础条件和旅游新记者的特殊要求又成反比；师资力量和教学内容也成反比。这些都是亟待解决的问题。

思考题

1. 旅游新闻学产生的历史背景是什么？你认同吗？
2. 旅游记者的必备条件是什么？你认同吗？理由是什么？

第二节　旅游新闻学产生的现实意义

“传统”新闻学告诉我们，新闻的产生和发展完全取决于受众的需求。上述章节里阐述的观点也已多少告诉了我们，旅游新闻正是在旅游业的崛起和迅猛发展中顺应了广大旅游爱好者对于旅游信息的需求。“现在人们在思想文化方面，自主性、独立性、选择性、多样性大大增强，不一定要看你这张报，不一定听你这个讲话，是要到处听、到处看，在比较中认识事物。”（国家新闻出版总署党组成员、副署长柳斌杰《党报的主体地位和主流作用》，《中国记者》2006 年第 1 期第 4 页）这就提醒了我们，我们的旅游新闻凭什么让广大旅游爱好者需要你、热爱你、推崇你。

那么，旅游新闻到底能提供什么样的特殊服务呢？

一、旅游新闻必须能提供有利于提高人民生活水平的有用信息

"传统"新闻学告诉我们,新闻记者必须有强烈的社会责任感,以受众的需求为出发点。2006 年是"十一五"规划的开局之年。开局就要着眼全局,从战略层面选择,从最关键的环节起步,才可能有破竹之势。而对于旅游新闻工作者来说,新的一年的报道布局切入点在哪里呢?

众所周知,世界的发展至今都很不平衡。世界上有很多国家属于不发达国家,资源贫瘠,经济落后,生活贫困,他们的经济发展基本依靠大自然所赋予的天然资源。我国也有很多山区和边远地区属于极度贫困的范畴,然而因有了旅游业,改变了他们穷山恶水没人烟的窘境。电视连续剧《刘老根》,就是形象反映贫困地区、边远山区依靠旅游发家致富的经典之作。显然,旅游业起到了提高人民生活水平的作用。至此,我们再来浏览一下 2006 年开年之初的《中国旅游报》第一版,醒目的通栏标题是《旅游为建设社会主义新农村作贡献》。上半版的几篇报道全部都是围绕着《旅游为建设社会主义新农村作贡献》这个主题进行的,强烈的视觉冲击力表示了中国旅游报作为新闻媒体,要在 2006 年中国第十一个五年计划的开局之年中作出的战略选择。《从山区穷村到旅游富村》、《贵州大力发展乡村农业旅游》、《客来了,福来了》、《滑雪风暴席卷黑土地》的集中报道,说明了中国旅游媒体所具有的强烈的以农为本的价值取向;作为媒体更为醇厚的惜农重农意识;更为实在的惠农支农欲望和行动。

二、旅游新闻有助于改善人们的生活质量

如今,我们已不难看到很多媒体不惜腾出紧张有限的版面,挖空心思地告诉受众,什么地方好玩,什么地方有什么好吃的,什么地方可以买到心仪的东西。翻开报纸、打开电视抑或网络、广播,我们都能随处可见"旅游新闻",有新闻报道式的,有专题式的,也有广告式的,更有大家喜闻乐见的娱乐式的。如中央电视台第十套的《走进旅游目的地》节目,那是一个做得比较地道的旅游类专题节目。它几乎告诉了你对于旅游所需要的一切——那是一个什么地方?为什么好玩?什么时候最好玩?特征是什么?有什么样的历史积淀?民俗风情和民族特色、旅游者可以享用和应该享用的、应该带回和可以带回的特产及纪念品等,甚至于行程安排和旅途衔接、经费预算和注意事项一应俱全。欲外出旅游的人很直观地获得了改善自身生活质量所需的信息。电视连续剧《刘老根》中的另一个场景也颇能说明问题:刘老根去一个与其家乡接近的旅游景点游玩,意外发现那里的鸡蛋很好卖,旅游者很喜欢那些土鸡蛋,于是萌发了开发家乡那片未被开垦的旅游处女地,卖那些城里人很少能吃到的山蘑菇、土鸡和野味,最终使所有的乡亲们走上了共同富裕的康庄大道。

旅游让人体魄健康、精力充沛、心情快乐,明显改善了人们的生活质量。国外非常流行人在遇到紧张、挫折、痛苦、烦恼等时候的外出旅行,也非常流行一定阶段的休闲旅行,目的都是为了放松自己、愉悦自己、健康自己。因此,旅游新闻正好满足了广大富裕起来的人民大众改善生活品质的需求。

三、旅游新闻为国家经济发展推波助澜

如今,时尚的"考察"、"调研"和旅游巧妙地结合在一起。中国是一个幅员辽阔、人口众多、发展并不均衡的第三世界国家,贫富悬殊情况并不鲜见。虽然改革开放使很多人的生活水平得到了提高,很多中国人享受到了现代文明和周游世界、游山玩水的现代生活,获得了很多发展自己的信息和机会,但并不是每一个中国人都已经享受到了,特别是边远地区、贫困山区。时至2006年的今天,海南省仍有很多人一辈子都没有出过岛,大西北尚有很多人一辈子都没有见过火车,很多人连汽车也没有坐过。旅游新闻正好弥补了这一缺陷,走南闯北,见多识广,消息灵通,机会多多。我们设想,如果我们的旅游新闻能为更多不具有——"刘老根"有一个在城市当老总的儿子,因此而结识了一个既有投资能力、又有投资意识和投资魄力的"韩冰"董事长,获得了脱贫致富信息和渠道条件的广大急需脱贫群体提供这样实实在在帮助的话,对于实现和完成党中央在十六届五中全会上提出的走共同富裕、建设和谐社会的目标有多么积极的意义!如此,我们就比较容易理解中央在2006年中国第十一个五年计划中的开局之年,向全国新闻媒体提出要强化"以农为本"价值观的良苦用心了。

四、旅游新闻有助于绿色、环保、文明社会的建立

有一个事实我们不得不承认,由于东西部发展的不平衡和社会教育的程度不一样,就存在价值观、人生观、世界观上的根本差异,表现在现实中的行为差异也很大,如发展经济和保护环境的关系处理,开发旅游和生态平衡的关系处理,诚信经营和杀鸡取卵式的买卖等,这些都是旅游新闻所要关注的。落后贫穷地区在发展经济和旅游业的时候,存在很多非常严重和令人痛心的问题。

2006年1月,正值海南旅游的最好季节,当我们一踏上温暖如春的海南大地时,我们的心也随之提起。在著名的风景城市海口、三亚,竟然随处可见漫天飞舞的彩色塑料包装袋,垃圾更是漫山遍野,随处可见。走进著名的可可生产基地兴隆,仅有的几条小河里到处漂浮着令人作呕的垃圾。几个著名景点,卫生状况还是比较好的,但那纯粹是靠保洁员不停的打扫,因为,整个景区找不到一个垃圾箱。在著名的万泉河景点,一行人就碰到了到处寻找可以扔垃圾的果壳箱,居然怎么也找不到的问题。而导游却一路向我们自豪地介绍,海南是联合国一个什么组织认定的"全世界空气质量最好,植被最丰富,最适应人类居住的地方"。可我们一路想

的最多的是，海南才开放了几年？环境已经遭到如此严重的污染，长此以往，海南还能保持这个称号和评价吗？政府管理部门的措施、景点工作人员的态度、老百姓的环保意识和四川的九寨沟形成了强烈鲜明的对比。而整天走南闯北、周游天下的旅游工作者、旅游新闻工作者应对此类情况做出及时而正确的反应，要帮助有关单位和部门尽快改进这些不文明、不环保的行为，旅游新闻正好有了最好的结合点和最好的信息输出渠道和表达平台，可以名正言顺理直气壮地行使这一使命，帮助国家建设一个绿色、环保、文明的社会。

五、旅游新闻有助于社会的稳定与和谐社会的营造

旅游新闻的特点是轻松、愉快，以景说事、以景传情、贴近生活、娓娓道来，适合于各个阶层、各种类型、各个区域的人收视、收看。它的内容非常广泛，信息量又非常巨大，给人的帮助也很实在，真可谓各取所需。欲出游的，可以从中找到一个理想的游玩去处；欲省钱的，可以进行从容的比较……当然，穷则思变的有心者也可能从相关的信息中提炼出解除困境的良方来。一个看似不经意的小报道，能让一个村、一个乡活起来。四川就有这样一个县，是个总也找不到出路的豇豆生产基地，终于在旅游业的引导下走出了困境。2006 年 2 月 6 日《中国旅游报》第一版所报道的“从山区穷村到旅游富村”，说的就是这样的典型事例。总之，旅游新闻能够从心态上、心理上、信息上、效果上给人安慰、舒缓、希望和收获，因此，有助于社会的稳定和和谐社会的营造。

思考题

1. 你认可旅游能提高和改善人民生活质量的观点吗？为什么？
2. 请你举例说明旅游和经济发展的关系问题。

第三节　旅游新闻的受众群体分析

一、旅游新闻的目标受众

这是一个试图让我们日后的报道更有效的关键问题，只有知道了服务对象需要什么，我们才能“投其所好”。要解决的关键问题是：谁对旅游新闻感兴趣？感兴趣的具体内容和要求是什么？

关于旅游新闻的受众群体，我们可以从中国最权威的旅游类报刊《中国旅游报》的栏目设置和内容安排以及中国旅游网的窗口设置来了解。大致上有下面几类：一是政府决策部门；二是行业管理部门；三是旅游企业；四是旅游活动的参与者。针对政府决策部门，我们要做好下情上达的报道，要客观、真实、准确地把下面

的具体状况和问题反映在我们的版面上，便于政府决策部门准确把握行业发展现状和相关问题，便于制定针对性强的政策。针对国家旅游管理部门，我们关注和重视的应该是如何准确地解读相关的指导性政策和精神，并实事求是地反映行业问题和不足，承上启下，协调左右，努力营造旅游行业和谐健康发展的氛围。针对旅游行业的新闻报道，我们更要做好蕴涵在客观报道中的政策性导向和正确引导，以小见大，以点带面，指导旅游行业向正确的、规范的方向健康发展。针对不同类型的旅游爱好者，我们将提供各种不同的服务性新闻信息。只有了解了诸如此类的不同目标受众，我们才能做出有针对性、可读性强、受广大受众欢迎、并具有一定生命力的好新闻来。

仔细浏览一下中国旅游报的网络版还可以发现，根据目前网页上的窗口栏目，目前旅游新闻的目标受众是比较清晰的。我们可以从中看到，内容有涉及国家旅游管理部门的政策法规、国家旅游政策的昭彰、国家旅游行业的总体动态、区域性的旅游活动，还有旅游景点推荐介绍、旅游教育、旅游人才培养、旅游业发展的学术探讨等近20多个栏目。这些内容的设置和安排都是为了满足不同受众的需求。由此，我们可以初步得出这样的结论：旅游新闻的受众是广泛而普遍的，层次是重叠和繁复的，从国家主管部门的政府官员、行业人士到各行各业的旅游爱好者（这是一个范围极广的群体概念——他或她可能既是国家旅游主管部门的管理者又是旅游爱好者、既是政府官员又同时是旅游爱好者，既是旅游业从业人员又是旅游爱好者，当然更多的是其他行业的旅游爱好者）他们关心的信息各不相同，有的关心政策，有的关心行业动态，有的关心旅游线路的合理性，有的关心旅游产品的性价比，有的则关心某个方面问题的阐述和讨论。但是，这些受众总体关注的指向性都是十分明确的。

由此可见，若干时间后，中国旅游行业的媒体一定会赢得广阔的市场份额。

二、旅游、旅游新闻的现状分析

中国旅游报社社长陈志学在2005年初夏向笔者谈到，中国旅游报目前的报道内容和形式都有很多有待于改进的地方。这个主要是从旅游业目前的发展和现状提出来的。中国旅游业的发展突飞猛进，但是旅游市场的成熟度和人们对旅游的理念、理解和认识都和国际有较大的差距，在旅游业的发展过程中还有很多问题需要廓清并逐步地加以解决。作为旅游界的一张权威报刊，其责任的重大是不言而喻的！因此，中国旅游报社在2006年的开年之际，提出了鲜明的报纸整改方向——“按旅游要素规划报纸，以市场卖点设计版面”。所以，如何把我们的旅游新闻做好，把我们导向性如此强的信息载体建设好，的确是一个很重要的问题，也是一个意义非同一般的问题。不管从旅游专业人士来说还是从旅游新闻从业人员来说，我们都应该肩负起这个责任和使命。

思考题

1. 学了本章节以后，你对旅游新闻的地位和作用有一个什么样的认识？为什么？

2. 你看《中国旅游报》等专业旅游媒体的报道吗？谈谈自己对旅游新闻的看法、想法。

第四节　旅游和旅游新闻的市场前景分析

关于旅游市场的现状，前面章节已有很多叙述，本节主要立足在宾馆、饭店、主题公园等旅游行业自办媒体的现状来谈旅游新闻和旅游市场的前景。

一、旅游市场现状分析和旅游市场前景展望

旅游于我国其他行业来说，是一个相对年轻的行业，处于发展潜力无限的“少年期”，其前景无可估量，有专家称之为“朝阳”产业。但是，伴随着旅游业的发展，各种问题也显现出来。如人和自然的关系，人和环境的关系，人和人之间的关系，景点和景点之间的关系，旅游发展和环境保护的问题，旅游业发展的正确方法和途径，诚信和旅游业发展，游客心理和旅游服务等，旅游业的健康发展需要解决的问题。客观地说，旅游业的确是一个前景无限的朝阳产业，但它也确实是一把双刃剑，如果不处理好一些关系，一味追求经济效益而不考虑其他，后患是无穷的。因此，旅游市场的健康发展与否取决于经营者的经营理念和经营方式。

例如：主题公园是我国旅游业不断发展中呈现出来的一种新模式。有专家预测：“曾经是科技改变世界，现在或者将来的时代则是娱乐改变世界。世界进入了娱乐新经济，娱乐文化将产生巨大力量。曾有人打了个比喻：‘米老鼠打一个喷嚏，全世界的孩子都会为它买感冒药。’”“进入娱乐经济时代，文化力启动经济力，生产力也许变为娱乐力。”（深圳华侨城欢乐谷旅游公司主办的《欢乐之声》2005年12月19日105—106期第2—3版）不管目前的真实情状是否如此，有一点是不可否认的，各种文化搭台、经济唱戏的旅游活动是越来越多，与之相关的会展也越来越多，几乎所有的博览会都是和民族文化、地域经济紧密联系在一起，以旅游节或娱乐活动的形式出现。如《杭州日报》2006年2月9日第一版在显著位置刊登了这样的消息——《带你抢先品尝茶的盛宴——2006年茶文化博览会4月举行》。从这个意义上来说，我们称之为“娱乐经济”还是事出有因的。因此，“当旅游经济成为主流时，娱乐文化就成了先导，创造娱乐力便成为一种时髦而深刻的学问。”主题公园的灵魂是在定位、理念、项目设置、环境设计等方面的正确立意及实现方式。更重要的是，在整个实现的过程中不断总结、不断推陈出新和不断超越，涉及理念完善、项目设置科学和游客心理满意度的调整、修改，这是个系统工程，它需要一个平台来磨

合。公园管理层的理念、认识、意图、设想和措施都必须通过各个岗位上的员工的认同和努力来实现。

主题公园这种现代旅游模式有成功的，也有失败的；有搞得好的，也有搞的差的。海南的民俗村主题公园就是一个败笔。走进民俗村，映入眼帘的硬件还是相当不错的，有充满地域民族风情的大寨门，特色鲜明的建筑群，色彩斑斓、很有个性的民族图腾，清山秀水间的曲折回廊，但是软件之差也着实让人遗憾，文化底蕴缺乏、经营手段不仅落后而且无礼无序，强买强卖那些既无特色又无意义的旅游纪念品，给人留下的印象是唯恐“避之不及”。针对这些问题，精明和有远见的经营者就试图通过办企业报，用一种正确的理念和清晰的思路来实现这种上下的统一、公园和旅客之间的默契，从而达到整个主题公园运作的和谐有效，获得旅游企业理想运作的诉求目标。

深圳华侨城欢乐谷公园，是一个典型的、运作颇为成功的主题公园，它的这份企业报纸体现了这家娱乐企业的经营目标、企业理念的阐述、实现途径的诠释、交流互动的汇集。我们以 2005 年 12 月 19 日，深圳华侨城欢乐谷旅游公司的内部报刊——《欢乐之声》做范本，来了解和理解我们所认定的观念。

12 月 19 日《欢乐之声》第一版的报眼部分，用大号的空心隶体字阐述了公司的文化理念，也即公司的经营理念——有梦想不要放弃；圆美梦分享欢乐；立壮志创新未来。我们再从四个版面的具体内容来看：第一版，鲜明而直截了当地宣布了欢乐谷 2005 年将要举办的第五届流行音乐节的强大阵容——绝对原创的 2000 年 CCTV. MTV“年度最佳乐队”、2004 年 Music Radio 中国 TOP 排行榜“内地最受欢迎乐队”、2005 年度中国歌曲排行榜最受欢迎乐队的“花儿乐队”；绝对摇滚的来自中国香港、新加坡、马来西亚等地最受内地欢迎，获中国香港、新加坡、马来西亚颇多奖项的新人歌手组成的“动力火车”；素有“情歌教父”之称，2003 年就与周杰伦、陶喆、阿杜并称华语乐坛“四大金刚”、“四大怪杰”，2004 年新加坡 YES933 醉心金曲奖为年度 IFPI 全年销量冠军的绝对经典/周传雄，整个版面非常活泼热闹，图文并茂，色彩绚烂，视觉冲击力非常强；第二版和第三版打通，做成了一个别具一格的版式，上半版，主要刊登了来自工程部、消防中心等部门考察香港迪斯尼以后，从软硬件两方面进行了对比、反观、思索和考虑以后，提出的很多很有价值的建议，并配了编者按；中间用一组内容非常丰富的香港迪斯尼主题公园的活动画面和上半版的文章相互辉映，下半版内容也随之加强，围绕着如何强化和突出深圳欢乐谷的文化理念和经营理念以及员工在各个岗位应该注意的细节，为实现公司的文化理念和经营理念而要不断努力的方面。第四版，则是对未来娱乐业新生力量的培养和期待，“校园魔术——期待与关注的新生力量”；“祝生日快乐，祝身体健康”、“开心不断，欢乐无限”、“员工健康是企业最大的财富”，典型的对员工人文关怀的公关之作！还有园区建设中要特别注意的“对火灾隐患绝不姑息”。经营者的理念、公园追求的服务目标、员工应该坚持的方向,在这里有机地结合在一起。在那里实习长达一年的同学也深有体会:欢乐谷的企业文化让我们有了在这里艰苦奋斗的信心和力量。

由此可见,旅游业的发展领域越来越宽泛,旅游方式也越来越变幻莫测,旅游业碰到的问题更是无可穷尽,要关注和探究的问题既宽泛又深刻,这些问题如果都被像别的学科一样,走绝对化的学院研究路子,那么旅游业发展遇到的障碍就太大了,于旅游业的健康发展是不利的。对于这些问题,作为专业的旅游媒体可以及时地、深入地、广泛地、权威地给予必要的指导和引导。因此,旅游新闻要关注的问题不会穷尽,留给它的社会责任也是非常重大的。

二、旅游新闻从业人员现状分析

从现有媒体的旅游线专职记者结构来看,有如下几个特点:

首先,学历一般都在大专以上。

其次,专业多为大学新闻专业毕业或是相关相近的中文专业、历史专业。

第三,固定为旅游线的新闻工作者不多,杭城几家媒体的旅游记者都处在经常不断的变化中,旅游线记者更换频繁。

第四,新闻素养总体是比较好的,但对旅游行业的专业知识了解较欠缺,某些报道缺乏深度、力度,舆论导向性和行业指导性都有很大的不足。

最后,旅游业产生和发展历史较短,媒体关注度不高,作为一个旅游素养较全的专职记者所应具备的独特视角也明显不够。

关于旅游记者所需的素质我们在后面的章节中会有专门的讨论。

高水平、可读性强、愉悦读者的旅游好新闻缺乏。旅游资深记者太少,能写大稿和重稿的旅游记者更少!能配合旅游业的特殊需求,帮助旅游企业运筹帷幄(策划、运作),提供游客更满意的旅游产品,包括高水平旅游新闻作品的记者更是少之又少!

三、着力彰显旅游新闻的文化功能

由于旅游自身所具有的文化色彩非常丰富,因此旅游新闻学的文化功能也是显而易见的。所谓旅游新闻学的文化功能,实际上指的就是利用新闻的传播手段来为旅游的文化内涵服务。一方面它可以彰显和提升旅游的文化内涵,另一方面,它又可以帮助旅游业或旅游这门学科来加载甚至于创造某些具有文化价值的东西。这方面的问题牵涉的范围很广,内容也很丰富。为了帮助大家在短时间里理解什么是旅游新闻学的文化功能,我们可以通过选读一些旅游新闻作品来加深理解。这些作品可以让我们看到作为一名旅游新闻工作者深厚的文化底蕴和艺术修养,字里行间投射出的文化张力让我们五体投地,也为我们如何做好一名旅游新闻记者作出了回答。

“旅游业发展的美好前景和旅游新闻发展的前景之美好”，这个观点已有太多的阐述，中国旅游业的发展前景无限美好，广阔而充满生机的旅游市场将会产生无穷的旅游新闻，很多问题需要旅游新闻记者来关心、关注、关怀、指导、引导，引起社会、政府、职能部门和相关企业甚至是参与者来共同解决，解决的方法也就在我们轻松而享受的范文阅读中得到了启示。

思考题

1. 谈谈你对旅游业发展前景的认识以及你对旅游新闻前景的看法。

2. 你对旅游新闻的文化张力是怎么看的？你在采写旅游新闻的时候会怎样处理这个问题？

第五节　旅游新闻学的提出

一、旅游新闻学的产生

“社会存在决定社会意识”，旅游业的迅猛发展和对国家 GDP 产生的支柱作用，使旅游新闻的产生获得了良好的基础。

前面我们曾提到过，海南省目前的旅游形势发展得非常好，特别是在寒冷的冬季，更是游人如织。但是，对环境的破坏也相当严重。至少从面上我们很难感觉到当地政府和景区政府以及旅游业本身对环境问题的重视。否则，我们不会在一个面积可观的旅游景点找不到一个垃圾桶，也不会随处可见漫天飞舞的黑色塑料袋和令人作呕的腐烂垃圾。还有更触目惊心的，在海南热带植物园里面的核心景区里，居然耸立着一个吐着滚滚浓烟的大烟囱！生产基地边上的椰子树明显有了焦黄的趋势。旅游促进和带动经济发展的同时，人们应该如何来关注期间发生的矛盾，又怎样来处理这些矛盾，旅游新闻记者可以用独特的视角来主动关心这些看似和旅游无关的深层社会问题。这就是设立旅游新闻和旅游新闻记者产生的社会背景和客观条件。当然，这是一件说说容易做做难的事情。

法新社一驻华盛顿记者于 2006 年 1 月 12 日新年伊始之际，撰写了《中国寻找发展与环保平衡点》文章，报道了中国的环境污染问题使“周边国家感到不安”。新加坡《海峡时报》1 月 11 日也撰写《中国经济奇迹的消极面》评论文章，认为：“经济高速增长对环境的影响可能会阻碍中国经济的发展。”文章还援引了世界银行的观点：“由于农业和渔业遭受损失、工厂关门以及医疗费用增加，环境恶化和污染给中国经济造成的损失每年都达到国内生产总值的 8% 到 12%。”而环保组织太平洋环境与资源中心负责人戴威格登指出：“（环境污染将会导致）生活质量下降，预期寿命缩短,公共卫生问题增加,社会变得更加不安定。中国的污染可能产生更大的国际影响。”日本的《朝日新闻》、俄罗斯的《真理报》、美国的《华盛顿邮报》都纷纷发表文章,就松花江下游污染之后,广东省的北江又发生的镉污染发表各自的看法,并提出了批评。然而,对于这一切,国内很多人是并不清楚或并不留意的,而作为旅游新闻工作者,却可以充分利用自身的优势,把这些看似区域性的、局部的问题提到一个应有的高度和深度,提请当地政府、决策部门以及行政管理部门、相关企业的决策管理层加以重视,使我们的旅游业与自然和谐相处,与环境和谐相处,以求健康稳定地向前发展。当然,这仅仅只是旅游业崛起和发展过程中比较有代表性的一个问题,还有诸如诚信体系建立与旅游业健康发展、人文精神与旅游品质、旅游产品与经济效益等问题,都需要政府和管理部门的正确引导和指导。媒体的宣传和鸣锣开道也是不能小视的。深圳华侨城欢乐谷娱乐公司的负责人很看重浙江旅游职业学院的学生,他认为这些学生有很好的文化素养和创造精神,能为该公司的企业文化建言献策。如果,这些实习学生再具有《欢乐之声》需要的策划、撰写、出版企业报能力的话,他们会更受企业的欢迎。这说明旅游企业对具有旅游专业知识新闻工作者的需求。

在此背景下,顺势建立旅游新闻专业人才的培养体系,积极构建旅游新闻学也就呈水到渠成之势了。

二、经济发展和社会进步形成旅游市场的无限潜力

可喜的是,经济的飞速发展和旅游经济的支柱作用,使人们对旅游经济的作用和旅游事业的认识有了很大的提高,从政府到百姓都给予了很大的认可和热情的参与,使我国服务业的发展获得了一个极好的机遇。目前,国际上普遍认为“中国服务业发展潜力巨大”(英国《经济学家》2006 年 1 月 12 日“你得到服务了吗?”),虽然我国的服务业与以前相比进步了很多,特别是旅游业,但是潜力还是很大。“中国服务业占 GDP 的 41%,仍然低于发达国家的 60% ~75%,甚至低于印度的 52%。”(英国《经济学家》2006 年 1 月 12 日“你得到服务了吗?”)这一数据,更让我们对我国的服务业,服务业中的旅游业发展充满信心。

如今,不管是东南沿海的发达地区还是贫瘠落后的西北偏远地区,人们都在努力挖掘自己有限的旅游资源。每一个地区都在利用局域内现成、独特的资源开辟旅游市场。如荒凉的大西北,绵延数千公里的荒漠死海,被冠以“探险游”;缺乏生机的寂寥古村落,添加些许文化内涵便也成了“古宅遗风”的别致景点,其目的只有一个——就是尽力从祖辈的遗产中挖掘出具有旅游价值的“历史文物”,充分发挥家底优势,使之成为旅游胜地。江南××镇、××古村落、××古洞、××廊桥等,都是如此。此起彼伏的梁祝遗址之争、遍地开花的古瓷官窑遗址,都说明旅游经济促使各地对旅游资源的重视和开发,也预示着旅游业璀璨的未来。更重要的是,很

多旅游景点的建设和开发、扬名，还需媒体的大力介入，这也向我们昭示了旅游新闻学也将拥有一个璀璨的未来。

三、《旅游新闻学》的出现实为历史之使命

对这些风起云涌的旅游名胜的开发还仅仅是浅表层的，发掘的同时，还需要科学的保护，突出和提升民族文化、历史底蕴等深层次的内涵，不断推出新的景点。与此同时，和国际化接轨的更多课题要在挖掘和发展中及时剖析、完善、融合，并逐渐形成民族品牌。这给了旅游新闻提供了很多“报道线索”，这就是旅游新闻应时而生、应时而兴的根本原因。

现代社会是一个信息社会，高科技的物质基础和物质条件，使人们的生活方式和生活习惯发生了根本的变化。通信已不再依靠20世纪中期的书信传递，也不再像20世纪后期的电话联系，21世纪的通信普遍被高科技的短信、网络所替代。社会竞争的激烈和生存压力的增大，使得人们的生活节奏和生活态度也起了很大的变化，潜心做学问、十年磨一剑的精工细做都很少见。同样，人们在追求经济效益的同时，对环境的保护、道德的建设、社会的责任似乎较少关心。因此，作为现代服务业、国家经济建设中的重要支柱产业——旅游业发展过程中的诸多问题谁来关注？谁来牵头？谁来协调？谁来解决？凡此种种，媒体责无旁贷。我们从《中国旅游报》的“旅游为社会主义新农村作贡献”通栏标题下、几篇文章全部都是有关建设社会主义新农村的具体报道中可见，该报在为实现党的十六大、十六届三中、四中、五中全会提出建设社会主义小康社会、和谐社会尽自己的努力，中国的旅游业也在努力地为社会主义新农村的发展建设作出自己的贡献，这就是新兴的旅游新闻所应承担的历史使命！

而这些文章怎么做，怎么做好，又是另外一个问题，一个更重要、更关键的问题。

《南方日报》“创新特刊”的探索与实践应该对我们有很大的启发——“为自主创新助推”。自主创新是党中央倡导科学发展观中要落实的一项重要任务，是中国社会发展进入转型与跨越新阶段的关键举措。“发展脚步慢了吗？什么卡住了脖子？体制还有活力吗？开放还有魅力吗？与港澳合作前景如何？泛珠合作期待什么？产业还有优势吗？科技创新能力够不够，环境变坏了吗？真的没文化吗？”（《中国记者》2006年第一期第9页本刊记者《为自主创新助推》）《南方日报》作为党报，用一连串的叩问开始了2006年的工作，通过学习广东省委、省政府的三个纲领性文件精神，按照省委“建设‘创新型广东’的战略构想和宏伟蓝图”，精心策划并于2005年11月18日隆重推出了“创新广东”特刊，取得了“据统计，特刊热卖带动报纸当日发行量上升20%。”用辉煌的业绩表达了对脚下一片热土的关爱、理解、信任和责任。

思考题

1.《旅游新闻学》产生的基础条件是什么？旅游新闻和旅游市场的关系是什么？

2.《旅游新闻学》承担的责任和义务有哪些？如果你真的成为一名专职旅游记者,你准备怎么做？

3.旅游和旅游新闻、旅游新闻和创新助推的关系如何？你认为旅游新闻可以有一些什么样的作用？

第六章

“传统”新闻和旅游新闻的异同及关系

设立本章，主要是为了帮助旅游专业学生弄清学习新闻时容易搞混的一些基本问题。如：新闻理论中的基本概念、新闻真实性、新闻时效性、新闻指导性原则。旅游新闻里面的很多新闻虽然是真实的，但却是人们先于新闻事件策划好的，这样的新闻能算符合新闻真实性原则吗？这样的新闻还具有指导性吗？我们将在本章里对这些相关又相异的问题做些说明。

第一节　重提“传统”新闻的概念

“新闻是新近发生的事实的报道”是广大百姓普遍认可和接受的“传统”新闻之概念。之所以要在此特别提出来，实为区别于我们将要重点学习的“旅游新闻”，和我们前面章节里学到的概念没有任何内涵上的修改。

一、为什么要提出“传统”新闻之概念？

提出“传统”新闻之概念，是为了让同学们在学习旅游新闻学时，牢记旅游新闻是有其特殊性和特点的。

选学了这门课程，不管我们今后是否全身心地投入其中，都会涉及这些知识，都会多少用到它，目前全国各家大的旅游企业都有自己的企业报。在前面的章节里，我们已经比较详细地介绍过深圳华侨城欢乐谷旅游集团主办的《欢乐之声》。因此，我们希望选修这门课的同学能有一个比较扎实的理论基础。

二、提出“传统”新闻之概念的意义

提出“传统”新闻之概念，是为了让我们的同学了解“传统”新闻之概念对于我们今后的实际操作有很大的意义。同学们可以在“传统”新闻的大框架下准确地把握旅游新闻的策划、写作，这样既可以使我们采写的旅游新闻既有传统新闻本质要素，又能够符合旅游新闻的灵活、生动、娱乐、服务等特点要求，写出广大旅游爱好者喜爱的好作品来。

第二节 旅游新闻学的定义及特征

由于时代的发展和需要,旅游与新闻这两门学科的内涵与外延都有了很大程度上的扩展,它们之间不可避免地发生了交叉融合的现象,因而产生了一个新的空间领域。这是一个自然的过程,并非人为的创造。所以我们说旅游新闻学是应运而生的时代产物,我们今天所做的仅仅是催生工作,帮助这门新兴学科早日诞生。

但是,当我们将它作为一门处于交叉边缘、却正在走向独立的学科来研究和对待的时候,还需要给出一个准确而清晰的定义,以告诉广大百姓,随着经济的发展,社会的进步,人们需求的变化,旅游新闻将会以崭新的面孔和大家见面。

一、旅游新闻学的定义

旅游新闻学是一门从属于新闻学范畴、服务于旅游业范围的专业领域内的新闻传播学。

关于旅游新闻学的定义,由于学术界对于什么是新闻学还有争议,各种各样的说法莫衷一是,因而现在来给旅游新闻学下明确的定义似乎还为时过早,我们可能还需要有一个论证和探讨的过程。但是,鉴于新闻学所具有的新闻传播的功能,它可以作为一个载体来承担旅游事业所需要的向外界作宣示、转述和表达的任务。因此,从这个意义上来说,我们基本认定:旅游新闻学是一门从属于新闻学范畴、服务于旅游业范围的专业领域内的新闻传播学。

其实,到了21世纪的今天,人们对旅游已不再陌生,旅游也不再是先富起来的人和具有公费旅游条件者的专利,旅游已成了人们生活中的一个基本项目。正像国家新闻出版署党组成员、副署长柳斌杰在2005年11月12日传媒大学党报论坛第二届年会上所指出的:“我们面对的是一个正在到来的信息社会,信息社会的特点之一,就是信息成了重要资本,由此带来一个富有活力和创造精神的时代。”(《中国记者》2006年第1期第4页《党报的主体地位和主流作用》)面对庞大的旅游群体,如何提供最切合他们需求的信息,他们喜闻乐见的信息,这就是我们要面对的实际!“在这样的情况下,我们可以预见到新的传播途径、样式和方法在不断产生出来……”(《中国记者》2006年第1期第4页《党报的主体地位和主流作用》)正是基于这样的社会大环境和需求市场,我们大胆地抓住了这个千载难逢的好机会,斗胆提出一个崭新的名词——旅游新闻学。(虽然“旅游新闻学”目前提得有些仓促,但是它的前景和方向还是好的、对的。因此,我们还是把它提出来,作为不断实践、不断探索、不断完善和不断提炼的创造过程。)实际上,现在很多未被学界广泛认可的新新闻媒介还是在实践中崭露头角——“哪儿地震了,哪儿煤矿爆炸了,首先出来的是手机短信。”(《中国记者》2006年第1期第4页《党报的主体地位和主流作用》)"中国的几亿手机,现在是人们获取信息的重要来源。"(《中国记者》2006 年第 1 期第 4 页《党报的主体地位和主流作用》)不管你认不认可,专家们是认可了,老百姓认可了,并把它称之为:新闻发展的第六阶段"现在有了互联网,同时也开始了数字化的传播,比如说网上新闻、手机短信。"(《中国记者》2006 年第 1 期第 4 页《党报的主体地位和主流作用》)

二、旅游新闻学的特征

说到旅游新闻学的特征,这个问题比较简单,我们可以结合在报刊上登载过的新闻稿件来讲述,有两篇调查报告很容易说明这个问题。我们选刊登在 2004 年 12 月 24 日《中国旅游报》(文潇作)的《一场"绿色"的风波》以及后续的《浙江省饭店"创绿"经受洗礼》两篇深度报道,让同学们通过认真研读,自己来领会和理解什么是旅游新闻学的特征,它不同于传统新闻学的地方在哪里。

三、旅游新闻学的基本内容

我们知道,"传统"新闻学的研究对象包括三大部分:新闻理论、新闻业务、新闻史和新闻实践。从理论上说,旅游新闻学相对于"传统"新闻学,也应该不外乎这几个方面:旅游新闻理论、旅游新闻业务和旅游新闻史。但是从实践来说,还是有比较大的距离的。

(一)旅游新闻学的框架原则

"传统"新闻学是一个历史悠久、体系完善、学科健全、经过实践检验的学科,而旅游新闻学仅仅还是设想和尝试,虽然有章可循("传统"新闻学的关照),但是要解决的问题太多,要验证和完善的地方也太多。好在我们有马克思主义的唯物论和辩证法作指导,有那么多现成的经验可借鉴,又处于一个改革创新的时代,只要我们敢于实践,勇于探索,善于总结提炼,在遵循新闻规律性大框架的前提和范围内,应该是可以有所获的。

(二)"旅游新闻学"的继承和发展

继承"传统"新闻学的精髓,结合旅游新闻产生发展的实际的原则,在此斗胆提出如下观点。

"传统"新闻学的概念是:"行使培养具有良好职业道德和敬业精神的从业者新闻记者;规范新闻行业必须遵循的职业操守和遵守的客观规律职能的学科"。我们根据这一定义的内涵,结合旅游新闻学所要面对和解决的问题,我们把它定义为:"行使培养具有良好旅游职业道德和敬业精神的行业新闻记者;规范旅游新闻行业必须遵循的职业操守和遵守的客观规律职能的学科。"

它的具体含义是:

(1)旅游新闻学,首先是"培养具有良好旅游职业道德和敬业精神的行业新闻记者”;这些记者首先应该具有“良好的旅游职业道德”,即新闻行业和旅游行业的规范和职业操守;其次是,应该培养具有良好的“敬业精神”的职业(旅游新闻)记者。

(2)旅游新闻学,必须“规范旅游新闻行业必须遵循的职业操守”,如保证新闻的真实性品质,旅游记者的诚信处事、社会责任、维护国家和人民的基本利益等,遵守旅游新闻学的客观规律,旅游新闻还有和传统新闻不一样的地方,具有灵活性、策划性和创造性。而传统新闻是万万不可的,但即便是这样,旅游新闻还是要遵守旅游新闻自身的客观规律,从新闻的社会责任和维护国家和人民的基本利益出发,忠实地完成自己的任务。

(三)旅游新闻学与“传统”新闻学之间的关系

关于旅游新闻学与“传统”新闻学之间的关系,我们认为两者之间是一种衍生与传承的关系,旅游新闻学是在传统新闻学的基础上发展起来的,旅游新闻学并不是一门完全独立于新闻学之外的学科,它不能脱离“传统”新闻学这个主体形态而单独成立,两者之间还有一种从属的关系。严格说来,旅游新闻学应该是新闻学的一个支系,它是诞生于新闻学和旅游学之间的边缘学科。它之所以会从传统新闻学中脱颖而出,受到分门别类的对待,完全是因为旅游事业以及旅游这门学科所具备的特殊性。

所以,我们说,旅游新闻学依赖于“传统”新闻学,是一种衍生和传承的关系。

四、提出“旅游新闻学”概念的意义

(一)“旅游新闻学”概念的提出,有利于我们架构这门课程的知识体系

俗话说:“凡事预则立,不预则废。”提出和确立“旅游新闻学”概念,便于我们自身的学习、研究能在一个清晰的框架下进行,也便于我们在一个基点上来探讨和推敲,更便于我们陈述、讲解我们认可的观点和态度。

(二)“旅游新闻学”概念的提出,有利于我们为日后能形成公认的学科做铺垫

作为“旅游新闻学”的提出者,我们有责任让自己认定的观点和研究结果正确、有用、能推广,真正为我们的社会进步、经济发展、人们生活水平提高和生活质量改善服务。要完成这样一个光荣而艰巨的任务要付出极大的代价,明确方向、忠于职守,脚踏实地、勤奋耕耘,为使“旅游新闻学”早日成为人们公认的“行使培养具有良好旅游职业道德和敬业精神的行业新闻记者;规范旅游新闻行业必须遵循的职业操守和遵守的客观规律职能的学科”而努力。

思考题

1. 旅游新闻学的定义是什么? 它的特征是什么?
2. 旅游新闻学关注的内容多为哪方面? 为什么?

第三节 “传统”新闻学的作用及日益彰显的社会地位

当今的社会已然一个信息社会,社会发展和人类生活对信息的需求和依赖已到了无以复加的程度和地步,广告业的迅猛发展和经久不衰,足以说明信息对于人类社会生存发展的作用和地位。而新闻在其中的作用也是不言而喻的。

一、“传统”新闻学的社会作用

(一)新闻是社会存在的客观反映

我们在“传统”新闻学发展的历史轨迹中已了解到,新闻从产生的那一天起,就始终和当时的生产、社会、自然、政治、经济、文化等紧紧联系在一起,几乎是以一种同步的姿态存在。从古代诏书所载“(秦王政)二十六年,皇帝尽并兼天下诸侯,黔首大安,立号为皇帝。乃诏丞相状、绾,法度量则不一,嫌疑者,皆明一之”,到今天的“总理为民工讨要工钱”的新闻;从战争年代的“人民解放军过长江”战事新闻到和平年代的经济建设、文化建设、构建和谐社会的百姓新闻,无一不是说明新闻是依社会的存在而存在,伴随着社会的发展而发展的。新闻是社会存在的客观反映。

(二)新闻已成为人们生活中不可或缺的必需品

不管是高官还是平民,不管是高学历还是低文化,人们几乎每天一早关心的就是周围发生了什么事。这个“事”,就是百姓们“欲知而无法知道的”新闻!种地的老农,很想知道今天的天气会不会下雨;股民很想知道今天的行情怎么样;爱美的女士很想知道哪个商店有时尚且打折的商品;政府的某一项政策的下达,可能会让市民们的购房获得政策优惠等。由此可见,新闻与人们的生活联系得多么紧密。

有知情者说:省长、省委书记到办公室的第一件事,一定是先浏览本省的党报,然后是看简报。各厅局长除了看本地的党报以外,还要浏览一下相关的行业报和内部资料。在伟人们的传记里,我们也能常读到这样的情节。再环顾一下周围,我们就能发现一个很有趣的现象,某些公交站台上,几乎人人都拿着一份报纸;等候在招工点上的民工们,也手捧着报纸寻找他们需要的各种信息。没有文化的以看电视、听广播来了解周围发生的新闻;文化程度高的、接受信息快的则上网浏览各种自己需要的信息。各个单位也高度重视媒体的作用,很在意媒体对自己单位的报道宣传,这些都说明当今信息社会中,“新闻”已成为人们生存过程中不可或缺的生活必需品。

(三)中国国情决定新闻本身所具有的特殊社会地位

1. 新闻工作要服从党的领导

这是中国共产党一以贯之的新闻政策。从中国新闻史中我们清楚地了解到:

任何执政党都对新闻事业进行直接管理,中国共产党也同样直接管理新闻宣传工作并高度重视新闻宣传工作;对新闻机构和新闻媒体的权限实行审批备案制度;并加强对党报和其他新闻宣传组织机构的领导。这些政策一直延续下来,也必将继续下去。

2. 新闻宣传必须服从并服务于党的路线方针和政策

党报是无产阶级及其政党的舆论工具,党报的新闻宣传必须服从党的路线、方针和政策并为其服务。这是无产阶级政党关于党报的基本观点,也是中国新闻的基本品质和应有的基本功能。

2006 年 1 月 3 日,中共中央总书记、国家主席、军委主席胡锦涛在视察《解放军报》时重新强调:“面对新世纪新阶段的新形势和新任务,要高举旗帜、听从指挥,坚持党性的鲜明原则,坚持正确的政治方向和舆论导向。”(《坚持党对新闻工作的原则方针》,《中国记者》2006 年第 2 期第 6 页)

3. 新闻的巨大影响力确立了自身的社会地位

在西方,新闻被称为独立于政权、议会、法律之外第四位的“无冕之王”位置上,总统都能因为媒体的弹劾灰溜溜地下台。在我国,也有这样的说法,“不怕上级批评处罚,就怕媒体发文曝光”。因此,尽管改革开放以后的新闻功能变得越来越多,越来越全,改革开放以后的人们对新闻的需求也变得越来越多,越来越杂,但是,我们依然要坚持“新闻宣传必须服从并服务于党的路线方针和政策”的党对新闻工作的原则方针,面对庞大的新闻信息索求群体构成的庞大的信息需求接受方,要把这样的新闻信息供求关系和新闻应在社会中发挥的作用处理得越来越好,以使“新世纪新阶段的”新闻社会地位越来越高。

用我们身边的事例来理解这个问题会更容易些,学生们搞活动,很希望学校的报纸、网站等校园主流媒体给以报道;各个高校在创建优秀高校时,也非常希望社会的媒体来对此做些报道;我们的大教育也同样非常需要媒体来关注。因为,教育的发展需要全社会的理解、帮助和支持,全国各行各业红红火火的报业大发展和新兴媒介的大量涌现,充分证明了“新闻”的社会地位。所以,我们要经常和媒体沟通,请进来或主动登门拜访,希望媒体能多了解我们、报道我们,让社会更了解我们,让百姓更了解我们、信任我们、支持我们,使我们的学校有更好的发展机遇;使我们的学生有更好的发展平台。

二、新闻学学科的交叉、东西方文化的融合更彰显了“新闻”的社会地位

从我国新闻学的萌芽、创立、发展到今天,新闻学已经演变成“新闻传播学”,这是当前颇多“传统”新闻学者比较一致的说法,当然也有反对者。但是,有一点是不可否认的,20 世纪 80 年代改革开放的宽松环境使得很多新闻学界的学者渴望汲取

国际的、先进的、现代的知识和观点，而西方盛行的“新学说”、“新概念”自然也引起了众多国内学者的关注。“经济基础决定上层建筑”是颠扑不破的真理，新时期的新闻学科建设正处于世界科学技术革命的时代，新的形势要求新闻学的研究不能再停留在原来狭隘的天地里，学术研究本身必须站在一个高屋建瓴的新高度，由此“传播”的概念被广泛地运用到新闻学科中来，以致今天人们更多地看到“新闻传播学”这个新提法。中国新闻界的观念也发生了很大的变化。

(一)新闻界开始在传播学的理论框架下研究新闻学

社会的开放，思想的解放、东西方文化的交融，使“新闻学”原有的界限发生了质的的变化。新概念认为，新闻信息仅仅只是社会信息的一种。中国人民大学新闻研究所副所长、博士生导师陈力丹先生认为，对现代新闻意识的追求在三个问题上改变着传统新闻学：一是人们逐步学会站在世界的立场看待中国，夜郎自大的狭隘心态被打破，与世界的差距唤醒人们奋起直追积极建设的心态；二是学界逐步产生了对世界新闻学的认同感；三是随着学界的眼光从中国转向世界，在传统新闻学研究领域处于被动地位的受众逐步成为新闻学研究的主体，新闻活动中的人成为新闻学的主要研究对象。

(二)新闻学的研究方向有了重大突破

1.无产阶级新闻观受到了严重挑战

中国传统的新闻学研究同政治紧密相连。新闻学的核心内容就是政治观念第一，新闻事业的发展以政治力量为动力，传统新闻学被看做是与政治伦理的是非得失直接相关的一部分，新闻学批评本身就是一种政治审判和裁决。而“新观念”则试图摆脱这种传统模式，学界不再把新闻局限在“报纸的性质、任务、作用之类的命题”。(见芮必峰《简明中外新闻史》，第247页)不少我国新闻界从未使用过的新概念“受众、信息、传播者、把关人、新闻传播、大众传播、传媒”等新名词大量出现在研究领域，传播学专著和《传媒》杂志也应运而生，新闻学的研究方向有了重大突破。以往占据国内学术界重要地位的“五性一党”的传统“新闻学”理论也受到了严重挑战。

2.新闻学研究引入了西方理论

1956年在美国出版的《报业的四种理论》一书，从对社会所有制的观察出发，将有史以来的人类社会的新闻体制分成四种形态：封建主义的集权论、资本主义的自由论、现代资本主义的社会责任论以及苏联共产主义的方式，而实际上我国在新闻学研究的某些领域仍然沿用最后一种理论。

(三)新闻学和社会学、心理学、经济学、文学、历史学等几乎所有的学科越来越紧密地联系在一起

实际上，我们只要留意观察一下，媒体上常出现的新闻已完全不是单一的、大众化的或放之四海而皆准的“指导”、“教育”内容，而是类别繁多、领域广阔、涉及面广，凡是人们生活、工作、学习、健康、投资、购物等方面的问题，都成了当今“新闻”所要关注的，涉及的学科知识几乎涵盖了目前说得出来的所有学科——政治、经济、文化、历史、科学技术、生理、心理、社会等无所不包。新闻记者也不再是笼统的记者，而要细分成很多条线：文教记者、体育记者、医疗卫生记者、娱乐记者、经济记者等。今天，我们之所以能开设旅游新闻学这门课程，也正是这种扩张了的“新闻”内涵彰显出来的社会作用所致。

三、“传统”新闻理论的百花齐放

（一）“传统”新闻理论新问题的不断出现

新闻界专家宁树藩说：“大约在上世纪 80 年代初，我在考虑改进新闻科研时，发觉问题不少。其中最突出的问题是各门学科各自为战，做封闭式的研究，应当改一改才好。”（桑义辚：《新闻报道学》，浙江大学出版社 2004 年 11 月版，《序》）宁教授的这段话，既反映出当前新闻界的一种学术倾向，也反映出“传统”新闻界所面临的新问题，新观点也随之层出不穷。

（二）“传统”新闻理论新观点的不断提出

从对“传统”新闻的释义来看，我们就可以看到很多颇为值得研究和商榷的问题。如“新闻”到底该不该和传播结合起来？称之为“新闻传播学”的合理性程度有多少？又如“新闻”就是“传播”，“传播”就是“新闻”，甚至有人干脆把“传播”替代传统的“新闻”等。又如在“新闻”范畴里面的很多具体内容，新闻的“体裁”，新闻的“文体”，新闻文体中不断出现的“写作方法”等，都有很多新观点、新说法。

（三）“传统”新闻理论受到严重挑战

对此现象，有学者痛心疾首地称之为：“21 世纪伊始，许多人痛感新闻学危机。”（张威的《比较新闻学》南京日报出版社 2003 年 1 月第 1 版，第 3 页）面对于新闻学是什么，传播学是什么，它们之间有什么联系和区别一类的问题。有些学者甚至认为，在新媒体时代，当新闻变成传播之后，新闻便失去了它存在的理由。美国哥伦比亚大学新闻学院教授卡莱认为，美国新闻教育有很多可指责之处，其错误就在于将新闻视为传媒。他提出三个原则：一是新闻或新闻教育不能和广告、传媒或广播视为一体；二是作为一种独特的社会实践，新闻不能和媒体和传播混淆；三是新闻是民主的另一个名字——没有民主就没有新闻。

还有一大批中国学者试图重新讨论新闻学价值，清华大学的李希光教授呼吁人们要学习和研究新闻学的精髓——系统地收集分析和传播信息的能力，讲求新闻的真实性、公正性、全面性以及新闻的专业经验。他认为，由于新闻学和传播学的搅混，新闻学教育正在失去灵魂。

新闻学术理论的百花齐放，也同时使“传统”新闻理论受到了严峻的挑战。

四、"传统"新闻领域的总体变化

随着社会的发展和科技的进步,"传统"新闻学有了很多表象和实质的变化,表象是指新闻本身处于一个变化发展中的动态现象;实质是指新闻随着时代的变迁在观念、观点、定义等内涵上发生的本质变化。新闻学者们的理解和认识各不相同,又由于新闻本身与其他学科的交叉性,科学技术对新闻界的作用和影响,使"传统"新闻学的内容和表现形式越来越多样化。从新闻介质的不同,可以分为纸质新闻、电子新闻,电子新闻里面又可以细分出不同形式的新闻,如网络技术的出现,带来了全球性的网络新闻,手机的普及又派生出手机新闻;从新闻报道内容的不同,又繁衍出经济新闻、农业新闻、科技新闻、工业新闻、体育新闻、娱乐新闻等。这些新闻不仅在表现形式上各有特色,并且自成体系,自圆其说,因此新闻的样式是越来越多。但总体说,还是可以梳理出一个清晰的轮廓的。

"新闻"必须回归。提出这个观点,基于两方面的考虑:一是尽可能地清除不应有的政治影响,减少"……不讲求新闻规律粗暴干涉新闻界的长官意志和行为。"(见芮必峰《简明中外新闻史》,第248页)以新闻规律来维护自身的纯洁;二是新闻学界试图通过探索新闻规律为新闻学科建立核心概念,构建新闻学的学术框架。

(一)有关新闻定义的几个问题

1. 关于新闻

20多年来,我国新闻学研究开始百家争鸣、平等讨论,有关"新闻"的定义有几十种,但多数学者坚持继续用陆定一在1943年提出的"新闻是新近发生的事实的报道"的定义,认为该定义正确表达了辩证唯物主义的新闻本源观,揭示了新闻传播活动中的主客观关系,抓住了新闻共性,符合科学的规定性。

2. 关于新闻价值

开始从主观标准的测试转向将新闻价值看做是新闻事实的客观素质,提出:新闻价值是新闻事实满足社会需要的功能;其中涉及的宣传价值,也必须是主观意愿在适应客观社会发展规律的同时才具有的,也就是所谓的"新闻的双重价值"(但主张淡化新闻宣传功能的仍不乏其人)。

3. 关于"信息"概念的引入

1983年开始,"信息"概念被引入新闻界,导致媒介功能的重新定位,引起媒介的巨大变化。

首先,学术上出现了全国性的新闻与宣传两者关系的全国大讨论。有交叉论、包容论、等同论、并列论等几种说法,其中以交叉论为多。交叉论承认新闻与宣传是独立的社会现象,但两者相互交叉又互相渗透。新闻中既有受众所需要的信息,又包含着记者、编者的观点;既符合新闻规律,又符合宣传要求。

其次,在实践中,"信息"概念的引入引起了中国新闻界的巨大变化。破除了单一的党报观念,确立了国家和人民新闻事业的观念,明确社会主义新闻事业既是党和政府的喉舌,也是人民群众的喉舌;破除了新闻单一指导的观念,确立了指导就是服务的观念。由此,推动和发展了以党报和新华社为核心,各类报刊、广播、电视互相配合的多类型、多样式、多层次的社会主义新闻传播网络;把新闻的指导性和新闻的服务性、新闻的思想性和趣味性结合了起来。

4. 关于新闻事业

这是一个颇为复杂的认识问题,也是20多年以来一直在争辩的话题,至今仍没有一个统一的定义。一种观点是:在阶级社会中的新闻事业应是“阶级新闻舆论工具”;另一种观点是:阶级性不是新闻事业的主要属性,而社会性更突出新闻事业的广泛功能,因而认为“社会舆论工具”的表述更为准确。

(二)新闻“传播”功能的变化

对新闻的传播功能的认识,来自于改革开放后的变化,新闻的“传播”功能也日渐显现。

首先,改革开放后,新闻向广大受众提供新闻信息的功能大大增加。(中央电视台的栏目不断增加和信息容量不断扩大,典型地说明了新闻向广大受众提供新闻信息的功能大大增加。)

其次,整合新闻的宣传、教育、守望、服务等功能,服从、服务、促进国家建设和经济发展,和政府保持高度的一致。

第三,舆论监督功能大大加强。从中央电视台一套的“焦点访谈”到各地方台的“××关注”、“××纵横”等栏目,追踪重大新闻事件、关注社会热点话题、揭示典型问题的社会背景和深层原因,“用事实说话”,替天行道、保护人民,维护真理、伸张正义,施行舆论监督,为社会主义事业保驾护航。

(三)“受众”概念的提出和广泛运用

“受众”概念是应时代的发展变化而产生的。首先,单一的报纸读者变成了广播的收听者、电视的收看者、网络的互动者;其次,单向的受教育者变成了互动的接收者,可以接收也可以拒绝,新闻的“枪弹论”理论明显过时;再次,学术观点的更新,使“新闻”的功能本身起了变化,大众传播理论和“传统”新闻理论友好结合,作为大众传播学中的“受众”概念自然而然地被引入“传统”新闻理论。在大众传播学中,“受众”是指大众传播的信息接受者或传播对象。由此可见,“受众”的新称谓似乎对读者、收听者、收看者、参与者都更贴切并更方便。

同时,现在的媒体也很重视和在乎“受众”的反馈,有专门研究受众的机构,通过现代化的受众调查方法,及时、准确地收集、整理、统计、报告百姓意见,测定社会舆论变化,并如实地把所掌握各阶层人们对某人、某事、某项政策、某个社会问题的看法、意见、态度和评价等情况,提供给各级政府、社会团体或企事业单位作为决策和改进工作的依据,通过新闻媒体传播开去,作为引起全社会关注的警报,社会舆论的导向。

(四)传播体制和制约因素的变化

改革开放的大背景和“传播”引入新闻界的结果，导致了新闻界激烈的竞争局面，也引来了一系列的变化。

1. 管理体制的变化

激烈的竞争加剧了媒介内部的管理和经营体制变革。新闻媒体由事业单位逐步转向经营自主和经济独立的国民经济特殊行业的轨道。以党报为龙头的报业集团与国家调整新闻媒体结构的政策相结合，优化了新闻传播事业的资源配置。这些报业集团拥有系列的报纸和期刊，有的还进行了相关产业的经营。媒体内部的机制也发生了很大的变化，上级党委对媒体内部人事的介入逐渐减少，而总编辑和总经理的人事权越来越大。浙江日报报业集团走的就是这样的路子。目前，《浙江日报》报业集团成为拥有一家日报、一家晚报、一家早报、两家专业报、两家杂志、若干个地市级集团成员的托拉斯。

2. 一波三折的传媒产业化道路

观念上的巨大差异。我们党一开始就把新闻事业的属性定位在上层建筑——新闻事业是上层建筑的一个重要组成部分，是中国共产党领导的事业，是党和人民的喉舌，是党的宣传工具。一直到党的十四大召开，才逐渐在新闻界达成一个共识：在社会主义市场经济条件下，新闻事业不但是一支强大的精神上、道义上的力量，而且还是一支强大的经济力量。新闻事业不但要促进社会主义市场经济的发育，并且本身就是社会主义市场经济不可或缺的有机组成部分，进而形成新闻事业具有双重属性的新认识。

行动上的相对迟缓。党的十四大召开以后，财政部早就作出的“事业单位、企业管理”的媒体运行政策才得以贯彻落实，给新闻媒介带来了积极的变化。1996 年 5 月，中国组建了第一家报业集团——《广州日报》报业集团。之后，全国各省陆续组建了报业集团。

但是，相对于西方蓬勃发展的媒介产业化道路，我国的传媒产业化还相对滞后，这和中国的国情有很大的关系。随着我国 2001 年 11 月加入世界贸易组织，传媒领域的相关政策有所松动，传媒业将逐步有限度地对内资、外资开放，在确保新闻媒介作为党和人民耳目喉舌的基础上，不断吸纳新的发展元素，以壮大新闻媒体的经济实力，提高经济效益。

思考题

1.“传统”新闻学的社会作用体现在哪些方面？为什么会这样？

2.“传统”新闻学的彰显力表现在哪些方面？它和社会地位的确立是怎样一种关系？结果怎样？

第四节 “传统”新闻学的现状分析

一、“传统”新闻学根本问题的重新提出

说到这里,似乎又走了一个怪圈,一个诞生了一个多世纪的社会现象,一个被世界公认的学术问题,怎么又回到了原来的起点?这就是“传统”新闻学这个特殊的学科面临的特殊问题。

其实,“传统”新闻学研究一直在进行,和众多学科交叉、融合也是不争的事实,但这并不意味着学科内的根本问题已全部得以解决。对于什么是新闻,新闻到底在什么时候才能形成,新闻的价值是客观存在的还是主观判断的等问题,都还在不断地争论。但归根结底一句话,新闻是随着社会的变动而变化的一种社会现象,新闻的功能和社会的需求是永远密切相关的,因此,“新闻”是任何人都无法给出终极定义的。我们自学了新闻史以后,获得对这个问题的正确认识应该是比较容易的。

现代新闻学专家王中教授和甘惜分教授,对新闻界普遍认可的陆定一的“新闻”定义:“新闻是新近发生的事实的报道”做了如下的修正——王中教授在1981年重新出版《辞海》时,主持其中关于报纸、新闻、新闻学条目的修订,他把新闻定义为:“新闻是新近变动的事实的传播。”甘惜分教授1981年著的《新闻学理论基础》一书里,也对陆定一的定义做了修正:“新闻是报道或评述最新的重要事实以影响舆论的特殊手段。”

宁树藩先生的“新闻是向公众传播新近事实的信息”后来修订成“新闻是经过报道(或传播)的新近事实的信息”。这个定义的提出,影响了新闻界的很多人,并又开始了新的论证研究。

二、“传统”新闻学的基本特性

不管“传统”新闻学理论如何变化万千,说法何时更改,作为新闻的基本属性是不会改变的。新闻具有自己独特的品质和个性,不管是什么,它的表现符号有什么变化,其品质和个性是不容改变的。

(一)新闻的真实性

1. 真实是新闻的生命

新闻之所以成为新闻,主要条件有两个:真实、新鲜。这是新闻与非新闻的根本区别。其中,真实是构成新闻的首要条件。一切新闻都必须真实,这是新闻存在的基本条件,也是新闻的优势所在。真实是新闻的生命,真实性问题是新闻工作的首要问题。1982年,陆定一同志在接受《新闻战线》记者采访时,意味深长地就此问题强调了自己的观点:“新闻工作搞来搞去还是个真实问题。新闻学千头万绪,根

本性的还是这个问题。有了这一条就有信用了。有信用,报纸就有人看。”

新闻是被及时公开报道的、新近发生的、重要的事实。事实是第一性的,新闻是第二性的。事实是新闻的本源,新闻是对事实的陈述,是对客观事物的写真。这是唯物论对新闻本质问题的基本认识。

2. 什么是新闻的真实性

新闻的真实性,是指新闻与其所反映的客观事实完全相符。也就是说,新闻报道要如实地描述、再现现实生活的真相,不允许有些许的误差和曲解。

新闻,本质上是人们对世界认识和陈述的一种方式。它和客观生活的关系是一种反映和被反映的关系。新闻是对社会生活的一种反映。因此,新闻真实性必然是在反映的过程中体现出来的。新闻的真实性能表现出以下几个特征:

第一,从反映的客体看,新闻只能是丰富、生动的社会生活的如实再现,只能把人们企望知道的新近在什么时间、什么地点、是什么人、发生了一件什么样的事情如实地描绘出来,不能有任何不实之词,不真之事,不允许有任何的随意性,否则就失去了它存在的价值。

第二,从反映的主体看,新闻通过采写者主体的反映,因而它必然包含着采写者自身对社会生活、对社会生活中存在着的变动的事实的认识和评价。“新闻是一种无形的意见,从文字上看去,说话的人只要客观地、忠实地、朴素地叙述他所见所闻的事实,但是,每个叙述总是根据一定的观点。”胡乔木的这段话就是说,新闻记者总是站在一定的立场上去审视、评价他所报道的事实。从这个意义上说,离开了新闻记者这个主体,也就不存在什么新闻了。

由此可见,新闻的真实性,既包含着客观事实的内容,又包含着新闻记者主体对客观的认识和评价的内容。离开了哪一方面,都很难定义新闻的真实性。

新闻真实性必须包含两个方面,符合两个要求,即事实之真和反映之真。事实之真是指新闻报道的内容必须确有其事,它所反映的必须是在时空中确确实实发生过或正在发生着的事。反映之真是指新闻记者对确有其事的事实,作出准确的描述、再现和评价。他所报道的内容必须和事实相符。

(二)新闻的指导性

1. 指导性是新闻的固有属性

新闻报道是社会和自然界的“新情况”在新闻记者头脑中反映的产物。新闻不是毫无目的的有闻必录,也不是消极、直观地反映客观事实。列宁在《党的组织和党的出版物》一文中指出:“对于社会主义无产阶级,写作事业不能是个人或集团的赚钱工具。”“党性原则是马克思主义政党主办和领导新闻事业,在新闻活动中体现党的思想意识、思想方法、政治主张、组织原则的行为准则;要求以马克思主义的立场、观点、方法认识世界、反映世界、影响世界、促进世界向着有利于人民,有利于社会主义的方向发展。”(《坚持党对新闻工作的原则方针》,《中国记者》2006 年第 2

期）新闻记者作为社会主义新闻事业中组织化的个人，必然会通过组织感受到来自外界的各种压力，但是，每个新闻记者都必须记住自己应该坚持的原则。不管每一个新闻记者自身的性格、信念、价值观、经验、知识背景如何，在陈述新闻事实时，都必须考虑到“指导性”这一新闻固有的特性。

2. 坚持新闻的指导性是无产阶级新闻事业的特点和传统

无产阶级的新闻事业历来公开承认并高度重视新闻的指导性。

马克思和恩格斯认为：报纸最大的好处，就是它每天都能干预运动，能够成为运动的喉舌，能够反映出当前的整个局势，能够使人民和人民的生活发生不断的生动活泼的联系。他们创办的《莱茵报》，每日通过发表有关群众运动的新闻报道，发表有关对当前时局的评论来“干预运动”，使它成为“运动的喉舌”。

列宁把报纸看做是建立无产阶级政党的重要步骤，指导工人运动的重要手段。他说：“没有革命的报纸，我们决不能广泛地组织整个工人运动。”

中国共产党从一建立起就十分重视运用报刊指导民众，指导工作。指导性理论来源于共产党的新闻思想。1925 年 1 月党的四大决议就明确规定党的机关报《向导》是“本党政策之指导机关”。1931 年 1 月，中央决定改用党报形式加强党对实际工作的指导。1938 年，党中央再次强调“全党同志应当重视党报，读党报，讨论党报上的重要论文”。在以后很长时间里，党和政府始终把报纸、广播、电视、通讯社作为指导全国革命和社会主义建设事业的有力工具。

毛泽东把报纸视为反映和指导政治经济工作，组织和教育群众的一种武器。

以邓小平为核心的党中央，在 1981 年 1 月 29 日的《关于当前报刊新闻广播宣传方针的决定》中指出：“必须坚持党性，增强党性。党性是无产阶级的最高表现……决不能把党性要求降到一般群众的水平。”

江泽民同志曾在 1989 年 11 月 28 日，对“新闻工作的党性问题”作了详细阐述：“我们的新闻工作是党的整个事业的一个重要组成部分。因此，不言而喻，必须坚持党性原则。”“新闻宣传在政治上，必须和党中央保持一致。各级党报要这样，部门的和专业性的报纸也要这样。”

胡锦涛总书记在2006 年 1 月 3 日视察解放军报社的讲话中指出：“面对新世纪新阶段的新形势新任务，要高举旗帜、听从指挥，坚持鲜明的党性原则，坚持正确的政治方向和舆论导向。”

3. 当前对指导性概念的理解

进入新时期以来，我国新闻学界对新闻的指导性有了新的思考和论述，试图重新给予比较科学的定义和表述，以便能和新的社会现实相适应。比较有代表性的是《中国大百科全书〈新闻出版卷〉》的表述：“新闻指导性：新闻报道对受众思想和新闻的引导功能。新闻传播机构运用新闻手段，反映和评价现实生活，反映和引导社会舆论，对受众在思想、工作、生活以及人际关系等方面所起的影响和作用。”“新闻事业对实际生活的指导，不仅表现在政治上和思想上，且包括技术性、业务性和社会性的服务。例如介绍同人民生产生活有重大关系的新技术、新知识等。大至国家政治生活，经济建设，小至家庭关系、衣食住行，新闻事业都应予以关心，研究新的矛盾和问题，提出实事求是的解决办法或指出可行的途径。”

从这个表述当中，我们可以看到新闻指导性的范围大大扩展了，指导性的理论基础发生了根本性的变化，从强调政治思想的指导性到包括群众生活的方方面面。新闻机构的指导已经不再仅仅是自上而下的贯彻落实，而是根据社会生活的实际需要，提供多方面的帮助、引导和服务。指导的意见也不仅仅是来自上级，更多的是遵循新闻传播的客观规律，满足人们的各种需要。

改革开放以后，我国的中心工作已不再是阶级斗争，而是转向以经济建设为中心。政治结构、价值观、文化、社会生活方式也随之发生巨大改变，反映在新闻领域，社会需求更趋多样化，新闻媒介的角色、种类功能都得到了大大的丰富和发展。受众结构也更为复杂，新闻媒介在新时期里，也承担起了更多的职能。当前的指导性概念，就是在这样的社会背景下应运而生的。

一般来说，新闻的指导性有两种：一种是显性的、直接的引导，如关于党和政府的路线、方针、政策和各项工作经验、工作方法的报道和评论以及有关的理论文章，希望通过新闻媒介的宣传，受众能够接受并自觉地转化为自觉行动；另一种是潜在的、间接的指导。新闻媒体可以通过传递某一信息、传播某一知识、报告某一情况，对受众的思想、工作、生活起到潜移默化的影响。

4. 新闻指导性的特点

(1)新闻的指导性是多方面的

新闻的指导性是从不同角度、不同方面表现出来的。新闻报道的对象多种多样，有社会现象，也有自然现象，前者又有思想上的指导，工作上的指导、方针政策上的指导，也有业务上的指导、技术上的指导、经营管理上的指导，还有消费指导、文化娱乐指导和日常生活的指导。后者是上至银河系，下到地底层，天上飞的、地上跑的、水里游的，无所不包。

(2)新闻指导性的形式是多样的

这是由不同的新闻内容决定的，既有评论、社论、理论文章等以说理为主的指导方式，也有消息、通讯、特写等以叙事为主的指导方式。大致可以分为三类：第一，影响迅速，主要是和公众有直接关系的重大事件和日常生活消息。例如，购房政策、商场购物类的新闻。第二，触类旁通，从不同层次上反映现实生活的普遍问题或经验，广大受众能够从中得到启示，举一反三，影响特定地区的特定问题。第三，潜移默化，在新闻报道中的叙述语言中，受众得到的一种暗示，不知不觉地接受了一种观点。

(3)新闻的指导性是一种软性指导

新闻指导性不像国家的法律、法规、政策具有强制性。新闻的指导性完全取决于受众自愿接受,新闻的指导形式不具有规定性和约束性。

(4)新闻的指导性是有限度的

新闻报道的内容虽然十分广泛,对每个社会成员、社会生活的每个角落都有一定的指导意义,与各部门、各系统有联系,但是它不能代替其他任何一个部门,不能代替党和政府对工作的指导,也不能代替实际工作部门对具体事务进行干预,因此,它的指导性是有限的。

5. 新闻指导性和指令性、服务性的关系

(1)新闻指导性和指令性的关系

从一般意义上说,新闻总的职能是沟通情况,报道事实。美国人杰克·海敦说:“要求大家参加你的会议不是你的事。你只要报道会议即将举行就够了。”我国新闻学家徐宝璜说:“登载真正之新闻。以为阅者判断的根据。”新闻是依靠广大受众的认识和观念来形成舆论的。它只具有说服性、舆论性,而不具有强制性、指令性和指挥性。

新闻的指导性是通过新闻事实的报道影响受众的思想和行为。新闻的指令性是一段特殊时期曾经有过的现象,报纸上说的就是圣旨,就是金科玉律,不得有违,特别是党报上说的,绝对不能违抗。在新闻理论上,那个阶段被称为:枪弹论阶段。

(2)新闻指导性和服务性的关系

前已有述,社会发展到今天这个地步,枪弹论已经过时了,受众完全是根据自身的需要来决定对新闻的接受与否。因此,要发挥新闻的指导性作用,最有效的方法就是满足受众的需要,为他们提供服务。由此,我们可以明白一个道理,要使我们的新闻能够为受众所接受,我们的指导性能够发挥出来,那么为广大受众提供能够满足他们多方面需求的新闻就显得尤为重要了。各类教育信息、法律顾问、医药常识、学术信箱、升学指导、旅游线路、职业介绍、会展、资讯、体育、演出等的出现,就是为了最大限度地满足不同受众的需求。

新闻的指导性和服务性,从宗旨上来说是高度一致的。首先,新闻事业是党的事业,也是人民的事业。从这个意义上说,新闻指导性和服务性是一致的;其次,新闻指导性必须建立在服务性的基础上。

6. 如何体现新闻指导性

首先,在指导态度上,要端正指导态度,做到平易近人,热情服务。

其次,在报道内容上,要对受众进行广泛的多方面的指导,善于将指导性寓于服务性、知识性和趣味性中。

最后,要善于用事实说话。

(三)新闻的时效性

新闻的第三个特性是时效性。时效性有两层含义:新闻内容的新和传播速度的快。

1. 事实之新

新闻事实要新，这是由社会的需要和新闻本身的功能决定的。人们之所以需要及时的新消息，目的就是为了及时了解外界的新情况、新变化、新事物，并以此来作为决策和采取行动的依据之一。此外，人的天性中，本能的对外界充满好奇和探究。因此，许多新闻工作者把新闻报道比作“抓活鱼”、“买鲜菜”，说明“新鲜”是新闻很重要的特性。

2. 报道速度之快

新闻的快是针对新闻的报道速度来说的。“在一篇好的报道中，时间性是一个主要的性质，它仍是现代‘新闻’的基本定义。速度是每一个优秀报人所具备的重要条件，实践感应存在于他的血液中。”（默特：《新闻的本质》，见朱传誉《中国新闻事业研究论集》，新华出版社 1995 年版，第 276 页。）

影响报道速度的主要原因有三条：一是新闻记者的竞争意识；二是新闻记者的专业能力；三是装备的优劣和技术掌握的熟练程度。

新闻贵在新鲜，时效性是保证新鲜的重要条件，在保证真实、新颖、时宜的前提下，报道的速度越快越好。时间越短，新闻价值越高。

现代社会，新闻真实性、指导性和时效性决定了新闻工作的方向，塑造了新闻媒介以及新闻工作者的品格，决定了媒介技术的形式和技术的采用。从原始人到现代人，经历了约 300 万年，人类感知、认识外界，协调内部的方式和手段越来越多，但新闻的这三个特点并没有改变，新闻依然要通过这样的方式，向人民传递世界最新的变化。

但是，我们务必要记住的是，“传统”新闻学不断受到变化的客观现实的影响，从理论到实践都会面临新的挑战。因此，我们一定要用马克思主义的科学发展观和唯物主义的辩证法来正确认识和把握它，始终保持新闻应有的品质和品格。

思考题

1. “传统”新闻学的基本特性有哪些？你是怎么理解的？

2. “传统”新闻学理论中的“指导性”包含哪些内容？发展了的“指导性”概念又怎样解释？

3. 怎样把握不断变化中的“新闻”规律、“新闻”特性？

第五节 “传统”新闻和旅游新闻的关系

一、“传统”新闻和旅游新闻在基础理论上的差异

“传统”新闻是新近发生的事实的报道。所报道的内容必须是新近发生的客观

事实。这个事实是有选择的,必须是和党和国家倡导的政策相吻合、观点相符合的“有价值”的事实,并不是有闻必录、有闻必发。

旅游新闻是和旅游相关的事实的报道。能够为旅游群体提供服务的一切已发生的事实、或并没有发生的预报,都可以成为旅游新闻。所报道的内容都必须是和旅游群体所需要的相关事情。

二、“传统”新闻和旅游新闻在真实性、指导性、时效性上的差异

(一)真实性之差异

1.“传统”新闻的真实性概念

“传统”新闻真实性必须包含两个方面,符合两个要求,即事实之真和反映之真。事实之真是指新闻报道的内容必须确有其事,它所反映的必须是在时空中确确实实发生过或正在发生着的事(动态)。反映之真是指新闻记者对确有其事的事实,作出准确的描述、再现和评价,所报道的内容必须和事实相符。

(1)所报道的新闻必须是现实时空中确确实实发生过或正在发生的事,是一个动态的过程报道。

(2)记者对这件事的报道必须是准确无误的再现,而评价也必须是符合报社、国家、政府的利益和价值观。

2.旅游新闻的真实性概念

存在及存在意义即是真实性。也就是说,只要在自然界中存在的,人们的主观意识能够感觉到的,又被旅游群体所关注的,就是真实的。

(1)所报道的新闻只要是现实自然界中存在,有益于旅游群体利益的动静态事实都可看作真实的。

(2)记者少有用“上头”或“其个人的判断”([美]谢丽尔·吉布斯、汤姆·瓦霍沃,《新闻采写教程如何挖掘完整的故事》新华出版社2004年10月版,第5页)来进行评价。

特别要强调的是:旅游新闻多数是策划出来的,因为被报道的很多旅游业发生的新闻“事实”本身就是策划后的产物。如西湖博览会、山沟沟农家游、亲子游、商务考察游等。

(二)指导性之差异

“传统”新闻:强调指导性是无产阶级新闻事业的特点和传统,无产阶级的新闻事业历来公开承认并高度重视新闻的指导性。新闻不是毫无目的的有闻必录,也不是消极、直观地反映客观新闻事实,而是能动地反映,在报道新闻时,都有政治和集团的利益考虑,从一定的目的出发,通过选择、解释、阐明、叙述新闻事实和掌握新闻发布时机,影响读者和社会,主观意图非常明显。因此,具有鲜明的指导性。

进入新时期以来,我国新闻学界对新闻的指导性有了新的思考和论述,试图重

新给予比较科学的定义和表述，以便能和新的社会现实相适应。大至国家政治生活，经济建设，小至家庭关系、衣食住行，新闻事业都应予以关心，新闻的指导性范围大大扩展了。指导的意见也不仅仅是来自上级，更多的是遵循新闻传播的客观规律，满足人们的各种需要。

从宏观上说，指导性同样是旅游新闻所需要追求的目标。但旅游新闻视服务性为指导性，通过周到熨帖的服务来体现指导性。

（三）时效性之差异

“传统”新闻贵在新鲜，时效性是保证新闻新鲜的重要条件，在保证真实、新颖、时宜的前提下，报道的速度越快越好，时间越短，新闻价值越高。因此，“新华社发稿是一秒钟一秒钟地抢……”（柳斌杰《党报的主体地位和主流作用》，《中国记者》2006年第1期，第5页）“在一篇好的报道中，时间性是一个主要的性质，它仍是现代‘新闻’的基本定义”（默特：《新闻的本质》，见朱传誉《中国新闻事业研究论集》，新华出版社1995年版，第276页）。

人的天性中，本能的对外界充满好奇和探究，总是希望在第一时间里知道事件真相。新闻有先入为主的作用，因此，“在一篇好的报道中，时间性是一个主要的性质，它仍是现代‘新闻’的基本定义”。

旅游新闻偶尔也有时效性，但多数并不像“传统”新闻那样。如果有旅游类的新闻需要像“传统”新闻那样处理的话，稿件完全可以由其他媒体来承担。我们可以从2000年3月31日《中国旅游报》的改版来认识旅游新闻的时效性问题。“此次改版按旅游业六大要素规划报纸，以市场卖点设计版面，增加了信息量，突出了服务性。改版后的报纸由原来的每周6期改为每周3期（逢周一、三、五出版），由原来的对开4版改为对开12版（从7月份开始周三为对开16版）。1、4、13、16版为彩色印刷。”由此可见，时效性并不是旅游新闻最关键的要素，“服务性”才是旅游类媒体最关键的。

时效性相对于“传统”新闻的重要程度要次一些，时效性不是旅游新闻增强竞争力最关键的要素。

服务性是旅游类新闻增强市场竞争力的关键。因此，旅游新闻更看重自身的服务功能。

三、“传统”新闻是旅游新闻之母，是一种衍生和传承的关系

从上一节里我们已经看到，旅游新闻和“传统”新闻在很多方面有一定的不同，但“传统”新闻还是旅游新闻之母。

（一）旅游新闻的产生依赖于“传统”新闻

作为一种欲传递给广大百姓信息的最好载体就是报纸或其他一些成熟的“传统”新闻媒介。从这个意义上来说，旅游新闻是仰仗着“传统”新闻的成就而产生出

来的。

(二)旅游新闻的运作模式基本套用“传统”新闻

从媒介的结构建制、人员配备、经营方式、业务操作,基本都是按照“传统”新闻的运作模式进行的。包括很多初创期的有功之臣,绝大多数都来自于“传统”新闻媒体。

(三)旅游新闻基本沿用了“传统”新闻的体裁和风格

不管是“传统”新闻媒介上沙子枪式的旅游新闻,还是旅游专业报上的旅游新闻,从目前的体裁和风格上基本上是看不出什么明显区别的,如果进行分类的话,几乎是大同小异,或者是一样。但仔细品味的话,还是能在旅游新闻的报道中更多地领略到优美的文学风采。

四、旅游新闻的自身求变

如今的社会已进入了一个买方市场,任何媒体都不能以老大自居。这不仅限于晚报和都市报,即便是一直以老大自居的党报,也面临市场的压力。“媒体是否主流,是不是在意识形态方面发挥主导作用,是不是主流文化,主流价值观,要看它对社会文化的影响力。如果你没有影响力,就发挥不了主流作用。”(《党报的主体地位和主流作用》《中国记者》2006 年第 1 期,第 4 页)因此,旅游新闻能否在庞大的旅游市场站住脚,还要看你的作用发挥得怎么样。由此可见,旅游新闻面临的挑战也是很大的,只有根据市场运作的规律,充分发挥自身的优势,千方百计地去贴近市场、贴近受众、贴近生活、改变现状,才能在竞争激烈的市场中站稳脚跟。

总之,“传统”新闻和旅游新闻是有着不可否认的血缘关系又极其亲密的“家族”联系,同时,又由于各自生存的地域土壤有所不同,而生成了自身一些特别的表现方式和存在方式。因此,两者之间是既可相互借鉴又需保持特色的关系。

思考题

1.“传统”新闻和旅游新闻的相同之处表现在哪些方面?不同之处表现在哪些方面?

2. 自选素材,用“传统”新闻和旅游新闻的不同要求来写作。

第七章

“传统”新闻采写与旅游新闻采写之比较

从本章开始,我们的学习进入了“新闻业务”操练这一阶段。在这一章节里,我们将重点讲述“传统”新闻(仅局限于报纸)的体裁、写作方法和风格,旅游新闻的体裁、写作方法和风格以及两者之间的异同比较,以期同学们了解并掌握旅游新闻的采访与写作。

第一节 “传统”新闻的采访

“传统”新闻的体裁及特点,我们在第四章里已作了一些概念性介绍。在本章节里,就“传统”新闻的采访做具体介绍,便于同学们对“传统”新闻的具体运作有一个理性认识。

一、“传统”新闻的采访

新闻采访是新闻工作的主要组成部分,是新闻写作的基础、前提和保证。新闻记者要想提高自身的业务能力,都必须从加强新闻采访入手。采访是新闻记者的一项重要基本功。

(一)新闻采访的科学定义

新闻采访的定义:新闻采访就是新闻记者通过各种方式寻找和采集新闻素材的活动。采访是新闻活动的起点。

这一定义比较明确地揭示了新闻采访的个性特征,新闻记者是有目的地运动于社会生活中,有鉴别地取得新闻素材,有选择地进行真实的传播以指导和影响社会生活。这种活动是记者在调查研究中认识客观事物、收集写作素材的一种职业性社会活动,是新闻工作一个必不可少的环节。

就整个新闻机构来说,记者的采访是牵动一切新闻工作的龙头。采访在报纸出版的全过程中的基础性、决定性作用是不可低估的。著名报人邵飘萍曾强调:在报纸所有的业务中,“以采访为最重要。”“因为一张报纸的最重要原料为新闻,而新闻之取得乃在采访。”由此可见,新闻产生的第一步,就是要经过新闻记者的寻找线索和采集材料,而后才是选择题材、提出观点、提炼主题、安排结构,最后才有可能写作成功。新闻写作的基本规律就是用事实说话,而只有在采访中了解了事实真相,记者才有发言权。

(二)新闻采访的过程

发现新闻线索→寻找新闻线索→采集新闻素材(访问新闻人物、了解新闻事件)

采访是写作的基础,没有采访,新闻写作便成了“无米之炊”。没有成功的采访也就没有了写作基础,采访决定写作。

例如:某一学生记者对学院新校区建设的报道,因为采访到的素材很单薄,写作时就发生了很大的困难,在描写完看得见的建筑群之外,背后的、过去的、心理的深层内容就无法描述和交代,最后不得不放弃。

二、“传统”新闻采访的原则

新闻采访是寻找素材、选择事实的过程,是一项创造性劳动,必须遵循一定的原则和要求。

(一)“传统”新闻采访的根本原则是党性原则

1. 党性原则

从一般意义上说,党性就是指人们在社会生活中对一切有关政治问题和政治事件所持的政治立场和政治倾向,要符合党和国家的法令法规和有关政策。

在我国,党报的党性原则尤为重要,这是由我国的国情所决定的。社会主义新闻事业是无产阶级领导的人民的新闻事业。因而,它们都必须服从党的领导,坚持无产阶级的党性原则。它是我们区别于其他阶级新闻事业的一个重要特征。因此,对于一个社会主义新闻工作者来说,都应该明白这一点:新闻工作者的党性不是要不要的问题,而是要进一步加强的问题。

2. 党报党性

在民主革命时期,无产阶级新闻事业的主体是党的机关报,它首先是为政治斗争服务,是政治斗争的工具,是思想斗争、政治斗争中的“有力武器”。在党的正确领导下,最充分地发挥自己应有的作用。同时,党报作为党的事业的一部分,自觉接受党对党报提出的种种意见和指示,种种具体要求和纪律约束。只有这样,党报才能更好地完成党所交给的任务。

而作为党报中的一个具体工作人员,不管他是不是党员,都必须坚持党报的党性原则,并把党性原则贯彻到具体的办报过程中去。因此,党性原则是党报必须永远坚持的。

3. 目前我国对党报党性原则的要求

(1)坚持马克思主义

马克思主义是无产阶级政党的思想理论武器,是无产阶级政党区别于其他政党的鲜明特征(前面章节已有详细叙述)。坚持马克思主义,就是要把马克思主义贯彻到新闻活动的全过程:一方面,每个新闻工作者要自觉地以马克思主义作为自己观察、研究、分析问题的依据和原则;另一方面,每个新闻工作者都要坚持马克思主义的认识论。

(2)宣传党的纲领、路线、方针、政策,在政治上与党中央保持高度一致

党的新闻事业是党的宣传工具,用新闻手段来宣传、阐发党的方针政策,宣传党的原则立场,"这是党的工作中不可小看的,有重大原则意义的问题"(《毛泽东新闻工作文选》新华出版社 1982 年版,第 150 页)。

(3)坚持党的领导

坚持党的领导,是坚持马克思主义、宣传党的纲领路线的组织保证,党的报刊必须无条件地服从党的领导,与此相反的报刊是不允许存在的。

(4)坚持为人民服务

无产阶级新闻事业既是党的喉舌,又是人民的喉舌,党和人民的利益是高度一致的。全心全意为人民服务,是无产阶级政党唯一的宗旨,也是社会主义新闻工作的方向和出发点。

(二)"传统"新闻采访的具体原则

新闻采访是一项应用性极强的实践工作,有它特别的难度。新闻采访中的方法和技能自然必须掌握,但是,掌握新闻采访中的具体原则却更为重要和必须。从新闻采访的性质和实践需要出发,下面几个原则是我们必须掌握的。

1. 实事求是

这里的实事求是指的就是新闻的真实性。真实性是新闻事业的生命所系,是取信于民的力量所在,也是新闻学的起码常识。因此,新闻报道必须反映事物的原貌,所报道的事实必须要真实。

做到新闻真实性,要把握三个具体环节:一是必须确有其事,所报道的新闻必须是在某个时空中确确实实发生过或正在发生着的事;二是对事实的描述必须是真实、客观的,对事实的叙述必须准确无误,对于时间、地点、人物等构成新闻的基本要素要严格予以核实;三是对事实的分析、解释、评价必须真实,新闻报道应对事实的前因后果、来龙去脉、上下左右都有清楚的了解,从而准确地分析事物是如何发展而来的,并将呈现何种趋势等。

另外,还要区别三条界限:

第一,报道思想与主观思想的界限。报道思想通常指新闻报道的目的,包括体现和达到这一目的的范围、内容、方法等,而主观思想则是采写者对客观事实的臆测,对事实做出脱离客观实际的判断,往往偏离了客观事物的本质,制约了记者对事物的真实报道。

第二,客观报道与客观主义的界限。客观报道就是用事实说话,在报道中实事

求是,客观全面地反映事实全貌,不因主观意图而削足适履,更不能因主观需要而篡改、歪曲事实,要凭借事实自身来说明某个道理或观点。西方资产阶级新闻学家提出的“客观主义”和我们所说的客观报道有很大的差别,他们提出“只报道事实,不报道意见。”而事实上是做不到的,因为记者在采写的全过程中,已经介入了鉴别、筛选、撰稿的主观程序,所以,客观主义是不现实的,客观、公正并不是抛弃(记者)立场。

第三,选择角度与乱扭角度的界限。每一个新闻事实都能反映社会生活的不同侧面,记者应该按照事实的本质选择报道的角度,反映事实的本来面貌。切记不能主观主义地“主题先行”,把自己心中确定的“报道思想”,强加于某个事实之上,按照自己的需要乱扭角度。

2. 依靠组织

某些时候,新闻采访不是一般为单位总结经验、探索规律所作的调查研究,也不同于为搞清某个历史事实真相而进行的历史调查研究,更不同于法律概念的调查取证,而是为获得最新变动的信息而进行的特殊的调查活动。它必须获得一级政府和党组织的支持和帮助,特别是在牵涉到政策性、法规性、原则性和权威性的信息时,这是记者的个人能力所无法企及的,必须在当地党委和政府的支持帮助下解决的。因此,一定要依靠组织。

3. 执行政策

新闻工作,是一项政治性和政策性很强的工作。我国是社会主义国家,我国的新闻事业是党和人民的喉舌,作为其中的工作人员,必须遵循党的原则,自觉遵守党和国家的各种政策,要对事实负责。从中宣部、国家新闻出版局到各省、市宣传部和新闻出版局也都出台了一系列相关的新闻工作条例和新闻工作纪律。所以,记者是有组织、有纪律的。记者必须时时刻刻站在党和人民的立场上,把全党、全国人民的思想、意志、行动统一到党的目标上来,把党的方针政策和生动丰富的新闻事实结合起来,根据新闻工作的特有规律,创造性地做好自己的工作。

4. 内外有别

事物都是一分为二的,社会主义初级阶段的问题不少。作为新闻工作者来说,采访中必须记住一个原则——“内外有别”。要从大局出发,选择最好的报道途径和最佳的报道时机。同时,也要注意选择正确的处理信息的方法,有些可以作为内参呈报中央或其他各级党委和政府。

另外,记者被称为“无冕之王”,由于工作的需要,接触领导和接触核心信息比较多,有些信息甚至是机密。因此,记者还必须有相当的保密观念,不清楚的地方或把握不准的时候,多向上级领导或有关主管机关请示。

三、"传统"新闻采访的方法

新闻采访很有讲究,并且很繁杂,因为记者碰到的采访对象始终处于动态中,表面看是无章可循的。这是因为:第一,客观事物本身是多样的,不同的事物应该用不同的方法采访。第二,对不同采访对象的采访方法也是不一样的,高端人物的采访和普通市民的采访就不一样。第三,采访的具体任务不同,采访的方法也是不相同的,如批评报道和表扬报道的采访是不一样的,作为通讯体裁的采访和作为消息的采访又是不一样的。第四,记者的个体原因,每位记者的素养、水平、习惯各不相同,各人喜欢使用的方法也是大相径庭。因此,采访的方法不可能千篇一律,自然也不能用相同的方法采访。

但是,作为采访本身,还是有规律可循的。

采访活动一般分为三个阶段:采访前期、采访中期和采访后期。

(一)前期——新闻采访的策划与准备

"凡事预则立,不预则废。"准备和不准备结果是大不一样,准备得充分与不充分结果还是不一样,新闻报道也是这样。因此,新闻采访的策划尤为重要。

1. 新闻采访的策划

所谓策划,就是有计划、讲谋略。所谓新闻策划,就是对整个新闻传播过程的谋划设计。这是一种把表面上看起来并没有什么联系的事物,通过系统、思辨的手段以及周密的设计和规划,从内涵上把它们联系、串联起来的过程。实践证明,成功的报道都有这样的前奏。如:孔繁森、任长霞、牛玉儒等先进人物的事迹报道、共产党员先进性教育活动。《人民日报》副总编辑李仁成指出:"搞好重大题材报道的策划,是新闻单位领导的责任。策划的好坏,对于重大题材报道的成败,关系极大……决胜千里,需要运筹帷幄。运筹帷幄就是策划。"

策划首先强调的是,要有明确的报道思想。报道思想就是指新闻报道的目的。即为什么要做这样的报道。报道思想可以分为两个层次:一个是总的指导思想,即报道原则,在一个时期都不太会变的。如新时期的"以经济建设为中心";另一个是具体的报道思想,即报道提示。这往往是党和政府就一个时期的工作中心和社会发展的趋势、人民群众关心的焦点对新闻工作提出的具体要求。例如,经济发展过程中的民营企业,正面的精神给予较多的关注和报道,负面的、需要注意改进的则给以规避。在此,我们要注意几个细节的处理:

第一,处理好采访目的与报道思想的关系。记者在采访前首先要明确此次采访的目的,要在指导思想确定的范围内进行,去采访那些需要采访的、可以采访的人、事、物,采访是为体现报道思想服务的。如此,才可以采访到符合指导思想的素材来。从这个意义上来说,采访目的的明确,一定有助于报道思想在采写活动中的顺利实现。

第二,报道思想要符合客观实际。采访目的要服从和服务于报道思想,同样,报道思想又必须服从于客观实际。一般来说,记者在采访之前已经明确了报道思想,并且大体形成了自己的采访计划,但是指导思想毕竟是主观的、宏观的成分占据相当的比例,有时会与实际情况有些出入。此时,记者就要根据实际情况作些调整,让报道思想服从实际,绝不能让实际屈从于报道思想。在操作中有两点要注意:首先,报道思想是主观的产物,它能引导记者更好地深入实际,有效地挖掘新闻事实,但切不可将报道思想看成现成的结论,带到客观实际中去按图索骥;其次,报道思想虽然是对以往实践的科学总结,是指导记者深入实际的指南和依据,但记者更应该重视实践,注重从客观实际中去获取第一手资料。

2. 新闻线索的获取和处理

所谓新闻线索,是指新近发生的事实的简单消息(信息)或信号。它给记者提供了一个简单的消息:什么地方好像发生了一件什么事,只是一个大概。有一个大体的去向和内容,这对于新闻工作者来说是十分重要的。目前,我国的很多新闻媒体都有有奖征集新闻线索的做法,这说明了新闻线索对于媒体、对于记者来说,是何等的重要!但是,新闻线索并非新闻,它只是一个大概,是不完整、不清晰的,需要经过详细的采访、调查、补充和证实后才能成为新闻。有些经补充采访、调查后并不属实或不准确、不具有报道意义的就会被筛选掉。因此,新闻线索只是“线索”,而不是“新闻”。

(1)如何获得新闻线索

首先,和有关的领导机关和部门建立密切的联系,以及时获取重要的新闻线索(如政府热线12345、工商管理部门、消费者协会等)。

其次,到基层去寻找线索,基层是产生新闻的源头(每一个记者都会有对口的基层单位)。

第三,开启记者本身的触角获取线索(充分发挥记者的新闻敏感性)。

第四,从读者的来信来访中寻找线索。记者和读者的交流不仅可以在读者心中树立良好的形象,还可以从中获取许多广受欢迎、社会影响力大的新闻线索。

第五,根据记者的经验积累去获取线索。有些是平时积累在那里并不合适用的信息、有些是随着事物的发展变化而成为有用的信息(时机不成熟而暂时搁置的、具有新闻价值的事实但仍处于发展阶段的)。

第六,从其他媒体中获取新闻线索,结合自身的优势做成有特色的新闻报道(报纸的深度和广度、电视的吸引力、广播的便捷、网络的宽泛)。

(2)正确处理新闻线索

首先,注重验证,不人云亦云。我们说,新闻线索毕竟只是线索,只是提供了简单的新闻信息和信号,究竟如何,是否真实或者能否成为新闻,都有待于我们的进一步证实。一定要避免听到风就是雨,硬性顺藤摸瓜。

其次，尊重新闻规律，不“自圆其说”。新闻的产生和表现是有其自身的规律的，真实性是新闻的最重要且最本质的品格。有些记者求功心切，有些记者急于求成，往往不顾新闻本身的价值和事实，夸大或拔高，玩掩耳盗铃的游戏，把新闻线索当作新闻事实去报道，甚至是“自圆其说”，补充“新闻”，强调意义。2005年上半年《今日早报》一则“老汉急于征婚，被骗3万”，其中有个情节就是实习记者按主观处理，结果麻烦大得无法处理。激起了“老汉”、“骗钱者”、“婚介所”、“老汉的子女”等多方面的“谴责”和“讨伐”。

第三，讲究时宜，用好新闻线索。有的新闻线索初看上去很小，很单薄，但是如果能找到一个合适的机遇，它的“小”就会引发出一个“大”，比如说一个人一直资助一个贫困学生，或者一群贫困生，单一地报道会显得比较单薄。如果放在每年的高考结束时，结合贫困生的实际、国家有关部委的指示精神及相关的情况，它的意义就会远大于单个的报道。还有很多这样的例子，环保、食品质量等。新闻报道一定要讲究“火候”，讲究背景，要符合形势，要吻合广大受众的心理。

第四，合理安排，有所取舍。面对手头拥有多条新闻线索，并且都不错的时候，还是得有所侧重，有所取舍，有重点地做好最合时宜、最有把握的那一条，那一块。客观、理智地估计自己的精力、体力和能力，把握好轻重缓急，处理好宝贵的新闻线索。

3. 做好新闻采访的准备工作

报道思想的明确和新闻线索的拥有，并不意味着采访活动的最终完工，更不意味着新闻采访的一蹴而就，还必须具有可操作性的系列准备，具体地说，有以下几点：

(1)熟悉和研究采访对象的基本情况

对于自己将要去采访的对象的基本情况，一定要准备充分，这将决定你的采访是否能够成功，你的新闻稿件能否圆满。因此，记者必须对你将采访的这个人的基本情况了解清楚，诸如经历、学识、成就、特长、兴趣、爱好、个性特征(语言、动作)等，事先了解得越仔细，采访就越顺利；研究得越透彻，对其特有的、隐藏得很深的心理差异的把握和判断会越准确。可以使自己在采访中尽快地和采访对象感情靠近，方便沟通，能如愿以偿。如人物专访、人物通讯等都会普遍用到。

(2)拟订采访计划和调查提纲

采访计划就是具体施行采访活动的一个“目录”，到哪里？找哪个部门？采访谁？采访什么内容？大致的时间和所需的经费。采访的重点和难点在哪里？怎么解决(几套方案)？

调查提纲就是采访时要提问的纲目。对保证采访的有序进行和采访内容的完整性具有十分重要的意义。要注意的是，提纲一定要细致、周密、完整，需要的内容都要考虑进去。特别是记者招待会，切中要害的重要问题是什么？要了解到多少情况才能达到自己设计的采访目的？但也有一些是要随机应变的，只要前期准备的充分、考虑得周到，都是有助于达到采访目的的。

(3)准备采访相关知识

这一点很重要，记者和采访对象要迅速地谈到一起，除了前面讲到的几点之外，记者对采访对象的职业所涉及的知识的了解、掌握程度，常常也起关键性的作用。如采访自己未曾涉及过的领域，特别是日新月异的科技领域、变化万千的艺术领域、不断创新和发展的文教领域、纷繁莫测的经济领域等，时时会有新知识和新创造的成就，因此对这些专家、学者的采访，都要提前对将要涉及的专业知识作些了解。

(4)做好采访前的物质准备

前面的准备是“软件”准备，这里的准备是“硬件”的准备。采访前，我们一定要对采访中所需的物质用品做一个充分的准备：采访所需的笔、采访本、照相机、摄像机、胶卷、电池、雨具、常用药品、干点心。根据前去采访的地方、人物、任务等具体情况来准备。行前要对所带物品进行仔细检查，质的考虑是“好不好使”，量的考虑是“够不够用”。

4. 创造采访条件

当采访要进行时，还要考虑几个问题，这对于营造融洽的采访氛围、创造良好的采访条件，实现采访效率有着重要的作用。

(1)商定合适的访问时间

当记者自己一切准备就绪希望开始采访的时候，还要照顾到被采访对象的时间是否合适。因为，整个采访活动必须在双方合适的时间里进行，才能取得理想的效果。最好在制订采访计划时，预先和被采访对象取得联系，征询意见，共同商定合适的采访时间。同时，就采访的内容和要求与被采访者作些沟通，也便于被采访对象按照报道思想进行一些必要的准备。这样，双方都很主动，采访也会变得顺利而轻松。这样做的好处是：被采访对象自己确定或认定的时间，便于他全身心地来对待这件事情，便于注意力集中和接受采访的时间保证；另外，因为是先期约定的时间，一般能保证准时接受采访。

(2)设计得体的仪表风度

每个职业都有自己特定的礼仪风度，都有一种对美的本能追求。新闻工作者更是一个受人瞩目的公众人物，因此更要注意自己的形象。这是增进采访双方关系的重要影响因素，心理学研究证明，陌生人在初次见面时的感觉，对于其决定是否继续交往下去所起的作用有80%。由此可见，第一印象何其重要！但是，这并非说记者的服饰打扮要华丽、漂亮、美观，而是要得体、大方，能体现你的职业素养和独特气质，和所要进行的采访工作的场合、气氛和服饰习惯相吻合，有利于采访的顺利进行。例如：对一个学者、专家的采访和建筑工地的工人的采访，在着装上的要求绝对是不一样的。所以,有记者说,记者在穿戴上是没有个性的,应该什么衣服都能穿。

(3)讲究文明的言谈举止

记者在整体的社会中所处的地位是比较显著的。因此,人们对记者的整体要求也是比较高的。在很多场合,记者的一言一行都会产生意想不到的作用(后果)。在采访中,记者稍有不慎,甚至只是一句话,就会导致交流受阻,采访无法进行的严重后果。就因为这一句话伤害了对方的自尊心,触及了对方的“痛处”,使被采访者认为记者对自己不尊重,否定他的价值和作用,因而拒绝记者的继续采访。有传播学家研究发现,人在交往过程中,语言符号传递的信息只占30%,其余的70%信息是通过肢体语言和表情语言来传递的。明白了这个道理,作为记者就应该高度注意这个问题,努力掌握语言表达的技巧,适时调整采访气氛,使采访顺利进行,防止功亏一篑。

(4)摆正正确和谐的采访关系

要顺利地完成采访任务,摆好正确和谐的采访关系也很重要。记者和采访对象的关系怎样处理,是一个直接影响到采访效果的重要原因。因此,记者一定要处理好与采访对象的关系。首先,记者一定要尊重采访对象,一定要让被采访对象感到记者对自己的尊重,让他感觉到记者对他的自我价值的肯定,不能让他感到委屈和不快,更不能让他对记者产生厌恶。其次,遇到领导、名人、专家、外宾等采访对象时,不能低三下四、阿谀奉承、自卑自贱、奉迎拍马,要不卑不亢,有礼有节,灵活处事,恰到好处。

(二)中期——采访的落实措施

准确地说,前期的所有准备都属于准备阶段,或称谓“意志行动的决定阶段”(沈爱国《新闻学基础》,浙江大学出版社2001年第1版,第175页)。采访活动的实质性阶段,则在采访的实施阶段——用一系列熟练的动作、技巧、技能来完成前期的计划和准备,用必要的行为方式来实现意志决定的事项。

1. 对话

访问是采访活动中的最重要最基本的手段。所谓“访问”,就是记者与被采访对象之间的运用语言手段进行的交流。这种语言交流和其他以语言交流为手段的职业有本质的区别,如律师、售货员、推销员、教师,他们的语言交流几乎是一面倒的,灌输式并带有“强制性”的,听的对象是必须听“我”的,否则,“我就白说了”。而记者的语言交流却需要对方的呼应,要求互动。因此,记者必须用自己魅力十足的专业语言和灵活多变、机智幽默的对话技巧,去开启一扇扇紧闭的心扉,拉近互相之间的距离,产生好感和形成共同话题,并逐渐成为可以互诉衷肠的朋友,使本来彼此毫无关系和毫无共同语言、共同兴趣的两个自然人,成为可以互相了解、彼此帮助的知己,愿意说出心中的秘密。

具体的对话方式大致有以下几种：

(1)问答型对话

这是记者采访中运用得最多的一类对话方式，也是最便捷、最有效的一种对话方式。这类对话适用于大多数对记者和采访好奇心比较强的对象，他们一般都能采取积极、主动的配合态度。记者则要通过巧妙的问话，从采访对象中得到更多、更好的新闻素材。因为这些采访对象都愿意配合，所以，只要记者的问题问得好、问得巧，采访对象就能回答得好，回答得妙，使记者的采访圆满如意。

但是，要掌握好这种对话方式必须注意：第一，善于运用问候语，亲切热忱的问候不仅使采访对象感到了记者的尊重，还产生了愿意与记者交流的念头；第二，避免生硬的提问，所提问题能给对方一个说话的空间，要让被采访对象有说话的机会、欲望和内容，想说、可以说、有话说，谈性大增。

(2)交流型对话

“以情感人”是这类对话的特点和核心。这类对话对象往往因对记者怀有戒心，而不具有畅谈的可能性。因为不熟悉、不了解、不知底，怕“言多而失”，所以，他不会采取积极的配合态度，或冷淡、或回避、或沉默，采访往往陷入僵局。面对这类采访对象，记者就要采取措施，以坦诚的态度，运用交谈型对话的种种技巧，消除对方顾虑，打破隔膜，尽量营造宽松的环境、和谐的气氛，与对方建立尽可能融洽的朋友式关系，能够交流感情，为正式进入采访做好铺垫。在这个过程中，记者要具备通过察言观色、及时调整谈话策略和对对方所谈内容的把握、透彻的观察力等能力，达到采访的预期目的。

(3)说服型对话

这类对话的特点和技巧是“以理服人”。这类对话的对象多数为心有抵触，对记者有厌恶的心理，常用拒绝和搪塞等形式表示自己的心情和态度。即便是迫于无奈和记者见面，也往往会想方设法设置种种障碍阻挠采访，或者限制采访时间、限制提问，甚至沉默无言。记者也要千方百计地改变这种不利局面，用智慧和理性去化解这种排斥的心理，使对方认清是非，明了自身行为的性质以及利弊，帮助采访对象从内心转变自己“拒绝”的错误态度，以拆除阻挠采访的藩篱，从而使采访顺利进行。

(4)论辩型对话

这类对话的主要特点和技巧就是“以势压人”。面对高傲自大、不可一世的采访对象，最有效的办法是不要惧怕，找出软肋，要敢于和采访对象辩个明白，说个清楚，争个高低。这类对话一般会发生在问题报道、真相追踪的新闻采访中，难度很大。面对冷淡、排斥、挑剔和敌视，要充分运用和发挥自己的机智和勇敢，千方百计地采访到真实的新闻素材。

2. 观察

观察是记者“用自己的眼睛来采访。”这是记者在采访中最常用和最灵验的方法之一。

(1)观察在采访中的作用

首先,观察可以让记者有直接的感受。记者通过自己的观察,获得了第一手资料,并凭借“第一手资料”,来琢磨人物和事件的真实面貌和准确含义,分析人物在事件中的具体作用,感受现场环境、气氛以及环境气氛和人物神情、表现等细节,从而把握人物的性格和事件深层的必然原因。而细节,正是表现人物性格和事件真相的重要因素。

其次,观察能让很多雾里看花、众说纷纭、真相难辨的事件,在记者的“火眼金睛”下原形毕露、水落石出。观察是记者识别和检验间接材料,变第二、三手材料为第一材料的最好手段。“百闻不如一见”是最好的印证手段。

第三,观察对于揭露问题的采访尤为合适,甚至成为唯一的采访手段。例如:对公款大吃大喝、公车私用、公务员服务态度恶劣的采访,只有观察并掌握大量的数据、现场实录和事件的还原等材料,才能使问题报道显得有据、有理、有力、有用。

(2)观察的技巧

知道了观察的作用而没有正确的观察方法和一定的观察技巧,观察的效果还是会受到影响。因此,观察的技巧很重要。下面介绍几种观察的方法:

第一,有目的的观察。记者在观察时,一定要有明确的观察目的,特别是观察那些自己并不懂行的事物时。记者不可能万事通晓,如:神舟5号升空、国家财税政策变革的缘由及利弊等。因此,要多听:听专家们怎么看、怎么解释、怎么评价;要多看:看现场所展示的文字材料和图片;要多悟:听到了,看到了,在心里琢磨一下它们之间的关系、体系、特点、作用和意义;要多问:经过了前面几道程序后,仍有不明白的,就要不耻下问,向专家权威请教,求得素材收集的准确无误,以保证报道的准确性和生动性。

第二,选择好观察的最佳时间和空间。如对政府办事大厅公务员服务态度的观察,就要选在周一和周五的下午,因为周一是上班第一天,前来办事的人非常多,服务态度一目了然;周五下午,即将结束一周的工作,疲劳和即将到来的周末都会影响到公务员的工作态度。这就是最佳的观察时间和空间。类推其他行业问题的观察时间和空间选择原则也是这样。

第三,观察要有敏锐的“新闻眼”。这个敏锐的新闻眼,就是指能观察到“富有特征的事物”。在新闻现场抓住了富有特征的事物,认识、反映、报道的新闻核心就抓到了。

第四,抓好的细节。“细节成就完美”。一个好的细节,往往胜过大段的描写、陈述和大篇的议论,它能直接、真实地反映出人和事的本质特征,因此,也最能打动人。所以,记者在观察时要尽可能地去发现细节,获取细节。

3. 倾听

倾听对记者来说很重要。倾听可以帮助记者获取更多的新闻素材,能够获得采访对象的好感。心理学研究证明,善于倾听能使交流双方建立起一种好感,彼此有种好的印象。同时,记者可以在倾听的过程中,通过听其言、观其行,发现和获得更多或更重要的新闻信息。当然,倾听有一定的技巧。一般说来,有以下几种:

第一,注意运用目光语言、身体语言和表情语言,形成倾听的自然气氛。凝视的目光表示记者对对方的尊重和重视;前倾的身体语言,告之对方:“我在认真地听你讲,请你接着说。”微笑的表情语言,告之对方:“噢,你说得很好。”目光的接触、前倾的身体和赞赏的微笑,都能引出意想不到的效果。反之,采访对象在整个对话过程中始终捕捉不到记者的目光,看不到记者的任何反应,会使采访对象局促不安、不知所措,从而失去继续谈话的兴趣。

第二,注意运用沉默。沉默在一定的场合下有其独特的作用。这里的沉默,是记者故意给采访对象留出的一个回顾空间,让对方对自己前面所言内容作适当的反思和审视,看看是否有遗漏、讲错的地方。同时,记者的沉默给了采访对象一个揣摩记者心理、补充新闻素材的机会,这时的补充会比记者急急忙忙再度提问来得客观、从容,也重要得多。

第三,注意表示“正在听你说的”的反应。在倾听采访对象讲话过程中,记者要适时地对采访对象表现出“正在听你说的”反应,如:“喔?”“是吗?”“真的?”“哇噻!”“结果呢?”“继续往下说”等,以此来表示记者对谈话内容的关注,这样会使对方因自己的谈话被关注和认同而感到高兴。但是,要注意这种表示不能太多。太多了,会让采访对象思绪被打断,甚至会使采访对象产生错觉:是否自己的回答有问题?继而揣摩起记者的真实意思。另外,表示太多,会使采访对象受干扰,原先准备好的内容一下子乱了套,或者全忘了。所以,你的反应一定要注意恰到好处。

第四,记录。“好记性不如烂笔头。”对采访来说,记录是必需的。作好采访记录,是整个采访活动中不可忽略和缺少的环节。一般的记录形式有三种:笔记、心记和录音。三种形式各有千秋,各有利弊。笔记的长处在于“记录在案”,不易忘记,方便查证,但是,笔记速度较慢,只能记下采访对象谈话的基本内容。心记的长处在于倾听采访对象讲话时精力集中,便于对采访对象所言作出及时反应,同时可以思考问题。还有,记者的专注也暗示和鼓励了采访对象的介绍。短处在于,即便你的记忆力再好,也无法将当场谈话的内容一字不漏地记下来,而对于讲究真实和准确的“新闻事实”来说,这种记录形式显然不是最合适。录音的长处在于既快又准确,并且非常全面。但是,它的短处也是很明显的,如果采访对象不愿意,就无法进行正常的采访活动。另外,写稿子时还得回头重放一遍录音,有点麻烦。因此,对于记录形式的选择,应根据采访新闻事件的具体情形来决定——交叉使用还是选择使用。

这里对具体的记录方法和技巧作一些介绍：

- 记重点材料

在进行采访时，记者不可能也没必要把采访对象所说的内容一字不漏地全记下来，而是挑重点记。所谓的重点，就是新闻事件的关键材料或新闻事件发展过程中的关键之处。包括事件的起因、转折、后果，人物及活动的典型细节，以及工作的主要经验和教训，重要的背景材料等。也可以按新闻事件的五要素进行记录，把写作新闻不可缺少的相关材料都记下来。

- 记人名、时间、地点、数字

新闻事件中的人名、时间、地点和数字是绝对不能搞错的，但这些又是记忆中的易忘点。所以，一定要将这些内容记下来，并且要当场核实，免得写稿时为这些细节来回核对，浪费时间和精力，并且影响了新闻的时效性。

- 记生动的个性语言

生动的个性语言是细节的一个具体表现。生动而有个性的语言，常常是采访对象心灵和思想的外在反映。这类语言往往饱含着哲理，又短小精悍，个性特征明显，在撰写新闻稿件时，能够起到展现新闻人物的思想特征和精神风貌，同时又能增强报道的亲切感和可信性。

- 记现场的情景

现场是新闻人物的"用武之地"，现场的情景，常常是新闻报道中不可缺少和陪衬的有用材料，有烘托新闻主题的作用。因此，现场的一些情景要好好地记下来。如环境、天气、气氛、衣着、打扮、有特点的动作等，尤其是一些精彩的细节，要仔细地记下来，不要轻易放过。

- 记需要进一步了解的问题

这是一种采访中常会遇到的问题。采访对象在叙述情况时，记者会不时地发现一些需要进一步了解和探究的问题，但又不便打断采访对象，这时就需要赶快记下来，或者在边上打上记号，便于事后补充采访。

(三)后期——采访素材的整理和写作过渡

记者如果想写出一篇高质量、高水平的新闻稿来，仅仅有好的素材还不够，还需要一道必需的工序，即把采访回来的素材进行梳理、归整，进行由此及彼、由表及里、去粗取精、去伪存真，对事物进行全面、深刻的认识。因此，这道工序的工作量看上去不大，实际上质量要求却很高，它要完成一个复杂的思维认识过程。并且要对前阶段的采访成果进行巩固、扩展、丰富，对后一步的新闻写作打好基础，做到观点成立、材料充足并扎实完备，起到承上启下的作用。

1. 整理笔记，验证材料

这对记者来说，是一项相当重要的工作，如果不及时整理，会产生意想不到的严重后果。这是因为人都会产生遗忘现象，尽管在采访中做了笔记，录了录音，但还是会随着时间的流逝而有所忘却,有些记录未必很清楚,看了之后什么意思都会连不起来,或记不清楚。还有一些心记的内容,更会因为时间的关系,而忘得干干净净。因此,不管记者采访回来后有多么疲劳,都要毫不迟疑地迅速整理采访笔记。心记的那一部分,更要尽快地把它整理成文字材料。

整理过程大致可以分成这几段:

(1)通读笔记

通读采访笔记,回忆整个采访过程,将心记的内容迅速用文字插入同类内容的笔记旁,并纠正和修订难以辨认的内容。

(2)标出重要段落

在完成了通读采访笔记后,再次通读经过初步整理的笔记材料,并标出页码,在自己认为应注意的材料边上标上记号,作为写作时要重点采用的材料。

(3)对材料进行归类

根据已确定的新闻主题的需要,对新闻材料进行归类,把笔记变为写作提纲。可以用不同颜色的笔,将材料归类,并分别标出1、2、3、4或甲、乙、丙、丁等。

(4)验证材料

记者在采访时,会因为客观事物的错综复杂、采访对象心情、表达能力、周围环境因素的干扰和影响,记者本身记录的速度、技巧等原因,影响到所记录材料的准确性。因此,记者有必要将现有材料,再放回到实践中去验证,以确保所发新闻的真实和准确。

验证的主要方法有两种,第一,凭记者的知识和经验,对有关材料做出合乎规律和实情的检验。有些材料不便在采访对象面前验证,需要通过记者以往积累的知识和经验做出合乎逻辑的推理。第二,通过再一次的直接采访进行验证。这时的采访不同于一般的收集新闻素材,这是记者为了验证到手的新闻素材而寻找、接近新闻源的采访实践。

2. 发现特点,提炼主题

选择新闻材料→概括核心内容→提炼新闻主题→安排新闻结构→为写作新闻稿件做好基础准备。因此,作为记者必须要具备从新近发生的五光十色、纷繁复杂的新闻事实中筛选出具有传播意义的核心内容的能力。具体的步骤为:

首先要搞清什么是新闻主题。所谓新闻主题,是指新闻事实所提出的主要问题及其需要表明的中心思想。它是贯穿一篇新闻思想的主导思想和灵魂,是决定新闻的思想意义和指导作用的根本因素。新闻主题和一般文章的主题概念基本相同。直白地说,就是文章拥护什么、反对什么、肯定什么、赞成什么、否定什么,要说明和主要解决的问题是什么等。

一次成功的新闻采访,一篇质量高、价值大、思想指导性强的新闻作品,无不与新闻主题的选择和提炼有很大的关系。新闻主题来源于采访所获得的材料,是从其中选择、提炼出来的，同时，它又反过来统率所有材料和最后的写作。新闻主题的提炼，要通过记者对采访所获得的大量的新闻素材，进行梳理、规整和选择，确定新闻主题，开始第二阶段的认识——从感性认识上升到理性认识，这个过程就是提炼主题，也可称为深化主题。提炼主题的依据一是对全局了解的清晰度。对全局了解得越清晰，主题提炼起来越方便，因而也就越深刻。二是对材料进行了认真有序的综合分析。综合分析得越到位，主题提炼的质量就越有保障。具体操作时要注意以下几点：

(1)提炼新闻主题时千万不要雷同浅薄

主题要提炼得鲜明深刻，不能流于一般，更不能雷同。否则，就显得很浅薄。

例如：2005 年 9 月下旬，各大媒体对国庆期间将隆重推出的西湖新景区——整治后的三潭印月、阮公墩、湖心亭的报道。每个媒体面对的都是同一个新闻事件，有些报道做得很一般，没有新意也没有吸引力。而《今日早报》9 月 28 日的标题做得非常好，《老故事新景点重串西湖三明珠》，区区几百字，却令人过目不忘、印象深刻。它的成功之处就在于主题提炼得鲜明深刻。三潭印月、阮公墩、湖心亭这三个景点是老得不能再老的景点了，但是整治赋予它新意，“可游性”霎时凸显出来，并且与《整修使西湖三岛重现新貌》的报道形成了明显的对比。这样的报道法，显然做到了新闻老前辈纪希成所言：“报道的主题，常常是共同的。如果有好坏，差别就在于作者是否会用新的材料说明它，新的方式表明它，用新的观点、新的角度去统率它。我们的任务就是要在共同的东西之间，发现和表达出某种新的、有特点的东西。”

(2)提炼主题不能强行硬化

这是一个记者在写稿子时千万要注意的一个问题，不能为了主观上的“出好稿、出大稿”的诱因，把非本质、非原貌的内容，主观想象、添油加醋地硬性嫁接，以迎合形势的需要，这不是提炼主题的正确方法，也违反了新闻写作的基本原则，是一种强行硬化的错误做法。正确的提炼、深化主题的做法，是在紧密结合形势、符合党的方针政策的同时，又符合新闻事实的原貌，以事实为前提，事实本身且具有新闻的中心思想。

(3)主题不能分散空泛

新闻主题一定要集中具体，不能面面俱到，四面出击。不可分散，什么都写。分散会使什么都讲不透，文章就会空泛，形不成气候和力量。

3. 保存材料，以备后用

这是一条很好的经验，对做电视新闻的更显好处。实际上，每次采访回来的材料，并非都能用进该次的新闻报道中，许多材料暂时都用不上。此时，我们就可以把这些暂时不用的材料保存下来，作为素材积累、储藏起来，方便日后选用。保存、积累的材料，不仅可以填补日后的急用，细分析后还能提供新的新闻线索，有时也能成为深度报道的由头。

具体的整理方法有很多,因人而异,主要还是要根据自己的习惯和实际需要来进行。一般有以下几种方法:

(1)方向、原则收集法

将符合自己所跑新闻线的大致方向,并经常需要用到的素材,整理收集起来。例如:对旅游线的记者来说,2005 年 9 月下旬,对国庆期间将隆重推出的西湖新景区——整治后三潭印月、湖心亭、阮公墩的报道,很多素材并非这次报道都会采用。三潭印月及湖中三岛之外的旅游资讯素材就可以保存起来,留待下次需要时用。

(2)精华部分收集法

将自己采访到而未用部分的精华内容保存下来。例如:三潭印月、湖心亭、阮公墩等景点中新增部分——整修后的三潭印月,新设了李卫陈列室,有关李卫的资料就可以作为精华内容保存起来,方便今后做西湖人文景点时使用。

(3)统筹收集法

对手中的采访素材进行上下左右全方位的考虑,眼前、今后,当前、长远,根据需要统筹兼顾。例如:对某个新闻人物的采访报道。涉及的政策、法规,事迹、故事,意义、作用,发展、前景等,具有“典型”价值的材料,把它们分存在不同的框架中。

(4)价值收集法

对采访到的新闻材料按所具有的“价值”,经得起时间和实践考验的原则进行保存。例如:有关李卫的资料“李卫作为雍正年间的清代浙江总督,任期内恢复了西湖十八景”这一材料,显然是经得起时间和实践的考验的,是有价值而需要保存下来的。

(5)卡片收集法

把有用的材料及时做成卡片。这个方法比较简单直观,在此不作详细介绍。

(6)精确收集法

对拥有的材料进行认真的甄别,以保证收集保存起来的材料的精确性。

例如:“李卫作为雍正年间的清代浙江总督,任期内恢复了西湖十八景”,时间上、地点上、事件经过等是否精确,要进行认真的甄别。

(7)全面收集法

对某一方面的材料尽可能全面、系统的收集。例如:有关旅游方面的材料都可以把它收集起来,作为旅游线的新闻记者在后面的工作中都能用到。

(8)动向收集法

对采访中发现的具有新变化、新想法、新举措、新成就等具有“新”的动向性材料保存起来,没准会成为下一个精彩大稿。例如:景区博物馆的报道,年年会有新补充,明年的新动作可能就蕴藏在你的材料里。

(9)规范收集法

其实,保存积累意义上的新闻素材整理,对于个人而言,也是一个"档案"建立过程,因此,它有一定的规范性。要对材料进行分门别类的、系统的、合理的整理、收集、保存,便于日后采用。

例如:有关旅游类的材料,可以将材料按人物、景点、故事、楹联、线路等规范收集。

诚然,收集、保存材料很重要。但是,持之以恒、坚持不懈更重要,三天打鱼两天晒网,是形不成气候,也起不了作用的。因此,作为记者,除了有好的方法之外,坚持也是很重要的。

思考题

1."传统"新闻的采访方法有哪些?具体要求是什么?

2. 设计一个通讯体裁的采访提纲,并具体阐明操作过程。

第二节 "传统"新闻的写作

新闻写作是新闻报道工作中一个重要的环节。有个形象的说法,如果说新闻采访是采购布料的话,那么,新闻写作就是设计、制作服装了。但是,服装做得好不好、合不合身、漂不漂亮,就要看裁缝的技术了,这是买布做衣服的关键所在,只有做好了,买布和制作才有价值,否则,就变成了无法穿着的废物。所以,制作技术和加工工艺就显得尤为重要。记者历经千辛万苦的前期、中期、后期阶段的工作,只有经过了精心制作——"写作"这一关,新闻报道的最终目的才能实现。因此,新闻写作对于记者来说非常重要。

一、"传统"新闻写作的基本要求

我国新闻工作的前辈,曾任中宣部部长的陆定一同志,在1943年9月1日的《解放日报》上,发表了《我们对于新闻学的基本观点》的文章,提出了"新闻要真实","新闻五要素缺一不可"的观点。

1953年12月,吴冷西同志在新华社第三次全国社务会上,提出了新闻写作的八条要求:一是用事实说话,用充分的事实来体现一定的政策思想,而不是用记者的口吻去大发议论;二是事实要精练;三是事实的安排要有一定的规格,即将最重要的、最时鲜的、最吸引人的事实放在前面;四是逻辑清晰,条理分明、不是杂乱无章、漏洞百出;五是交代背景,说明意义;六是生动活泼,饶有风趣;七是文字简洁、确切、优美,反对陈词滥调、废词废句,解词解字;八是迅速及时,写得快,写得及时。

1981年,习仲勋同志在新华社成立50周年纪念会上,代表中央书记处对新闻写作提出了五点要求，这就是到目前为止仍为国内新闻界所奉行的“五字方针”——真、短、快、活、强。

由此可见，新闻写作的基本要求有以下几方面：

(一)坚持真实性

所谓新闻的真实性，表现在新闻基本要素的准确无误，新闻所反映的所有事实都必须是真实发生过的。它包括新闻所反映的事实的环境、人物(包括语言和动作)、过程、现场景况、结果等，都必须是真实的。还有新闻中所引用的数据、史料、背景材料等，都必须准确无误。

坚持新闻真实性要做到的两点：一是作风踏实，采访扎实、材料过硬。不捕风捉影，不道听途说，不凭空想象，不随意杜撰，不急功近利。二是提高自身素质，提高职业素养，增强辨别能力，避免粗枝大叶、表象掩盖真相、无意识失实(事实之真和反映之真)。

新闻稿实例：

盛昌黎副省长视察浙江旅游职业学院

浙江省副省长盛昌黎一行在浙江旅游职业学院调研

11月15日，浙江省人民政府副省长盛昌黎在省旅游局局长纪根立、省教育厅副厅长郑继伟等陪同下莅临浙江旅游职业学院调研。

盛昌黎一行实地察看了学生事务服务中心、图书馆、演播厅、饭店博物馆、景区规划陈列馆、报告厅及烹饪实训基地和实习酒店，听取了院长王昆欣关于学院的基本概况、发展建设情况和下一步工作思路的介绍。王昆欣表示，学院要在紧密联系行业、产学研结合、接轨国际等方面形成特色，力争在依托行业、服务行业、研究行业、促进行业方面发挥自己的作用。听取汇报后，盛昌黎发表重要讲话。她说，学院园林式的校园、兢兢业业的教师、学业有成的学生、先进而齐全的教学场地和实训基地，给她留下了深刻的印象，她认为，学院工作干劲充足、工作思路清晰、办学目标明确、办学成效显著。

她强调，高等职业院校要认真学习刚刚结束的全国职业教育工作会议精神，抓住当前职业教育较好的发展环境，坚持服务为宗旨，就业为导向的办学方针，加强内涵建设，提升办学层次，加强对职业教育内部规律、对行业发展的研究，使学院成为行业人才的基地，成为行业岗位培训的基地。她希望学院，一是进一步提高职业教育的核心竞争力，加强师资队伍建设，特别是注重“双师型”教师的培养，提高教师的学历水平、理论素养及对行业发展、理论前沿的捕捉能力和敏锐度，鼓励基础课教师更多地深入到行业中去学习实践，及时了解和把握行业发展的需求和动向，提高课堂教学的实用性和针对性；二是进一步实施多元化的办学模式，在校企合作上要寻求新突破，吸引更多的社会力量参与到学院的建设和发展中来；三是进一步营造浓厚的学术氛围，力争使科学研究更贴近行业，成为行业发展的强大推动力。

在汇报会上，郑继伟副厅长就学院的办学层次、办学模式和学生实习等问题提出了指导性意见，希望学院进一步加强学科建设，进一步提升办学品位，更好地发挥浙江旅游教育的“龙头”作用。萧山区张爱莲副区长表示对学院的建设和发展要给予更多的支持，同时也希望与学院在推动萧山旅游经济发展、加强职业教育等方面加强交流合作，实现双赢。

纪根立局长代表浙江旅游职业学院主管部门，对省政府、省教育厅、萧山区政府对学院的关心、帮助表示感谢，同时，也希望学院在各级政府部门的支持下，依托行业，苦练内功，努力创建优秀国家高职院校。办成中国著名的旅游学院，为建设旅游经济强省作出更大的贡献。

学院党委书记傅建祥代表学院感谢省政府、省旅游局、省教育厅、萧山区政府对学院建设和发展工作的肯定和支持，并表示要认真研究省政府、省旅游局、省教育厅的指示，采取有力措施加以贯彻落实，要鼓足信心、大胆创新，为创建国家优秀高职院校，建设国内一流旅游学院加快发展步伐。

我们再看另一篇消息稿。

盛昌黎副省长在高职院校调研时要求

浙江旅游职业学院应成为
浙江高校旅游专业人才培养的龙头高校

本报讯 11月15日上午，浙江省副省长盛昌黎在省教育厅副厅长郑继伟、省旅游局局长纪根立、萧山区区长张爱莲等陪同下，来到位于萧山区宁围镇的浙江旅游职业学院调研。受到浙江旅游职业学院领导和师生的热烈欢迎。

盛昌黎副省长在学院领导的陪同下，参观了设计别致的校园、图书馆，富有特色的景区博物馆、饭店博物馆；在被省政协教科文委主任、原浙江大学副校长黄书孟誉为“设施一流的实验实训基地”观摩了学生们精彩的技能展示，学生们精湛的烹饪手艺、客房的整理水平、魔术般的调酒表演等，盛昌黎副省长等一行对同学们的娴熟精湛的操作深表赞赏。

参观结束后，盛昌黎副省长一行在学院实习宾馆——旅苑宾馆多功能厅，听取了院长王昆欣教授就学院基本情况、办学理念、办学规模、办学特色、办学成果以及办学过程中的问题向盛副省长所作的简要汇报。

省教育厅副厅长、教育学博士郑继伟在听取了该院院长王昆欣的汇报后说，浙江旅游职业学院办得很好，但因为这个学校不在教育厅所管辖的几个高教园区内，平时也没有什么需要我们省厅帮助的，所以来的比较少。今天来了以后，感触非常深。这是一所非常好的学校，是一所很好看、很有东西看、也很值得看的学校，是一所高等职业教育特色非常明显的学校。办学目标明确，服务特色鲜明，和旅游行业很对口。教师、学生的状态非常得好。法国里昂的职业学校也是这样，很像我们这个学校，是浙江省应该重点扶持的高职院校，应该成为浙江省高校培养旅游专业人才的龙头学校。同时，郑继伟还对教师的职称评定、学生的招生、重点专业本科试点、学生就业、学院的发展步骤、层次提升的具体办法等提出很多建设性意见和指导。

接着，盛副省长也发表了热情洋溢的讲话。她兴奋地说，我和郑厅长的感受完全相同，很抱歉，我是第一次来浙江旅游职业学院，但是感受非常强烈，这是一所非常有特色的高职院校。从别具一格的建筑外形设计上就能深刻地感觉到，浙江旅游职业学院是一所园林式的高校；图书馆、实训基地等教学条件非常好，教师中有国家级的大师，这非常的了不起，很不简单，我们学校很有吸引力；教学成果明显，教师学生都很出色。我完全相信你们的就业率，那么热的行业，那么好的学生。能取得这么好的成绩，反映出学院的工作做得很好。旅游业的高层次人才培养、行业各类岗位的培训都搞得很不错，印象非常强烈。特别是你们的科研，能够结合行业实际，科研项目的行业特色很鲜明。你们的办学完全符合国家职业教育的要求，“坚持以服务为宗旨，以就业为导向，走产学研结合的道路。”应该成为高职教育的榜样，成为浙江高校旅游专业人才培养的龙头学校。

在谈到学院发展方向时，盛副省长指出：作为高校，浙江旅游职业学院还要加强三方面的工作：一是加强教师队伍建设，全面提升教师队伍素质，使之更具高校教师应有的敏锐内涵，对前沿学科发展信息的捕捉能力，进一步提高“双师型”教师的比例，学术氛围要进一步加强；二是进一步加强校企合作，把各种创新性实践模式做得更好；三是科研要更贴近行业，把你们的科研成果转化为生产力，推动行业的发展。最后，盛副省长情绪高昂地殷切嘱咐：浙江旅游职业学院完全可以办成品牌性的优秀高职院校，“先冲省里的，再冲全国的！”对于一些好专业，可以先试着办本科，待条件成熟时，再整体提升办学层次。

同时，盛副省长还就浙江旅游职业学院的园区管理归属、发展急需解决的土地、师生出入的交通、教师职称评审等问题，向省教育厅、萧山区政府作了明确要求，要给予浙江旅游职业学院最大的支持。“这么好的学校，一定要全力支持，即便是分步解决也要解决。”

两篇稿子的新闻事实是同一个，但感觉完全不同，明显区别在于很多表述中的“形容词”，新闻稿原则说是不能用形容词的，但新闻事实中本身就存在着形容词的，还是可以真实还原的。因此，第二篇稿件是符合“真实性”原则的。

（二）坚持时新性

时新性是时间性和新鲜性的合称。时间性是新闻的本质特征之一，新闻不讲时间性，就不成其为新闻，随着改革开放的不断深入，新闻改革也有了很大的动作，中国新闻界也越来越重视新闻的时间性问题，“抓活鱼”成为众多新闻记者和新闻单位提高新闻时效性的一个生动、形象的口号，鞭策着众多新闻记者为之努力奋斗。

新闻写作不仅要讲究时间性，还要强调新鲜性。所谓新鲜性，是指用尽可能新鲜的形式突出报道最新鲜的内容。它包括内容新和形式新的两层意思：内容新，主要是指新闻写作的角度新、主题新。角度新颖，可以使人看到平常视角看不到的东西，给人以强烈的新鲜感；主题新，是指主题能体现出时代精神。要表现出新鲜感，还必须有一定的形式：一是把最重要的信息放在新闻的最前面，即放在导语部分。把受众最关心、最有兴趣的事情突出出来，使读者一见倾心；二是寻找“最近点”，最近点包括时间上的最近点和新闻要素“时间”中的某一个点，总之是选择离新闻报道时最近的事件末端。

只有时间性和新鲜性的有机结合，才能保证新闻的时新性，正因为如此，新闻被称为“易碎品”。

（三）坚持思想性

思想性实际上就是指导性，就是新闻媒介以具体的新闻报道去影响、指导受众的思想、态度、情感、行动，最终把他们引导到一定的目标。我们在新闻史部分里讲到过这个问题。美国新闻传播学家本·巴格迪坎在他的《传播媒介的垄断》一书中指出：“大众传播媒介在任何时刻都成了判断真与假、现实与虚幻、重要与琐细的权威。在形成公众观念上，没有比这更强大的力量了。”在我国媒介的报道中所要体现出来的思想性，就是力求用马克思列宁主义、毛泽东思想、邓小平理论的基本立场、观点和方法，党的方针、政策、路线回答实际工作和生活中提出的有普遍意义的问题，以指导人们的思想和言行，这是中国社会主义新闻媒介的性质和任务所在。也是我国新闻报道的基本原则之一。

要坚持新闻写作的思想性原则，在具体操作上要把握好以下几点：

1. 寓思想性于新闻报道之中

新闻报道蕴涵着记者所要强调的思想性。受众则在接受所需的新闻信息中，自然而然地接受了其中的思想观点。

2. 把思想性和针对性结合起来

思想性只有和针对性结合起来，才会显示出它的力量。通过记者精心选择新闻事实，研究新闻事实，在新闻作品中提出某一切中时弊的问题，并用一种正确的思想和方法提出解决这些问题的观点和办法，这样的作品才会受到受众的关注和重视。

3. 思想性还必须和深刻性结合起来

新闻是公共的，新闻作品是公众的，要“在形成公众观念上”，发挥“没有比这更强大的力量了”的作用，必须使我们蕴涵在新闻作品中的“思想”具有一定的深刻性，“你应该在我的文字中找到鼓励、慰藉、恐惧、魅力——你所要求的一切，并且也许，你还能一窥你忘记询问的真相。”（谢丽尔吉布斯、汤姆瓦霍沃：《新闻采写教程》新华出版社 2004 年 10 月第一版，第 5 页）这是一个很高的境界，完全取决于记者对问题的研究深刻和透彻程度，以及表达上的凝练与精彩。

4. 坚持简明性

“一些研究显示，大部分的读者只匆匆浏览他们每天的报纸，很少从头到尾读一个故事。”（谢丽尔吉布斯、汤姆瓦霍沃：《新闻采写教程》新华出版社 2004 年 10 月第一版，第 5 页）因此，许多行家都说过，简练是最高的写作技巧。对新闻记者来说，把新闻作品写得简洁、明了，更是语言文字的基本功。因为，简明扼要是一切体裁的新闻作品的最显著的特征。

简明性的两层含义：

（1）通俗明了

因为新闻作品是提供给大众享用的，大众媒介“提供有价值的信息，以提醒人们关注事件、机会、问题、可能性以及这些进展的意义。”（谢丽尔吉布斯，汤姆瓦霍沃：《新闻采写教程》，新华出版社 2004 年 10 月第一版，第 3 页）所以，它必须写得人人都能懂，使受众在匆忙的瞬间从中获取尽可能多的信息。因此，通俗明了就成了新闻写作中的一个主要特征和主要要求。尽可能避免专业性很强的术语，或者对专用术语做一定的解释；抽象的概念尽可能用形象的比喻和人们能够感受的物体来表达；句子的长度要控制，新闻语句不宜过长，以增强文章的易读性。

（2）简洁凝练

新闻提供的是大众的新闻读物，在短时间内要读者明了事情的原委、结果，因此，必须简洁凝练。能三句话表达清楚的，绝不用四句话来表达，要做到舍得“删”，把那些自已认为的得意之处而读者并不喜欢、又对传达信息没有什么意义的部分毫不犹豫地删除掉。

二、新闻写作的主题和角度

主题和角度是记者在动笔写之前必须解决的两个问题，不搞清主题就无法选择材料、组织材料；不选好角度，就无法谋篇布局，无从下笔。面前的一大堆材料就无法有机地组合在一起。

（一）主题的提炼

会写文章的人，都很讲究立意。古人更是如此，唐代文学家杜牧说：“凡为文以意为主。”清代戏剧理论家李渔说：“古人作文一篇，定有一篇之主脑。主脑非它，即作者之立言之本意也。”这里的“意”或“主脑”，以及古人另外常用的“旨”、“志”、“神”等指的都是文章的主题。

主题对于一篇文章来说非常重要,新闻作品也如此。

我们先来看一篇主题未经提炼的通讯报道:

法网恢恢疏而不漏　家庭教育实当重视

一

这是一个真实的故事,它来自于生我养我的家乡小山村。

1982年2月,何洋(化名)在一个潦倒清贫的小户人家降生,父亲虽然有些小聪明,总喜欢拜(应为"摆")弄一些小玩意儿,如做些小桌小椅,用泥土捏些泥人佛像都像模像样,这样还能赚点小钱,但仍然不够补贴家用,加上他整天赖吃赖喝,还特别喜欢赌博,自然,那一贫如洗的家更是摇摇欲坠了。更可恶的是,他在家乡的蛮横与霸道,欺老凌弱,让他的整个家都臭名远扬,不得人心。这样的家境,对正在成长的何洋来说,影响是不言而喻的。唯一值得庆幸的是,何洋有一位勤劳朴实安分老实的母亲。

小何洋在母亲单薄的臂弯日渐长大,并越来越调皮。随着年龄的增大,何洋的身体也渐渐强壮起来。在他上小学五年级的时候,已几乎没有人能够管得住他了。有时候,他可怜的妈妈都要被他打得鼻青脸肿。所有的人当中,能够打得过他的只有他爸了。每次他的爸爸在外喝醉了酒或赌博输钱了,何洋也从未逃掉一顿毒打。

谁都知道,在这种环境中小树苗是长不直的。因此,何洋从小就染上了小偷小摸的恶习,仗着他爸的势力,他嚣张的气焰与日俱增。周围几十里,几乎没人敢碰这一家这一大一小俩"霸王"。就这样,小何洋轻而易举地将他父亲的恶习全部"继承"了下来。

初二的上半学期,他最终还是被勒令退学了。那时的何洋才15岁,带着满腹的仇恨,何洋离开了学校,没有一丝留恋,也就此离开了家,没有和任何人说再见。

不声不响的何洋突然无影无踪,可怜的只有他妈妈。更让他母亲难以接受的是,他这一走就是五年杳无音讯!那风雨飘摇的家,随他这么一走更无法支撑了。自从何洋走后,何洋的父亲变得几乎疯狂,曾多次在醉酒后打伤了邻里乡亲。何洋妈妈所受到的非人虐待也是更无法形容。然而,她的坚强也是让所有邻居所崇拜。每次受到何洋父亲毒打之后,在痛哭之后,她总是毅然(改为"坚强地")站起来,打理好自己,重新艰难地生活着。有谁知道,在她坚强的背后,又藏着一个女人多少的辛酸和泪水?但她总是有一个坚定的信念:儿子一定会回来,一切都会好起来!

逢年过节,在千家万户聚集欢庆之时,村边那座小木桥边,总会坐着一位虽只有40来岁而看起来足有50岁的妇女,那就是何洋的妈妈。她是在等待儿子的归来,她那目光一刻也离不开那条路,那是当初儿子上学的必经之路。看着那条路,他仿佛看到了儿子蹦蹦跳跳地回来了,似乎在叫着"妈妈、妈妈",就跟当初放学回家一样……然而,每次回忆,总是被月华泻地或沉沉夜幕所吞没,她也只有失望而归。但是,她又很快振作起来,她还是坚信着:儿子一定会回来!

春去了,冬来了,何洋妈妈的两鬓正如冬日里漫山的雪花,白茫茫一片。是啊,漫长寂寞的等待真的让她老了好多好多。或许,上天真的能显灵,心存感动;或许,这也正是一切皆自然的开始吧!何洋的音讯终于被唤了回来……

二

2005年11月25日,是一个晴朗的冬日,随着我家的电话铃响,电话那一头一个“喂”字,让我听的熟悉又陌生,我想了好久也想不出对方是谁。不知什么原因,对方沉默了好久,但双方都没挂电话。大概三分钟过去了,才听到对方说了一句:“我是……”“我是……何洋……”我真的惊呆了,不知是为他母亲高兴,还是为他的醒悟而震惊……还没等自己回过神来,我就给他妈妈传了电话。

在何洋与他母亲通电话的过程中,我看到了他母亲泪如雨下的脸,看到了她那从未有过的欣喜与幸福,也听到她发自内心的安慰:“儿子,你不要哭,只要你能平安回到妈妈身边就够了,没有挣到钱,妈妈不会怪你的……”看着何洋妈妈布满沧桑的脸,听着那几乎恳求的话,我模糊的视线里出现了何洋小时候那霸道的样子,活脱脱的他父亲的翻版!也似乎看到了他这些年艰辛的背影和改邪归正的表情……

三

2005年12月,久别家乡多年的何洋终于觉得该冒着生死回家一趟。可是,可怜的他虽然在外面混了很多年,可依然连饮食都难解决,更不用说买车票了。没办法了,就只有再冒险一次——爬火车。很顺利,他从上海“免费”到了南昌,再一次抱着侥幸他准备到达武汉,就在他高兴得忘乎所以,来不及环顾周围的一切,期待着与家人重逢后的一幕一幕……正在那个时候,他引起了警方的注意,最终被抓获。原来,他是被通缉多年的罪犯!在走上警车那一刻,他才看到了墙壁上的通缉令!

法网恢恢,疏而不漏。何洋最终落入法网,所有的真相也都大白于天下。8年的时间,何洋竟作案10多起,偷盗公物、贩卖赃物、敲诈勒索、拦路抢劫、赌博斗殴……竟都是他的罪行,真是不可思议啊。据何洋被抓后口供,很多时候作案是迫于生计,有些时候是被别人所逼。作为与他同乡的我,能理解他的一切;作为一个记者,我维护的却依然是法律的尊严。尽管何洋可以为自己找到合适的理由,可是,法律是不会给辩护的人机会啊。法律也不会讲情面,何洋从一个毛头小伙子最终成为一个罪犯被打入地狱,法律没有因为什么理由给予半点的宽恕,这是正义之理!我们有何可言呢?八年的艰辛和罪恶磨炼了他的圆滑,以致让他一逃再逃,但终于还是未能逃脱掉。未能逃出恢恢法网,又向我们重申了什么呢?

然而,更让何洋想不到的是,与自己日思夜想的妈妈见的最后一面竟是在上警车之前,戴着沉沉的脚镣手铐,沉沉的心。他一头栽倒在地,跪倒在妈妈的面前。头,也重重地在地上叩了三下……何洋哭了,妈妈也哭了,母子俩撕心裂肺地哭喊声震撼得几乎是地动山摇啊……那沉沉的一跪,那重重的叩首,还有那惨痛的哭声,不正向世人鉴证了所有的一切?

……

2006年,何洋走了,被判处有期徒刑15年。何洋的母亲也走了,含着15粒安眠药安静地走了。她安详的脸上,我们看到了从未有过的平静与踏实。是啊,十多年,她盼着儿子长大;二十多年来,她又等着儿子平安地归来;三十多年,她还要再等儿子15年……非人的日子,让她实在无法再等下去了,她还是去另外一个国度思念儿子吧,或许那样更能给儿子一片自由成长的天空!或许,那才是最好的结果吧。唯愿何洋的妈妈能在另一个国度里找到属于她自己的一份公平与幸福!

透过何洋母亲的悲惨与善良,我们更清楚地认识了他父亲的罪恶与狠毒,透过地狱的铁门和铁窗,我们看待了法律的公正与严密(应改为"威严")!透过何洋悔恨的泪水,我们看到的是他对母亲深深的愧疚和改过自新的坚毅。而透过这段沉沉惨痛的故事,我们看清的是,家庭教育与孩子成长之间紧密的重要的联系。

读完这篇通讯报道,我们得出如下印象:

一是这是一篇很好的纪实性散文,揭示了孩子成材与家庭初期教育之间的关系;

二是这篇文章的结构不错,采取了金字塔结构,读起来很顺畅;

三是情节安排得很好,几个例子很有感染力;

四是语言的运用也不错,有几个地方再改一下会更好;

五是有评论,和通讯写作所需要的点睛之笔有异曲同工之处。

但是,最大的问题它不是一篇新闻作品,和"新闻"没有丝毫的联系!修改后,我们给它配上了一个"新闻性"标题,并使用"新闻导语"式的开头,凸显出主题,使之成为倒金字塔结构的通讯作品。

一个堕落生命的启示

——法网恢恢疏而不漏　家庭教育实当重视

(用倒金字塔结构自然过渡,使其成为新闻文体)

"呜哇……呜哇……呜哇……"尖利的警笛声撕碎了乡村的宁静。

在这让人充满着期待的春天里,突然而至又令人毛骨悚然的警笛声,把全村的人都召集到了村口的小桥头。那是进村的必由之路,也是村里人习惯自然集会的地方。桥太窄,呼啸的警车只能停在桥那头。随着车门的打开,一个蓬头垢面的男青年,在警察的押解下向村里走来,那张污垢结满的脸上,只有一双转动的眼睛告诉村民们,他在找人。突然,他跪倒在一个头发花白的老妇面前,接着而来的,便是哭天抢地的号啕声……这到底是怎么回事呢?

然后,引出第一章节,不用数字简单分段,采用小标题的形式,以利于主题的烘托。如第一段,我们把它修改为:“耳濡目染 少年染恶习”;第二段,从原来第一部分的第六自然段“不声不响的何洋突然无影无踪”……开始到第二部分前,把它再独立为一段,小标题为“忍辱负重 善良母亲遭磨难”;原来的第二部分我们把它改为“望眼欲穿 电话传来游子声”;原来的第三部分,我们把它修改成“多行不义”,在最后倒数第二段,再加上一个小标题“何洋母子留下了什么?”这样的修改,便于情节的衔接和叙述的方便,也有利于主题的突出,教育警示意义更大。

要指出的是,新闻的主题和一般文章的主题有所不同。新闻的主题是指新闻事实所体现的中心思想或基本观点,是记者通过客观事实所要表达的主观意图,也是写作过程中须臾不可偏离的核心。不过,记者在选择新闻时必须遵循一定的原则和要求。

1. 新闻主题的原则

新闻主题应能代表事物发展方向、对全局有影响、有相当的政治思想高度和政策高度,和全局形势紧密相连,对社会生活和实际工作具有普遍的指导意义。

2. 新闻主题的要求

新闻主题必须是人民群众普遍关心的问题和事物;新闻主题必须明确、集中、深刻。

(二)角度的选择

例如,艺术节的报道,可以从不同的角度来报道,可以从娱乐性角度做文章,也可以从经济角度来做文章,也可以从文化的角度来做文章,也可以从历史的角度来做文章。

中国旅游报文潇老师撰写的《杭州告诉了世界什么?》角度选得非常好,可说是新闻稿中角度选择的范例。

三、各种“传统”新闻体裁的写作

(一)消息

消息是新闻体裁中用的最为广泛的一种。这是因为它和通讯、特写、专访等体裁有太多的相同之处,但也因为它的广泛使用性,又使消息有了独特的写作规律。

1. 消息写作的基本原则

消息写作有以下几个原则:真实性原则;时效性原则;可读性原则;指导性

原则。

(1)真实性原则

真实是新闻的生命,更是消息的生命。不管何种媒体,消息的使用比例和频率都是新闻体裁中最高最多的,真实性于消息来说更为重要。真实性是消息的力量所在,也是具备可信性的核心要素,一旦失实,就会产生恶劣的影响,同时也失去了受众对媒体的信任。因此,真实性是消息必须坚持的原则。

如何确保消息的真实性?

首先,采访事实时一定要全面,接触主要事实的时候要注意其他情况的了解,便于分析和判断,以保证新闻的真实性。

其次,运用事实时,要注意客观,要充分注意到事实本身的客观和使用时的客观,不要加入自己的主观评价。

第三,表达事实时,要注意准确无误,时间、地点、人名、数据、原因、结果等。

(2)时效性原则

新闻的要素之一就是"新近发生的"事实报道。"新近发生的"才算得上消息,因此,时效性对于消息来说很重要。消息要快,是广大受众的共同心理需求,大到战事、小到购物,受众总是渴求先睹为快、先知为快。各个新闻单位在第一时间抢报消息,就是为了赢得更多的受众。所以,时效性是新闻必须坚持的又一个原则。

如何保证消息的时效性?

首先,有畅通的消息来源渠道。如报社的热线、政府的信访部门、信息员网络、新闻报料等。

其次,反应敏捷。得到消息后,第一时间里赶到现场,并能根据现场情况捕捉到最有新闻价值的信息。

第三,有必要的现代化设备。采访必备的设备、器材,如电脑、相机、摄录机、汽车等。

第四,善于表达。能用最合适的篇幅、最合理的长度、最理想的表达方式来写作消息。

(3)可读性原则

消息的可读性非常重要,消息仅有短和精练还不够,必须具有可读性,能够吸引受众的眼球,引起受众的阅读欲望。否则,受众是不买账的。因此,消息一定要写得具有可读性,从内容到形式都能吸引读者。

如何增强消息的可读性?

首先,要凸显受众最关心的消息内容。

其次,表现手法上要精益求精,能用最贴切、生动的语言来表达。

第三,制作一个抓人心魄的好标题。

(4)指导性原则

新闻负有巨大的社会责任,因此必须具有指导性。新闻消息的指导性是通过对客观事实的报道来宣传党和国家的路线、方针、政策,宣传正确的世界观、方法论。很多新闻纪律,就是为了保证新闻的正确指导性。比如,对旅游新闻报道过程中环境意识的提倡;对景区文物的保护等。

怎样确保新闻的指导性?

首先,要有一定的政策、理论水平和把握全局的能力,能正确认识事物、把握事实,顾全大局,恰到好处地反映事实。

例如,对违章建筑的报道,要搞清违章建筑的历史原因和目前状况,大背景是否有利于拆违工作的开展,一味拆违会不会有不良后果产生?只有都搞清了,并且做好了充分的准备,才能动手写作。

其次,妥善处理长远和眼前的关系,能够选择最佳的时间来报道。

例如,中日关系中的某些事件,在目前的情况下特别敏感,我们要注意很多问题。

2. 消息写作的语言特征

(1)具体

消息写作的具体,是指在一定量的语言符号中间,必须有一定量的信息内涵。消息的篇幅有严格的限制,短小精悍是它的特点。如:什么时间,是谁,在什么地方,发生了什么事情,结果怎么样?也就是新闻的五个“W”。那么,怎么做到“具体”呢?

方法一:用能说明问题的事例和细节来取代抽象、笼统的概念。

例如,酒店管理学院的一篇新闻稿:

携手社区餐巾折花活动

为进一步增强团员意识,扩大群众对餐饮文化内涵的认识。12月10日下午,酒店管理学院志愿者们走进了杭州市葵巷社区与市民一起携手投入活动。其活动包括:餐巾折花,雕刻,刀工展等。

活动中,市民们看到那些栩栩如生,姿态各异的餐巾折花(应该具体到从形、色、市民的赞叹至读者也能感受到真实的某种花的程度)与技艺精湛的刀工表演,现场气氛非常活跃,市民们积极与志愿者们进行交流,表现出了浓厚的兴趣。

……

方法二:少用母概念,多用子概念。

外延较大内涵较小的称之为母概念,外延较小内涵较大的称之为子概念,这是形式逻辑中的两个专用名词。例如:“汽车”和“轿车”两个概念,就是母概念和子概念的关系。“汽车”相对于“轿车”来说,明显要抽象得多。

例如:我们报道一个从贫困山区出去创事业的人成功后回家的消息。其中的一个句子:

① 他开着汽车从城里回来了。

② 他开着小轿车从城里回来了。

③ 他开着奔驰从城里回来了。

体会这样的三个句子,给你的是什么感觉?哪一种表述更贴切?更明白?

(2)准确

消息写作传达的是新近发生的事实消息。因此,它表达的事实必须准确。运用准确的语言向百姓报道事实的真相,是一个新闻记者的职责。报道的事实不仅要确有其事,而且要做到措辞准确。这就是说,在消息写作中必须用准确的语言表述事实,不添枝加叶,不使用不当措辞。

第一,使用含义确切、明晰的字、词、句,不用含混不清、模棱两可、笼统的词语。

比如下列两个标题——《这个难题党员破了》、《这个问题提醒得好》,这两个标题都存在着“不够准确”的嫌疑。

从内容来看,人们在紧张快节奏的有限时间里,希望一目了然“什么难题被党员破了?”而这个题目显然回答不了这个问题,太笼统了。第二个题目有同样的问题:“什么问题提醒得好?”跟我有关吗?于我有帮助吗?

如果改成:《党员破了背街小巷治理难题》,人们就会关注多了,很多人还住在背街小巷里,有种种困难问题没有得到解决,他们会关心“党员”是如何发挥先锋模范作用,把大家渴望解决的“难题破了”。这样的表述,就会引起很多相干人员来关心、关注。

第二,慎用形容词。

消息一般不用形容词,形容词一般是写作者自身对事物的一种感受,会影响到消息语言的准确性,进而影响消息本身的准确性。

请参见《盛昌黎副省长在高职院校调研时要求——浙江旅游职业学院应成为浙江高校旅游专业人才培养的龙头高校》。

注意:这里所用的形容词已被盛副省长本身的动作和言辞所证实,读者可以从盛副省长的语言中感受到作者同样的感觉。如果没有这种事实基础作铺垫,就不能用这样的形容词。

第三,力求避免语法、修辞、逻辑、标点等方面的错误。

这类问题,我们同学的来稿中问题比较多。下面是一篇修改前后的新闻稿比较。

修改前:

我院迎来第一批来自乌克兰卢冈茨克师范大学的留学生

2005年3月10日，乌克兰卢冈茨克师范大学校长助理维克多·叶果洛维奇(Victor E. Zubkov)来我院进行友好访问，揭开两院友好合作关系的序幕。同年7月我院以徐云松副院长带队一行三人对乌克兰卢冈茨克师范大学进行友好回访，并正式签署了《中国浙江旅游职业学院与乌克兰卢甘斯克国立师范大学互派交换留学生协议书》。

根据协议，双方决定自今年9月起互派交换留学生，经过双方的共同努力。11月6日，我院外语系两位同学作为交换生，首批被选送去乌克兰卢冈茨克师范大学学习，起程赴乌克兰留学一年。

11月29日，我们也同样欣喜地迎来了来自乌克兰卢克冈茨克师范大学的五位金发碧眼的洋学生，他们的到来进一步加速(动宾搭配不当)了我院国际化的校园氛围(加速不能和氛围搭配)。这五位学生是萨拉格耶夫·阿尔乔姆、尤金·亚历山大、加利古佐夫·德米特罗、格斯金娜·娜塔丽娅、切邦·奥列娜，他们在本国同样学习旅游专业，这次来到我院是在旅游的大环境中学习中文。30日下午，国际教育学院给五位留学生召开了简短而热烈的欢迎仪式，同时邀请了外语系的金镝老师和所有的韩国留学生。五位乌克兰的留学生一一做了自我介绍，并畅谈了自己来到中国的感受，纷纷表达了对美丽的城市——杭州、校园秀美环境和所有老师的好感，表示虽然自己没有中文基础，但一定努力学习中文；最后共同表达了对学院的感谢，感谢学院给他们提供在中国学习的机会！所有留学生的发言都引起与会师生的热烈掌声。

我们期待乌克兰留学生的到来，在带来异国氛围的同时，更能使我院的国际化办学目标不断得到深化，让我院真正成为21世纪具有一定知名度的国际化旅游院校！

看看修改后有什么不同。从语法、修辞、逻辑、标点等方面来对照，指出问题所在。

我院迎来第一批乌克兰卢冈茨克师范大学留学生

本报讯 11月30日下午，国际教育学院为来自乌克兰卢克冈茨克师范大学的五位金发碧眼的留学生召开了简短而热烈的欢迎仪式。

自今年3月10日，乌克兰卢冈茨克师范大学校长助理维克多·叶果洛维奇(Victor E. Zubkov)来我院进行友好访问后，就揭开两院友好合作关系的序幕。7月，我院副院长徐云松一行对乌克兰卢冈茨克师范大学进行了友好回访，并正式签署了《中国浙江旅游职业学院与乌克兰卢甘斯克国立师范大学互派交换留学生协议书》。协议决定,从9月起双方即开始互派交换留学生。

11月6日,我院外语系两位同学作为首批交换生,起程赴乌克兰卢冈茨克师范大学进行为期一年的留学生活;11月29日,我院也同样欣喜地迎来了来自乌克兰卢克冈茨克师范大学的五位留学生。他们在本国学的是旅游专业,这次来我院同样是学旅游,不同的是在中文大背景中学习旅游。他们的到来,使我院的国际化办学氛围越来越浓厚。

欢迎仪式上,五位乌克兰留学生一一做了自我介绍,畅谈了自己来到中国的感受,纷纷表达了对杭州城市的美丽、校园环境的秀美和所有老师的和蔼的好感;同时,他们还表示,虽然自己没有中文基础,但一定会努力好好学习中文,学习专业知识;并且表达了对我院的感谢。留学生们的发言赢得了与会师生的热烈掌声。

外语系的金镝老师和所有的韩国留学生也应邀参加了欢迎仪式。

第四,不能随意滥用简称、简略词语,不可生造词语。这个问题也比较明显。创新事物多,创新词语也多,但必须是规范的。

请看《"航母"瘦身杭帮菜馆集体谋变》中的一个句子:

"但是,有两条最新消息也同样证实了外地杭帮菜馆的异动。"这个"异动"就是典型的滥用简称,就看这句话,能明白什么是"异动"吗?

(3)简洁

简洁明快是消息语言的本色。简洁就是要让读者在有限的语言符号内,花尽可能少的时间,获得尽可能多的信息。怎么来做到简洁明快?

第一,下笔时要精心推敲,字斟句酌,意惟其多、字惟其少。如:

宝宝的名字叫"高速"

昨天上午,临海市的孕妇汪女士乘车返家途中突然要分娩,绍兴高速交警支队闻讯后迅速用警车将其送往医院。汪女士在警车里平安产下一名男婴。为感谢高速交警,夫妻俩给孩子取名"陈高速"。

第二,写作时,要反复修改,反复推敲。可有可无的字句坚决删去,"删繁就简三秋树,标新立异二月花。"能用一个字表达的,绝不用两个字;能用一句话表示的绝不用两句话来说。

第三,写作时尽量用短句子,短段落。

现代人的阅读习惯是快(吸引力)、明(了解)、好(感觉)。所以,没有吸引力的长句,要花很长时间去琢磨的文章是不愿意看的。例如:埃及一客轮发生泰坦尼克号惨剧的消息报道。虽然事件很大,但是报道的原则基本上都按照消息的语言要求来进行的。如果像写通讯或报告文学那样的话,会很生动,但现代人没有那样的时间来看,只能用连续报道的手法来写。

(4)通俗

这是新闻作品最重要的要求,所有的文字作品中,没有哪种作品再像新闻作品那样拥有广泛的读者。上至高官、下至贫民,不管文化程度高低,也不分年龄性别,所有的人每天都和新闻打交道,我们写新闻的目的就是要让大家明白,所以,通俗的问题非常重要。怎么做到通俗?

第一,遣字造句要雅俗共赏,少用读者感到生疏和生僻的字,少用半文半白的词语,多用符合读者口味的句式。写文化底蕴深厚,景点历史悠久的旅游新闻时特别要注意,一定要处理好这些问题。

第二,处理好专业性、技术性较强的语言,做好“翻译”工作。“传统”新闻报道中常会涉及很专业的报道。如:汽车制造、工业管理、新兴技术应用等。

第三,尽量采用群众口语中新鲜活泼的语言,但不能乱用方言土语。

(5)生动

中国人常用这样的文句来赞扬文采飞扬的好文章:“妙趣横生、妙语连珠。”消息写作同样有这个要求,看了使人过目不忘,印象深刻且精神愉悦。如何做到生动?

第一,多用动词。动词是语言表达中最生动、最活跃的因素。在现代平面媒体的新闻写作中,动词的运用特别重要。电视、广播、网络新闻的冲击力,报纸本身的照片运用,使得文字新闻的“动感”要求也越来越高,因此,要想方设法让文字新闻活动起来。如:

深圳抢劫嫌犯驾车撞伤两名民警被击毙

据××××讯 昨晚,深圳宝安警方在抓捕一名抢劫团伙主要成员时,遭遇犯罪嫌疑人拒捕……

昨日,警方发现犯罪嫌疑人“老同”又在召集同伙准备在松岗作案,于是决定在犯罪分子预谋实施作案时进行抓捕。昨日下午5时许,警方在宝安区松岗街道辖区发现“老同”驾驶一辆黑色日产轿车,准备接其同伙外出作案,于是立即按照抓捕预案,分为4个抓捕小组,驾驶4部车辆进行跟踪,伺机抓捕。当民警跟踪至松岗街道东方派出所辖区路段时,案犯有所察觉,驾车加速企图进入高速公路逃窜。一号抓捕小组驾车在高速公路方向拦截,案犯驾车撞向拦截警车后,180度调头驶向人行道逆行逃窜,现场指挥员立即指挥4个抓捕小组紧急围捕,犯罪分子先后与3部围捕警车碰撞后,被夹停在路中间。

……

连贯的动词把一个惊心动魄的战斗场面重新展现在读者眼前,让读者有身临其境之感。

第二,形象化处理。用白描手法勾勒事物形象,再现场面,使新闻报道镜头化。记住:消息的描写主要是白描。上文中的第二段,用的就是这种白描的手法。

昨晚7时,宝安区松岗街道办事处东方大道与松岗大道交界处,警灯闪烁。4辆小车横在路中间,其中3辆警车,一辆黑色日产私家车。黑色日产与其中两辆警车发生剧烈碰撞,被夹停在两车中间,日产车前挡风玻璃已被击碎,司机中弹横卧在驾驶室内,手中紧握一把手枪,大批民警和巡防员在现场维持秩序,逾百围观群众不时高呼"打得好!"

3. 消息写作的结构特点

消息写作的结构多为倒叙,专业术语称"倒金字塔机构"。这是消息有别于其他新闻体裁的一个突出特点——一个与众不同的导语。通过导语将新闻事件的主要内容告诉读者什么时候、什么地方、什么人、发生了什么事情、结果怎么样(又被称为新闻五要素,或简称五个"W"),这是"消息"导语必须承担的"责任"。如:

临平高档小区内闯进"蒙面"车砍伤业主

本报讯 (记者 ××)家住临平一高档住宅小区(地点)的方先生(谁),昨天凌晨一点左右,(时间)在地下停车库(地点)里,遭两个蒙面人追(发生了什么事)砍(结果被"砍")。(导语)

当然,交代的方法也可以根据具体需要或自己的喜好、习惯调换次序,但前提必须是简洁、明快、一目了然。例如:

本报讯 (记者 ××)昨天凌晨一点左右(时间),方先生(谁)在自己居住的临平高档小区一地下停车库(地点)里,遭两个蒙面人追(发生了什么事)砍(结果被"砍")。

也可以是:

本报讯 (记者 ××)方先生(谁)昨天凌晨一点左右(时间),在自己居住的临平高档小区地下停车库(地点)里,被两个蒙面人追(发生了什么事)砍(结果)。

这条消息的结构方式是非常典型的倒金字塔结构,也被美国新闻界称之为消息写作的"三度反复"。意为:交代一件新闻消息,从标题、导语、主体三步来叙述。

这是消息写作中最常见和最常用的。

标题:《临平高档小区内闯进“蒙面”车砍伤业主》

导语:用新闻五要素简明扼要交代新闻事件。

主体:叙述事实,展开报道,满足读者对该新闻了解的欲望。

美国著名新闻学者杰克·海敦认为,“倒金字塔既没有过时,也永远不会过时。”从这种结构在消息写作经久不衰的生命力中,我们可以认定这是一种非常常用和非常好用的一种报道方法。

但是,也有导语部分并不完全有五要素。如:

我市农村工作会议强调以城带乡以工促农

着力解决“四农一村”问题

本报讯 (记者 ××)昨日下午(时间),我市(谁)召开全市农村工作会议(什么事情),传达贯彻中央、全省农村工作会议精神,总结“十五”期间特别是去年全市农村和农村工作,部署“十一五”和今年全市社会主义新农村建设工作任务(结果)。(导语部分缺少了地点)

4. 消息的标题和消息头

消息标题是消息的魅力所在,是读者选择读与不读的关键点。对于当今生活节奏快速的读者来说尤显其重要性,它是消息内容的高度概括和提炼,消息标题制作的精彩与否,直接影响到读者的阅读兴趣。

例如:两条社会新闻在不同的报纸上的标题

日报标题——

■ 慢慢才明白　闯进屋的是四个假冒警察的劫匪

■ 步步来设防　自始至终不给歹徒任何下手机会

■ 镇定再镇定　逼得劫匪慌了神误伤手指赶忙逃

■ 脱险再跟踪　为警察抓获劫匪提供了重要线索

■ 预警派用场　片儿警3天前刚讲过要提防这4人

四个假警察这样败在老祁手下

晚报标题——

前天晚饭后,4个自称是警察的男子敲开了老张家的门。于是,一场与歹徒斗智斗勇的惊险游戏拉开了帷幕。

最后，老张夫妇靠着冷静和智慧，将歹徒成功赶出家门，且由于报警及时，4名歹徒在案发半小时后落网。目前均已被警方刑拘。

竹竿巷的老张夫妇　智退四个假警察

(1)标题的作用

标题通常也称题目，表述、揭示新闻事件关键核心的内容，是新闻内容的集中和概括，是新闻的"窗口"。通过这个"窗口"，读者可以了解到大致的新闻内容。汤姆森基金会编著的《新闻写作基础》一书中有这样的精彩描写："你可以把马牵到水边，但你无法强迫它饮水。当你把你的报纸送到读者手中的时候，你会遇到类似的问题，无法强迫他阅读。不过，有一个办法可以诱使他阅读你的报道，那就是，运用精彩的标题。"从这个意义上来说的话，我们就不难判断上述两条新闻，哪一家更能吸引读者了。由此可见，精彩的标题至少可以有以下几个作用：

第一，激起读者的阅读欲望，"引诱"读者阅读。

广告理论中的"AIDM"公式在此得到了充分的运用。A(Attention)为注意、I(Interest)为兴趣、D(Desire)为欲望、M(Memory)为记忆，指的是四种心理因素的运动过程。而标题要起到的正是这样一个过程来引起读者的注意，调动兴趣，满足欲望，加深记忆。

第二，浓缩精华、传递信息。

标题是新闻精华的浓缩，是新闻事实最简练的陈述。新闻事实一目了然。

第三，点睛之笔、一语点破的。

深邃的新闻价值被精彩的标题一语点破，简洁明了而意蕴深刻，帮助读者理解消息主旨。

第四，阅读导航、选择便捷。

生活节奏的快速，使众多的新闻目不暇接，精彩的标题能够帮助读者选择新闻，从而起到阅读导航的作用。

第五，调动读者情感、增强传播效果。

精彩的标题可以撼人心魄，引起共鸣。

从某种意义来说，好的标题作用远远超过导语。《杭州日报》的标题制作在杭城主流媒体中可以说是独树一帜的。例如：同为一条电池在小孩口中爆炸的新闻。

天啊，电池突然爆炸了(肩题)

——在1岁孩子的嘴里(主标题)

■ 孩子的口腔严重溃疡，食道有没有炸伤还很难判断

■ 孩子吞食各色物品情况很多，但这样的情况医生没见过

■ 省质量技术监督局工作人员说，爆炸的电池可能存在质量问题

■ 1～3岁孩子最易受伤害，本报尽可能多列举各个阶段防护方案（副题）

这个标题做得非常好，非常有震撼力，引人注意，激起读者一直阅读下去的欲望，而且非常得急切，效果相当之好。

另一家报纸在报道这条消息时，配了一张幼儿躺在妈妈怀里用小手捧着奶瓶吸奶的照片，既看不出孩子受伤，也看不出孩子有什么不适，感觉远没有上述那份报纸来得强烈。

(2)标题的种类

标题的种类从性质上来区分可分为实题和虚题两类。

实题是对新闻事实的概括，是最精练的陈述。

虚题是对事情原委的交代，是对思想内涵的点化，环境气氛的烘托。

消息类体裁的新闻标题，一般都是采用实题为主、虚题为辅。如前面提到的日报和晚报的两个标题。

标题的种类从结构上来区分可分为单一结构和复合结构两类，共有四种表现形式。

1)全式标题。既有主标题，又有肩题（也叫引题和眉题，位于主标题之上的标题）和副标题（位于主标题之下的标题）。例如：

我市农村工作会议强调以城带乡以工促农（引题或眉题）

着力解决“四农一村”问题（主标题）

××××××讲话 ×××主持（副标题）

2)主肩式标题。由主标题和肩题构成。例如：

投资总额达297亿，是“九五”期间的3倍（肩题）

“十五”杭州交通建设投资再创新高（主标题）

3)主、副式标题。由主标题和副标题构成。例如：

电脑合成裸照敲诈企业家（主标题）

一名福建人因敲诈勒索罪被法院判处有期徒刑两年（副标题）

4)主标题式标题。只有一行主标题。例如：

西方舆论关注中国新农村政策

(3)消息标题写作的基本要求

标题写作是一种高超的艺术创作。一个好标题绝不是轻而易举得到的,真的可以称之为“呕心沥血”、“殚精竭虑”,劳心劳力程度无以言表。这样的好标题需要长期的积累和艰辛的磨炼,还要了解,掌握标题写作的以下一些基本要求。

第一,准确。这是标题写作最基本的要求,其核心是准确地概括消息内容,最简练地传达信息。要求题文一致;准确概括事实;表达清楚。

第二,凝练。简洁明了地表达消息的内容。恩格斯有句名言:“标题愈简单,愈不费解,便愈好。”要求用最少的字表达尽可能多的信息。

比较下面两个标题:

泄密受贿 罪责严重 国法不容(肩题)
张常胜被依法判处死刑立即执行(主标题)
叶之枫被依法判处有期徒刑十七年(副标题)

泄露国家重要机密索受巨贿(肩题)
张常胜伏法(主标题)
叶之枫下狱(副标题)

这两条标题的信息含量基本相同,但后者显然凝练得多。好的标题所能起的作用是所构成的视觉冲击力大,勾人眼球,极易引起读者的阅读兴趣。因此,也被越来越多、越来越广泛地使用。

提示:从20世纪80年代开始,报刊上出现了不少很长的消息标题,或交代新闻背景,或阐释新闻题旨,或陈述新闻要点,取代了导语的作用,其信息含量和可读性比导语更高。

第三,生动。这是消息标题很重要的一个品质,消息的标题只有生动,才能在瞬间抓住读者的眼球,吸引读者阅读。例如:《参考消息》的《小泉又去拜“鬼”了》,非常生动,比一般的《小泉又去靖国神社参拜了》要有味得多。

第四,有“新闻眼”。“新闻眼”是消息中最有新闻价值的那一部分。将它提炼成标题,用以吸引读者的眼球。例如:

布什“修扁记”可能再度上演

最精彩的“新闻眼”让读者一眼明了:布什又要“修扁”了,既生动又诙谐,可读性很强,避免了政治新闻枯燥乏味的弊端。

(4)标题的表现形式

标题有两种表现形式,一种是表现句式;一种是修辞句式。

第一,表现句式。这种句式有很多种。

1)叙述式。把新闻中最重要、最有价值的内容,直截了当地在标题中表现出来。这类句式在新闻中被广泛使用,语言平实,朴素无华。一般的政治新闻标题多采用这种句式。如:

温家宝在国务院第四次廉正工作会议上强调突出
重点加大力度深入推进政府廉政建设(肩题)

今年反腐重点:治理商业贿赂(主标题)

2)素描式。用白描的手法,描写新闻场景,表现新闻内容。如:

烧了10多小时　死了50多人(主标题)
孟加拉国一纺织厂又酿重大火灾惨剧(副标题)

3)抒情式。抒发作者对新闻事件中的人和事的喜好和厌恶,用自己的情感来表达。如:

对话马永红(肩题)
“我把农村想得太简单了”(主标题)

第二,修辞句式。借助汉语的修辞手法,使标题更具艺术性和可读性。

比喻:采用读者熟悉的事物,用形象的比喻来加快读者的了解和加深读者的印象。主体和喻体必须具有共同特征。

小泉又去拜“鬼”了

靖国神社本身就是施行宗教活动,拜神拜鬼的地方,不会产生歧义。

对比:把两个反差明显又较为典型的新闻事实放在一起,形成强烈的对比,以此凸显新闻所要表现的重点。如:

冬奥会的另一种尴尬
越现代越健壮越危险

设问和反问:把读者关心或感兴趣的事情,用反问或假设的口吻和疑问的口吻做成标题,以凸显新闻的重点,进而引起读者的注意。有时还能产生悬念,增加感情色彩。

设问,如:

什么样的人最容易被高血压"逮住"

反问,如:

"小泉接班人"微调对华强硬姿态?

此外还有很多对仗、反衬、比拟、歌谣、用典、回文、联珠、倒装等手法。

(5)消息头

在报纸、广播、电视开头部分被冠以的"本报讯"、"本台消息"、"××社××地×月×日电"的字样,就是消息头。消息头是消息的标志,是其他新闻文体所没有的。正规的新闻报道不能忽视消息头的重要作用。

1)消息头的种类

主要有"讯"、"电"、"消息"三大类

讯。主要是通过邮局或书面递交的形式向报社或其他媒体传递的新闻报道。报社通过自己的新闻渠道获得的本埠消息,一般都标明"本报讯",不管是通讯员还是记者,都在消息的开头写上"本报讯"。如果,你的稿件是从外地寄来的,应该标明发布新闻的时间和地点。

例如:本报北京2月24日专讯

如果是通过航空邮寄的,应该写上"本报北京2月24日航讯"。

电。主要指通过电报、电传、电话或E-mail等形式向媒体传送的新闻报道。

例如:本报上海2月28日专电

各家新闻通讯社在向报社传递新闻稿件时,多采用这类方式,这种类型被称之为"电头"。电头一般由播发新闻单位的名称(多为简称)、播发新闻的地点和播发新闻的时间、播发新闻的形式("讯"或"电")这些必不可少的要素组成。

例如:中国新闻社昆明8月9日电

消息。是广播和电视台在播报新闻时,说在一条新闻前面的业务术语,往往有"本台消息"这样一句话。

讯、电、消息,只是传递手段上的区别,其在新闻中的性质和作用是一样的,为表述的方便,所以统称为消息头。

2)消息头的作用

第一,表示消息归属,版权所有的标志。消息前一旦标明"本报讯"或"本台消息"就表示此消息是本报或本台独家采集的新闻,并拥有了此条消息的版权。其他新闻媒体不得任意转载。如果转载,则必须标明此电头,以表示这条消息的版权属于某通讯社所有。对于通讯社的电讯稿,其他媒体无权任意增补更改,但可以删节。经过删节的消息必须在消息头中标明:"据××社××地×月×日电"。

第二,表明消息的来源,供受众选择和判断。由于消息头上表明了新闻播发单位的名称,便于受众了解世界各国政府和政党或新闻媒体对某一事件的立场、态度,同时,对于判断此消息的真实性和权威性有一定的帮助。

第三,消息头和新闻单位的声誉紧密地联系在一起,对新闻发布单位有一定的压力,使之谨慎对待每一条新闻,力求客观、翔实、新鲜、生动。

第四,消息头作为消息的基本特征之一,可以使受众与编辑很容易区别消息和其他文体,把创作和纪实区别开来,把消息和其他新闻文体区别开来。

5. 新闻导语

导语是消息中最有新闻价值的新闻要素,一般在消息头的前面,用来提示新闻精华和要点,引导读者阅读。

导语是引导读者阅读消息的最重要部分。英国的一位新闻学专家曾说:"新闻导语是新闻的生命力所在。"美国的新闻学专家也就新闻导语发表过精彩的评说:"导语有这样的魔力,导语一唱歌,读者就跟着哼哼。"太绝妙了!这说明了导语在写作中的重要地位,它几乎决定了消息的成败和优劣。

(1)导语的作用

新闻界之所以非常看重导语,是因为导语在整条新闻中具有举足轻重的作用。

1)将消息的核心内容简练地告诉受众。导语部分往往把整条新闻中最重要、最本质的内容用最精练语言概括,使读者一目了然,一看即知。

2)引导受众看下去。精彩的文笔和诱人的内容吸引着读者欲罢不忍,一定要读下去。美国一著名新闻社论作家杰克·海敦说过:"导语是能否吸引人往下看的关键。"

3)导语为全篇消息定基调。导语确立了该篇消息的基调,所有的材料要围绕着导语的基调取舍。

(2)导语的主要类型

导语的类型有很多种,不同时期有不同的划分标准。在西方,资产阶级古典新闻根据"新闻五要素",提出了"要素分类法",在导语里突出哪个要素就称之为哪个要素的导语,如"人物导语"、"时间导语"或"事件导语"等。现代新闻学则认为这种分法不科学,"五个要素都齐全的时候,称之为什么导语?"美国哥伦比亚大学教授麦尔闻·曼切尔对上述两种分法都持否定态度,并在1977年出版的《新闻报道与写作》一书里,把导语分成两个大类:直接导语和间接导语(延缓性导语)。

1)直接导语。直接导语用于时间性很强的消息,直接叙述已经发生的或正在发生的事件。大多数消息采取这种导语。如:

台州两千村企牵手为新农村"造血"

本报台州4月4日电 (记者×××)1000个村和1000家企业"牵手",共建1000个项目——村企共建为新农村"造血"活动,今天在台州全面启动。据悉,今年的合作资金将达3亿元,其中无偿捐献资金1亿元,安置农村劳动力就业1万人。

2)间接导语(延缓性导语)。间接导语(延缓性导语)多用于时间性不太强的消息,它不直接叙述新闻事实,而是通过解释、阐述、描写、气氛渲染等手法,吊起读者的胃口。如:

一千只纸鹤的祝福

带着一千只亲手叠成的纸鹤,60多名眼含热泪的高中生4日中午挤满了温医二院神经内科重症室4号病房和走廊,为他们的初中老师温十二中英语老师吴若琳祈祷。

在新闻实践中,导语的类型远远不止这两类,消息的种类都在不断的变化和发展,导语的种类当然也随之变化和发展。根据目前新闻实践中经常碰到和较多使用的种类,我们暂时把它概括为以下几种:

- 概述性导语

以概括的、直接陈述的方式写作的导语称之为概述性导语,也可以称之为复合型导语。它把新闻事实的核心和主要内容在导语里进行概括和叙述。如:

休博会开幕式尽展"诗意杭州"

央视三大男主持边休闲边主持　国内外演艺界"大腕"精彩亮相　晚会不对外售票　市民可观看电视直播

本报讯　(记者×××)离休博会开幕时间越来越近,开幕式晚会将会有怎样的精彩?昨天晚上,记者从开幕式策划、中央电视台著名导演陈临春那里了解到,这台晚会将通过多种艺术形式,让人们感受到"杭州如画,充满诗意",晚会既有艺术性,又有文化底蕴,充满丰富的想象和意境。

- 描写性导语

有描写也有叙述,述、描兼备的导语。这类导语对消息里某一有意义的特殊场面和情节作简洁而又有特点的描写。消息开头的文字成为可视画面,读者有镜头感。如:

祭扫英雄墓

本报讯　带着鲜花和水果,带着由衷的敬意,本报倡导发起的"清明,祭扫英雄墓"活动昨日上午在杭州西湖边展开。在清明节的前一天,十几位来自社会各界、二十出头的年轻人向长眠于西湖边的三位英雄致敬,向那种曾感动过我们的民族力量和优秀的传统文化致敬。

描述型导语的写作要求，一是要深入新闻事件的现场，全方位地观察新闻现场发生的一切，捕捉具有镜头感的新闻场景，然后用“镜头语言”复原出来；二是导语描述的场景，必须与主题有密切的关系；三是所用语言依然必须遵循“简洁、凝练”的原则，不能洋洋洒洒、漫无边际。从《祭扫英雄墓》的导语中，可见一斑。

- 议论型导语

在导语部分里叙、评兼有，边叙边评的，称之为议论型导语。议论的目的是为了让读者注意那些不容易被察觉和容易疏忽的深层次含义。如：

中英文“南北”打架

延安路32块路牌“下岗”

昨天，杭州延安路上的32块路牌统统被摘除（叙），因为本该指明方向的它们，却偏偏把东西南北给搞错了。（评）

- 提问式导语

笔者自己提出问题，然后加以回答，从而引起读者注意和思考的导语。如：

浙江第一“飙王”

白色宝马！时速221公里！

超速121%，等着法律严惩吧

时速221公里，等于每秒61.4米！这是一个什么概念？昨天，浙江第一“飙王”在杭金衢高速公路窑上省际卡点被民警当场拿下。（拿下后怎么样？）

（3）导语的写作

写好一条导语，一篇成功的消息已经完成了大半。导语的首要任务是要抓住受众的注意力，要吸引受众往下看，因此，在写作导语时首先要考虑受众关注的新闻兴奋点是什么；其次，是怎样利用这个兴奋点写好导语。

1）提炼兴奋点。兴奋点，其实就是这条消息的精华部分，是这条消息中最重要、最具有新闻价值的核心内容，也是受众最感兴趣的。如：

为树良好学风 浙财院动真格

两次点名未到，课程考核警告三次点名未到：取消考试资格

本报讯 浙江财经学院金融学院的一名学生在上《保险学》课的时候，由于旷课两次，被任课教师提出批评警示，并填写了取消课程考核资格预警表，如果他再旷课一次的话，将会被取消这门课程的考试资格。这就是浙江财经学院金融学院从本学期开始执行的“课程考核预警制”。

2)具体、新鲜。导语一定要写得具体、新鲜,给受众真实感和新鲜感,看到导语就能在读者大脑中形成一个可感的具象。(非新闻类专业的初学者,最容易犯的就是空洞、抽象。)如:

健康短消息

帕金森病咨询

本报讯 浙医二院于4月8日9:00~12:00,在门诊20楼多功能厅举办"世界帕金森宣教大型活动"。帕金森氏病是神经功能障碍疾病,主要影响中老年人,多在60岁以后发病。其症状表现为脚不自主抖动,肌肉僵直,运动缓慢以及姿势平衡障碍等。现场由接受帕金森病特殊训练的教授、博士及归国留学人员给予授课、咨询与指导。

这条消息较好地体现了"具体"和"新鲜"。

从"具体"来说,这条消息告诉了读者帕金森病是怎样的症状——"脚不自主抖动,肌肉僵直,运动缓慢以及姿势平衡障碍",有这样特征的就应当引起注意和重视,可以去接受"咨询"和"指导"了。

从新鲜来说,一是时间,二是形式。这条消息的时间是"4月8日9:00~12:00";从形式上说,这条消息所报道的"世界帕金森宣教大型活动",这样的咨询形式是前所未有的,很新鲜。

3)突出重要新闻要素

由于现代人生活节奏的加快和思维的跳跃习惯,导语部分不一定全部沿用五"W"表达法,而是把最重要的要素凸显出来,以保证新闻的可读性和增强新闻的亮点。如:

美国驱逐14名古巴外交官

新华社华盛顿5月13日电 美国国务院发言人里克13日说,美国已下令驱逐14名古巴外交官,原因是他们从事了"不恰当和不可接受的"活动。

这条消息导语把"何人"要素放在了前面,以突出人物要素在此条新闻中的重要性。因为,"里克"是"美国国务院发言人",他发布这样的消息无疑是最具权威性的。

4)简洁、凝练

导语的最主要作用就是引导读者读下去。三言两语就必须把主要内容说清楚并产生吸引力,因此,导语必须用最简洁、凝练的语句来表达。如:

国家批准开工建设电站项目 13 个

据新华社消息 日前召开的国务院常务会议审议批准了国家发展和改革委员会依据“十五”电力发展规划提出的 13 个电站项目。

(4)导语的结构形式

不同题材的消息,导语的写作方法也是完全不同的,这主要取决于消息本身性质,信息性强的新闻事实和故事性强的新闻事实处理的方法是不一样的。

1)倒金字塔结构。这是一种把新闻事实的结果放在导语部分的写作方法。信息性强的新闻往往采用这种结构。如:

日涉韩秘密报告东窗事发

韩强烈抗议日严重歪曲其外交政策

韩国政府 7 日通过外交渠道,向日本发出正式抗议信,对日本外务省就韩国总统卢武铉对日政策拟定的一份秘密报告提出批评。(结果)

2)金字塔结构。这是一种按照新闻事件发生的时间顺序来写作的方法。故事性强的新闻往往采用这样的结构。如:

浙大迎来学者型公主

泰国中文热因她兴起

本报讯 “和公主站这么近,我们大家都激动得说不出话来……”昨天早上,当泰王国公主诗琳通与浙大的 21 名泰国留学生近距离接触时,留学生们激动不已。留学生陈树鑫说,在泰国国内,诗琳通公主因为自幼勤奋好学,在文学方面造诣颇深而名闻遐迩。

……

受聘仪式上一刻没“闲”着

在受聘仪式上,台下的学生很快发现,和以往在台上正襟危坐的学者不同,诗琳通公主一直没“闲”着……

宴会上中文演唱《大海啊故乡》

昨天,大家感受到公主的第二个“与众不同”,就是她在受聘仪式上的全中文演说……

3)交叉结构

根据叙述新闻事实的需要,将同一新闻事件中不同的素材有机地组合在导语里,以更好凸显新闻的重要性。如:

一样民工　两样人生

昨天,温州市政府决定追授勇斗歹徒牺牲的保安周大军"温州市劳动模范"荣誉称号;而凶手刘大雷在温州一所看守所里,等待着不久以后的审判。

6. 消息的主体

对导语简要陈述的新闻事实作进一步叙说和补充的部分就是消息主体。它位于导语之后,结尾之前,不管中间有几个自然段,都属于消息主体。如:

省农业厅发出紧急通知

尽快落实农业生产防雪防冻措施

本报讯　(记者 ××× 通讯员 ×××)当前正值春花作物生长重要时期,针对降雪低温将对农业生产带来的严重危害,省农业厅今天发出紧急通知,要求做好农业生产防雪防冻各项措施。

这些措施分别是:(消息主体)

——大田农作物。做好田间的清沟排水,减少积水,预防冻害和渍害同时发生……

——柑橘。冰冻前对树冠喷布抑蒸保温剂,园内熏烟,提高防冻效果……

——茶叶。尽可能将已萌发、好采摘芽叶采摘下山……

——畜牧业。关好门窗,防止冷空气期间畜禽舍内温度大幅度变化……注意畜禽舍通风换气,保持畜禽舍空气新鲜,防止疾病的发生。

(1)消息主体的写作

1)围绕导语展开叙述。由于采访中收集的材料丰富多样,而真正写进消息的却非常有限,因此,主体叙述只能围绕导语确定的主题而展开,材料要有所取舍,与主题无关的再精彩也要删去。如:

"蓝色风暴"带来一场诉讼风暴

丽水一酒业公司与世界饮料巨头对簿公堂

本报讯　"蓝色风暴"是丽水企业浙江蓝野酒业有限公司(下称蓝野公司)的注册商标。去年百事可乐的包装上出现了"蓝色风暴"标志,由此,蓝野公司以商标侵权为由,起诉上海百事可乐饮料有限公司(下称上海百事可乐)及杭州一家销售百事可乐的超市,索赔300万元。昨天,杭州市中级法院开庭审理了此案。

蓝野公司在庭审中诉称……

据蓝野公司法定代表人介绍……

蓝野公司认为……

上海百事可乐派出了两位律师出庭应诉……

上海百事可乐认为……

……法庭决定择期宣判。

可以想象,法庭上的控辩场面肯定相当精彩而激烈,内容也绝不仅仅是上述报道中的体量,但是,在报道中必须有所取舍,要紧扣着导语部分提到的主题进行。

2)要按逻辑关系展开叙述。在进一步叙述新闻事实时,一定要注意事实之间的逻辑关系。哪个在先,哪个在后;A材料和B材料怎么排列更合理等。

例如:浙江旅游职业学院报上的一篇稿件《王昆欣院长会见浙江旅游职业学院留学生　国际教育学院召开“庆圣诞、迎新年”晚会》的导语:

时值圣诞新春来临,每年的12月就是各国人民喜迎各种节日、欢度新年的时节。尤其是西方国家的圣诞节,更是给欢乐而繁忙的12月平添了几分温馨和浪漫。

为了给远离家乡和亲人的我院韩国和乌克兰留学生送去节日的祝福和关怀,也为了让不同国度的留学生都能以自己的方式来欢度节日。学院采取了诸多活动与留学生共同分享……

这个导语因基本概念叙述不清、句子前后排列不妥导致了逻辑错误。在中国人的传统概念中,新年和新春是两个不同的节日。“新年”表示公历的“元旦”;“新春”表示农历的过年,在中国人的传统风俗和习惯中,这时候的新年才是真正的新年。而“圣诞节”是西方人在每年公历的12月25日必过的一个盛大节日。如果我们略作修改,就能避免这个错误:

每年的12月,是各国人民喜迎各种节日、欢度新年的时节,尤其是西方国家的圣诞节。时值圣诞、元旦来临之际,学院为了给远离家乡和亲人来我院留学的乌克兰学生和韩国学生送去节日的祝福和关怀,并且方便他们按照自己的方式来欢度佳节,举行了多种形式的庆祝活动让他们共享。

3)具体、生动。消息的语言特征虽然要求简洁明了,但“具体、生动”还是不可少的,平铺直叙吊不起读者的胃口和阅读兴趣。如:

休博会开幕式尽展“诗意杭州”

央视三大男主持边休闲边主持　国内外演艺界“大腕”精彩亮相　晚会不对外售票　市民可观看电视直播

本报讯　（记者 ×××）离休博会开幕时间越来越近，开幕式晚会将会有怎样的精彩？……

三大男主持坐快艇出场

晚会主舞台是一个3000多平方米的水面，许多表演要在浅水里完成。水面有一个长堤，堤有拱桥，是白堤的效果，许多表演将在长堤上完成。还有一个月亮形的升降舞台。升上来，可露出水面30厘米，水下10厘米，也可以完全没入水中。……

这样具体、生动的叙述，在读者的眼前出现的不仅仅是一个个文字符号，而是一个个可视的画面，形象而直观。

(2)消息背景的运用及意义

1)消息背景。消息背景是对消息所要报道的新闻事件与纵向、横向之间的关系，或者与社会、环境、相关人、事等之间缘由的交代，有助于烘托新闻主题，凸显其意义。背景交代可以紧跟在导语之后，也可以根据需要，分散在主体中间。如：

宽厚的肩膀就是他上学的“路”

乡村教师张国军6年如一日背着残疾孩子上学

今年年初，27岁的建德大洋中心小学教师张国军终于和同校的女友吴老师走到了一起。婚礼上，新娘评价新郎的时候说了一句话：“我相信国军是一个好人。”

虽然只是个普通教师，但张国军的“好”在当地已经有些名声了。被大家津津乐道的是他和一个残疾学生王泽辉的故事：6年前，刚毕业的他被分配到大洋最偏僻、最贫困的山区——下徐小学担任负责人。从他一进校起，就发现了双腿残疾被奶奶背来上学的王泽辉，在之后的日子里，他不仅主动为王泽辉辅导功课，更承担起每天接送王泽辉的任务，而这个任务，一干就是6年。（背景交代）

这两段都是导语，只是第二自然段作为“背景”以进一步说明“我相信国军是一个好人。”

2)消息背景的类别。

- 历史背景　为了更方便叙述新闻的来龙去脉而揭示一段已尘封的过

去。如：

默沙东曝出隐瞒副作用丑闻

美一名服用“万络”患者获赔450万美元

美国新泽西法院近日判定，制药巨头默沙东公司在推广镇痛药“万络”的过程中，刻意隐瞒了其可能增加心脏病几率的信息，并向患者支付数百万美元的赔偿金。

将公司利益置于药品安全之上

美国新泽西法院5日判定，被告默沙东公司向原告——一名长期服用该药并患有心脏病的77岁患者支付“补偿性赔偿”450万美元。此外，陪审团还在考虑是否对默沙东公司追加“惩罚性赔偿”。

……

英报：导致6万人死亡

由于研究显示长期服用“万络”可能增加心脏病和中风的危险，默沙东公司已于2004年9月全面从市场召回该药。而此前，“万络”是美国最畅销的镇痛药之一，年销售额曾达到25亿美元。至今，默沙东已因此药遭到近万件民事诉讼。

美国默沙东公司生产的“万络”属选择性环氧化酶2抑制剂。这类镇痛药于20世纪90年代问世，它能够避免传统镇痛药的胃肠出血副作用。

然而，2004年有研究显示该类药物可能增加服用者罹患心血管疾病的风险……

美国《纽约时报》当时报道说，记录清楚地表明……

英国《星期日泰晤士报》去年8月报道，“万络”可能导致全球6万人死亡……

- 人物背景　是指与所报道的新闻事件中的人物相关人和事。如：

5个月组织了100多人偷渡

特大偷渡案昨在温州审理，因岳阳办证民警涉案而震惊全国

本报讯　2004年9月23日，北京国际机场。刚下飞机的旅客潮水般从机场出口处拥出。一名身材高大的中年男子，迅速走出大门，钻入一辆红色出租车，随即开始闭目养神。出租车径直开进北京市公安局，他惊慌地想拉开车门跳车，却被民警团团围住，在他身上搜出19本护照。一宗办证民警参与的特大偷渡案由此浮出水面。

执行此次秘密抓捕的是温州市公安局刑侦支队三大队，落网者，正是惊动公安部的“1023”特大偷渡案主角——金国平(人物背景)。……昨天在温州市中级人民法院开庭审理。

• 地理背景　为了强调所报道的新闻事件与此地域之间关系的致密性，以凸显在此发生新闻的不一般。如：

比熊猫还少的江豚在宁波连死了四条

专家称：海洋环境好了很多，捕鱼时更要保护好江豚

本报讯　前日，象山港附近（地域背景）的海面漂来一条神秘“大鱼”，引来众人围观。经海洋渔政部门勘察，这是国家二级保护动物——江豚，可惜已经死了。

事件背景　与凸显新闻事件相关的事项交代，有利于叙述主要新闻事实，强调其重要性。如：

杭州 12345 触碰百万民声

杭州至今要感谢一位普通的大妈

1999 年，家住金桂花园的这位大妈没想到，她的一番肺腑之言引出了杭城当年最热的一串数字——12345。（事件背景）

……

3）消息背景运用的意义。

如：

是不想争一席之地，还是担心选不上丢脸

美弃选人权理事会成员

美国政府 6 日宣布，美将不参加 5 月 9 日举行的联合国人权理事会成员竞选。联合国秘书长安南对美国的决定非常失望，多个人权组织和理事会成员对美国提出批评。

美代表称不想竞争

美国国务院发言人肖恩麦科马克说，美国可能等到明年，再竞选人权理事会席位，但美国承诺将支持和资助这一机构……

……

无法相信美能得到 96 票

人权理事会是联合国大会下属机构，由 47 个成员组成，按照地域分配，其中非洲 13 席，亚洲 13 席，东欧 6 席，拉美和加勒比地区 8 席，西欧和其他国家 7 席（包括北美洲和大洋洲）。理事会成员由联合国大会无记名投票直接选举产生，当选成员必须获得联大 191 个成员国半数以上支持，即至少 96 票。

……

这条新闻是非常典型的运用各种新闻背景来强调“美国弃选人权理事会”没有面上放弃的那么简单,而是深层的顾虑——“担心选不上丢脸!”因而凸显了新闻价值;其次是,这样的背景展示,突出了读者熟悉的安南的权威性。

(3)消息结尾及写作

从目前新闻实践的经验来看,消息是否必须有结尾没有定论,主要是根据每一条新闻的具体需要而定。一般来说,采用倒金字塔结构写作的消息,可以不用结尾;而采用金字塔结构写作的消息,就可以用结尾。

消息结尾的意义在于画龙点睛,深化主题。在消息主体整体叙述完后,用精辟简短、针对性强的句子加以收尾,加深读者对新闻深层含义的理解,起到新闻应有的“正确引导”作用。美国一著名记者曾说:“我长期以来一直信奉:一篇报道既要有好的导语,也要有一个有力的结尾。事实上,我常常在最后一段下的工夫大,因为我希望那是真正动人的最后一行话将使编辑高抬贵手,不致砍杀我努力的整个成果。”

(二)通讯

1. 通讯及其特点

通讯是用叙述、描写、议论、抒情等多种写作方法,详细、形象地报道典型人物事件和问题的新闻体裁。

通讯有三个显著的特点,即新闻性、文学性和评论性。

(1)通讯的新闻性

通讯的内容和消息一样,必须具有新闻性。不仅要真实,而且要新鲜。因此,人们常把通讯称做详细的消息。

事实上,我们从众多媒体的报道中都可以发现这个特点。例如,我们前面的例文中曾经有过这样的典型,《宝宝的名字叫“高速”》。同一题材的内容,用不同的体裁来表现,就有很多的不同。

从时效性来说,消息的时间性更强。消息一般必须是今天发生的事实的报道,而通讯很少有当天发生的事实的报道,是紧随消息之后的深度报道,在背景、选材、语言、结构等方面有很大的变化。

从主题来说,通讯作品都有明显的思想主题,一篇通讯里面一定包含着某种主观意图,有明显的政治倾向,而消息则不需要思想主题,只要事实。

从选材来说,因为消息只需要事实,只需要把相关的时间、地点、人物、事件、结果等抓住就可以了。而通讯要求更具体、更全面、更细腻、更详实地收集材料,不仅要抓住主要新闻事实,而且必须抓住能表现主题、表现事物、表现人物心理特征、人物个性的细节。

从结构来说,消息绝大多数采用倒金字塔结构,都把最重要的事实放在开头的导语部分。而通讯则很少采用这种倒金字塔结构的,通常习惯用最吸引人的情节、议论、引语开篇,将最重要的事实放在最容易出彩的高潮部分。

从表现手法上来说,消息主要通过事实说话,主要叙述事实,较少用描写或议论,极少抒情。而通讯不仅要用事实说话,还要用形象、用情感、用观点说话;不仅要叙述主要事实,还要展示情节,再现场景,刻画人物,阐述理念。因此,通讯写作仅用叙述的表达手法是远远不够的,必须借助描写议论抒情等手法,并常常将它们融为一体。

从语言来说,消息只要求准确、简练、直截了当,通讯的语言要求就比较丰富、细腻、形象,并且感情色彩浓烈,富有文采。

(2)通讯的文学性

从以上的比较中,我们已经发现,通讯和消息的主要区别之一在于通讯借用了文学的表现手法,使通讯变得丰满起来、形象起来,可读性大大增强。但是,通讯毕竟是新闻作品,所以,它和文学作品还是有很大的区别。文学作品要求的真是本质的真,艺术的真,而通讯所要求的真不仅是本质的真,而且是具体事实的真。但是,它还是可以借助文学的手法,使通讯作品形象起来,生动起来,以增强通讯的可读性。

(3)通讯的评论性

通讯作品都有鲜明的主题,为了表达主题,通讯除了叙述事实、描写形象外,还需要借助抒情乃至议论的手法,使主题更加鲜明突出。而主题思想是作者从新闻事实中提炼出来的观念性的东西,有时还带有哲理和政治色彩,因而,通讯就具有了评论性。

在这里要注意的是,通讯的评论性和新闻评论还是有明显的区别的。新闻评论是先有观点,新闻事实是被作为说明观点的论据而被引用的;而通讯中的评论恰恰是相反的一种手法,新闻事实是叙述和描写的对象,不是作为说明观点的论据被引用,观点是从所叙述的新闻事实中表现出来的。第二个区别就是,通讯有真实生动的形象,评论没有。通讯是用事实和形象说话,评论是用事实和推理说话,通讯给人的形象是可感可知,是事实和人物的再现,而评论给人的是比喻形象。

2. 通讯的主题

主题是通讯的中心思想,是通讯的灵魂所在。所谓主题,在这里有两层意思:一是主题决定着通讯的社会价值;二是主题支配着通讯写作的全过程。

(1)主题确定的原则

新闻媒介的政治导向是很鲜明的,对主题的确定也是很明确的,它有鲜明的确定标准。一般要把握以下几个方面:

- 主题要高扬主旋律,具有时代精神;
- 主题要能够针对实际,指导当前工作;
- 主题要体现新思想、新精神、新观念和新文化;

• 主题要和人民群众的利益密切相关。

(2)主题提炼的原则

确定了主题之后,还要进一步对主题进行提炼,如此,才能使我们的主题更好地符合上述原则,并且更好地在通讯中发挥它的灵魂张力。

正确。正确是对主题的基本要求,主题正确才能产生好的社会效果,才会具有社会价值。

鲜明。胡乔木曾经说过:“最有力量的意见是无形的意见。”通讯的主题就应该用一种在新闻情节的展开、形象的描绘和道理的分析过程中地表达出来,温婉而鲜明。

集中。一篇通讯只能有一个主题,而不能多主题多中心。多主题多中心实际上就是没主题,没中心,通讯的作用力就会减小。

深刻。是指主题能够揭示事物的本质,能触及当代深层次的问题。深刻与否是决定通讯作品社会价值大小的关键所在,通讯社会价值的有无取决于主题的正确与否,社会价值的大小则取决于主题的深刻与否。深刻是对主题更高层次上的要求。

新颖。是指主题的不落俗,不是步他人后尘的“学舌”之作。

(3)如何提炼主题

我们在这里介绍一个简单方便的办法——开掘要深,把握要全。当我们从纷繁的新闻事实中发现了一个与上面倡导的精神相符,又与下面百姓关心的热点相近的时候,我们就要在深度上进行开掘了,开掘新闻事实的内在本质,同时把握要全,抓住其所包含的时代精神和普遍指导意义。这样的通讯作品写出来其震撼力和影响力是显而易见的。例如:通讯《孔繁森——领导干部的永远楷模》

这是一篇在主题深度挖掘上处理得很好的典范,作为一名共产党的领导干部始终把党和人民的利益放在高于一切的位置,“先天下之忧而忧,后天下之乐而乐”“老吾老以及人之老,幼吾幼以及人之幼”,鞠躬尽瘁死而后已。他的事迹一经媒体报道,就取得了不亚于当年《县委书记的好榜样——焦裕禄》的巨大反响。

3. 通讯的写作

作为新闻报道的一种形式,通讯在具体的写作过程中,要掌握以下几点:

(1)通讯写作要体现新闻性

通讯的时效性虽然没有消息来的要求高,但是新闻性却是必需的。这是通讯作为新闻作品的基本特征和所要遵循的新闻基本规律决定的。这是我们在写作通讯时必须要注意的原则问题。

关于这个问题,初学的同学问题比较明显,很容易把文学作品当新闻作品来写。

(2)通讯写作要体现真实性

通讯写作可以借助于文学的某些手法，但是不能违背新闻的真实性原则，在具体的时间、地点、人物、事件、过程、结果上都不能虚假、浮夸、含糊、猜测。要做到真实，一定要靠自身对材料采访的全面、细致、完整和翔实，如此，才能告之读者新闻信息的原委，揭示新闻信息的实质、规律和现实意义，回答为什么。

有一位同学在采访过程中忽略了一个细节，在写的时候就想当然，把自己的感觉当作事实写了进去，老师在批改的时候指出了这些问题，一个环节的失误会导致整个推理的失误，评价的不当，其指导意义也大打折扣。

(3)通讯写作要体现形象性

通讯写作要求生动反映新闻信息，因此形象性是不可或缺的。通讯要详细地报道新闻事实和新闻人物，要展示事物到底怎么样了，人物到底怎么回事，就一定要详细描述情节和细节，要具体展现事实发生的环境，事件发生的过程，要有景物描写、心理描写，还要调动议论、抒情等修辞手法，有时还需要借鉴文学创作的形象化手法，如文学的构思艺术、结构技巧、表现手法等，使读者有身临其境的感受。

正因为有这么多和文学写作的相同之处，所以我们的初学者会出现混淆的情况，《法网恢恢疏而不漏　家庭教育实当重视》出现的就是这样的问题。但仔细分析加以辨别，还是可以回避的。另外，这篇习作中的“形象性”写的不是很好，虽然有情节，但细节描写不够，心理描写也不够。

为了避免大家出现这类问题，在此，把通讯与其他问题的区别也在此做一赘述：

1)与消息在叙述描写中的区别

消息只是概括地告知事件的片段，不需要太详细、太形象、太细致的叙述描写。而通讯，正是为了满足读者对新闻事件来龙去脉和详尽细致情节了解的欲望，才深入展开的，一定要讲清楚“为什么”和“怎么样”。如消息文体的：

宝宝的名字叫“高速”

昨天上午，临海市的孕妇汪女士乘车返家途中突然要分娩，绍兴高速交警支队闻讯后迅速用警车将其送往医院。汪女士在警车里平安产下一名男婴。为感谢高速交警，夫妻俩给孩子取名“陈高速”。

“孕妇汪女士乘车返家途中突然要分娩”这个新闻事实描述得非常简单。

通讯文体的：

男婴在警车上平安降生

为感谢高速交警救助，临海农妇给儿子取名“高速”

昨天上午7点20分，一辆客车从绍兴客运中心开出驶向临海。一个小时后，车子进入了上三高速嵊州段。车上的一个“大肚子”突然大声叫唤起来，面色煞白，汗如雨下。她的丈夫在一旁急得手忙脚乱，不知如何是好。“她要生了！”旁边一位中年女乘客突然站起来，朝驾驶员嚷开了。这时车还在高速上，离目的地还有很长的路。一车的乘客都傻了眼：“这可怎么办？”

行驶途中孕妇临盆

孕妇乃临海市张家渡村人，名为汪美女。这一趟她是打算同丈夫陈某一起返回临海家中。

8时20分，客车还在上三高速嵊州段上疾驶。汪美女已出现临盆症状，血流如注……

警察慌得开错了道

回想起那一幕，警车司机贺立勇还是很紧张。他对记者说……

新生孩子的啼声，让贺立勇心急如箭，一时间竟将车子开到了嵊州市区的东桥上……

原本想回老家生孩子

在病房里，产妇汪美女的丈夫对儿子的降生特别高兴……

孩子取名“陈高速”

昨天，绍兴高速交警支队的民警买来鲜花为产妇祝福。为感谢送医途中人民警察的救命之情，夫妇俩还特意给男婴取名为“陈高速”。

2）与言论和调查报告的区别

通讯是以反映为主，以情节取胜，以客观为好，通讯不能用很多议论推理来说明问题，而是以事实来说明问题，和言论和调查报告有很大的不同。如：

甘肃一县长离任前突击进行人事调动

115名领导亲属吃上了“财政饭”

甘肃省天水市甘谷县今年在县长杨永晖离任前突击进行了115人的人事调动（叙述）：

10天之内使县里一批领导干部和退休干部的亲属吃上了“财政饭”，一批教师和医务人员圆了进城工作梦。（议论）

这一非常之举，在当地掀起轩然大波。天水市有关部门日前结束调查称：大部分人员属正常调动，只有少数几人违反了有关人事禁令。但记者在采访中发现，事实并非如此简单。（评论）

领导亲属"搭车"调动是否工作需要?(摆出大量的新闻事实)

天水市纪委日前向记者提供了此次甘谷县突击进行人事调动的详细名单。记者发现,调动对象本身就有明显的疑点……

记者注意到,在集体"搭车"调动的领导干部亲属中……

而甘谷县县委1999年下发的《关于加强干部管理工作的通知》明确要求……

对于这一明显存在违规问题的调动,部分当事人在接受采访时反复强调……

对于甘谷县有关领导的解释,群众并不认同。一些群众称……

与县城相比,乡村的教育、卫生等领域往往比较薄弱,特别是人才非常缺乏,甘谷县也不例外。但在这种形势下,此次甘谷县突击进行人事调动时,明显没有按照城乡的合理"需求"调动人才。(议论)

杨永晖在接受记者采访时说……

除了教师之外,此次甘谷县突击进行的人事调动中,还涉及部分医务人员……

当地一名群众说……

甘肃省委组织部一位负责同志认为……(以上均为大量的采访事实)

少数人"暗箱操作"是否符合组织、人事纪律?(提出观点进行评论,但这些评论同样是基于大量的新闻事实之上的)

从今年开始到明年上半年,全国省、市、县、乡党委将分批集中换届,中央为此专门下发文件……一般领导干部都应该知道。

2006年4月7日,天水市委有关领导找时任甘谷县县长的杨永晖谈话,通知其将调离甘谷县,到市委有关部门工作。

就在谈话后的第二天,4月8日,杨永晖向该县县委书记白晓玲提出,要解决过去多次商量过的甘谷县的人事调动问题,并于次日确定了调动范围……开始办理调动手续,前后不过10天时间。

由于在整个人事调动过程中……不符合议事规则和工作程序,违反了民主集中制的原则。

……

……

<u>一场"非常"人事调动</u> (在大量新闻事实基础之上的观点)

引发热议

甘肃省天水市甘谷县今年在县长杨永晖离任前突击进行了115人的人事调动。在115名调动人员名单中,有16人属于从企业调入事业单位吃"财政饭"的人员,其中有甘谷县政协主席的妹妹、政协副主席的妻子、县人大常委会副主任的妻子、原县人大常委会主任的儿媳等在任和离退休领导干部的亲属共13人,他们调动前的身份有全民工、集体工、合同工和干部等。

由于这些人的"身份"特殊,他们的调动很快在社会上引发强烈不满。

3)严格的真实性与文学的区别

我们已多次阐述了这个基本观点,通讯属于新闻体裁,因此,它们必须严格遵循新闻真实性原则。但是,初学者往往容易把它们混淆起来,因为通讯在情节、细节、语言等方面都和文学作品有惊人的相似之处,所以,这个问题还要再三强调,通讯中不管有多么的相似,关键性的一点必须牢记,所有在作品中出现的情节、细节,都必须是客观现实中真实发生过的,要通过比较辨别和深入挖掘,把它们区别开来,如实地呈现给读者。

4)与回忆录人物传记相区别

尽管通讯和消息相比,它的时间性要求不是很高,但它毕竟是新闻作品,所以在时间性上是有要求的。因此,它和回忆录和人物传记是有明显的区别的,通讯要突出的还是新近发生的事实的报道,而不是旧闻新说,要有一种现实的针对性。如:

而今迈步从头越

献给长征胜利70周年暨建军79周年

冲出几十万重兵的围追堵截,跨越人迹罕至的山草地,纵横十四省区,转战数万里……1936年10月,当历尽千难万险的几支红色大军在黄土高原紧紧相拥时,他们的远征从此有了一个广为传唱的名字:长征。

作为一部生命写就的英雄史诗——长征,锤炼出了党和军队的一代精英;长征精神,成为党所领导的日益强大的人民军队不竭的精神动力。

……

雄关漫道真如铁,而今迈步从头越。70年过去,红军将士们的万里长征,已作为举世罕见的人间奇迹和中国革命的伟大转折永垂史册。一代中华优秀儿女用生命热血铸成的长征精神,也已经注入进我们党、我们军队、我们民族的今天与未来。(新闻由头之上的旧闻新说)

4. 各种类型的通讯写作

在前面的章节里,我们曾对通讯的种类有过接触,我们知道了通讯的文体按照内容来分,可以分成四种——人物通讯、事件通讯、概貌通讯和工作通讯。

(1)人物通讯

人物通讯是用来展示新闻人物事迹和形象的一种新闻体裁。所谓新闻人物是指具有新闻价值的人物,可以是先进的个人和集体,也可以是转变中的人物和有争议的人物。具体地说,人物通讯是深入地报道人物的新闻事迹,展示新闻人物精神面貌的新闻通讯人物。如:

东阳艺人挑战故宫大修

由中国政府和世界文化遗产基金会共同投资近20亿元人民币，将历时18年的北京故宫大修工程已正式启动。东阳艺人何福礼以满分的成绩，取得了修缮倦勤斋竹编部分的"入场券"……

北京故宫大修开始后，堪称故宫内建筑最豪华和工艺最精细的乾隆御书房倦勤斋，在如何使其恢复历史原貌的竹簧工艺上遇到了难题……无奈之下，在全国数十家主流媒体上发布招贤榜，希望能找到身怀绝技的艺人……何福礼以满分的成绩取得了修缮倦勤斋竹编部分的"入场券"。

（一）

2005年6月17日，东阳市政府为何福礼一行举行了隆重的欢送会，62岁的中国竹工艺大师何福礼带着他的小儿子何红兵和两个东风竹编厂的技术骨干，肩负着"百工之乡"的重托，前往北京去履行一项修缮故宫的光荣使命。

……

1）抓住新闻写人物，着力从写人物的具体事迹中，反映人物的精神面貌和思想境界。通过新闻人物事迹和经历的描述，探索人物的内心世界，写出人物的思想和灵魂，先进的新闻事迹是通过新闻人物的具体表现来体现的。人物通讯报道的人物要有一定的思想高度和深度，所以，要注意挖掘人物的思想和境界。

2）抓住能够正确处理人物与社会和谐关系的环境描写。新闻人物总是在特定的社会环境中生活的，人物的性格、气质、风格是在特定的环境中生成的，因此，环境的正确描写，对展示新闻人物的事迹是很有背景作用的，便于读者对人物的理解。

3）善于用报道对象的语言，善于通过新闻人物自己的行动和语言来表现人物。言行是人物内心世界的反映，有什么样的思想感情就有什么样的语言和行动，因此，表现人物的思想和性格，都离不开收集和引用报道对象的语言和行为。

如：孔繁森的"我是党的干部，服从组织安排"。

4）要抓住人物的特点，写出其个性。一个时期有一个时期的人物特点，同时期的各个新闻人物的个性又是不一样的。因此，新闻人物既有共性的地方，更有个性的差异。同是公安系统的先进人物，他们的个性还是不一样的。一名女公安局长和一名男公安干警，他们肯定有相同工作背景和工作特点，但是还有性格、职务、分工上的不同。

（2）事件通讯

事件通讯是翔实、生动、深入地报道新闻事件的新闻体裁。事件通讯重在翔实、生动、深入地报道新闻事件的来龙去脉，揭示事件的实质、社会意义及发展趋势。因此，它除了具有新闻性以外，还具有很高的文献价值。如：

城市，因英雄而改变

英雄李学生离开我们已经快一个年头了。但是，温州人民没有忘记这位曾经让这座城市深深感动的河南青年。

人们忘不了，2005 年 2 月 20 日下午 5 时，36 岁的外来务工青年李学生在火车到来前一刹那，冲上铁轨救起两名素不相识的儿童，而自己却永远倒了下去……

……

近一年来，温州这座城市因为英雄而感动，而改变……

因为李学生，温州人不再称呼 280 万外来务工者为“打工仔”、“打工妹”，而称之为“新温州人”……

因为李学生，温州与商丘结成友好城市，两市人民情同手足……

因为李学生，温州市委、市政府在全市范围内启动的关爱民工的“和馨行动”越来越深入，温暖了更多“新温州人”……

1）故事完整，重点突出，详略得当，叙事简明，写好事件的高潮。从《城市，由英雄而改变》中，我们看到如下几个特征——完整的故事，包括了某一事件的开端、发展、高潮、结局，也包括了新闻的五个 W + H。

故事是从“英雄李学生离开我们已经快一个年头了。但是，温州人民没有忘记这位曾经让这座城市深深感动的河南青年”开始的。

在这一段里，“人们忘不了，2005 年 2 月 20 日下午 5 时（何时），36 岁的外来务工青年李学生（何人）在火车到来前一刹那，（事件的开端）冲上铁轨（何地）救起（何事）两名素不相识的儿童，（事件的发展）而自己却永远倒了下去（何果）（事件的高潮）……他用生命诠释了一名务工青年舍生取义的崇高品质（结果“感动了一座城市”）。在英雄离去将满一年之际，李学生再一次唤起了温州市民的回忆，当地媒体、网络上再度频频出现‘李学生’这个名字。”包括了“李学生”事件的开端、发展、高潮、结局，也包括了新闻的五个 W + H。

要注意的是，对简单的新闻事实叙述起来比较容易描述清楚，有些比较复杂的，就要注意写的时候善于抓住重点，把握人物情节之间的关系，通过核心事件和相关事件的妥善处理，来突出核心事实，写深写透，为事件定性定格。对于次要的一般过程，作为铺垫，浓缩略写，置于烘云托月的位置，写出广度。

我们还是以《城市，由英雄而改变》为例，核心事件无疑是“人们忘不了，2005 年 2 月 20 日下午 5 时，36 岁的外来务工青年李学生在火车到来前一刹那，冲上铁轨救起两名素不相识的儿童，而自己却永远倒了下去……他用生命诠释了一名务工青年舍生取义的崇高品质。”在这里，记者没有再次详细描述，而是轻轻带过，然而因为这个核心事件，整个

城市发生了变化,怎么变化?记者就不惜笔墨着力挥洒了,我们看到了:

“因为李学生,温州人不再称呼280万外来务工者为‘打工仔’、‘打工妹’,而称之为‘新温州人’……

因为李学生,温州与商丘结成友好城市,两市人民情同手足……”

连用了六个排比句式的大段落描述,突出“城市,因英雄而改变”,把主题写深写透,也为李学生救人事件定性定格,非常传神。

2)见人见事,以人记事

这是说“事因人生,人以事显”。写事写人是相辅相成的,有时初学者容易分不清人物通讯和事件通讯就是因为两者的交替出现。因此,我们一定注意:事件通讯是以事为主的,人物就不应该是中心,而是围绕着事件叙述的需要而带出来的。

我们再来看《城市,由英雄而改变》,这篇通讯始终是围绕着“李学生奋不顾身救人”这一事情展开。因此,这个人和这件事始终是紧紧地联系在一起的,然后带出了与城市改变相关的很多人、很多事:“因为李学生,温州人不再称呼280万外来务工者为‘打工仔’、‘打工妹’,而称之为‘新温州人’”;“因为李学生,温州与商丘结成友好城市,两市人民情同手足”;“因为李学生,温州市委、市政府在全市范围内启动的关爱民工的‘和馨行动’越来越深入,温暖了更多‘新温州人’”;“因为李学生,民企老板与外来务工人员的关系更和谐了”;“因为李学生,以‘敢为人先、民本和谐’为城市精神的温州,奏响了更强的和谐之音。”

从中我们可以明白几点:一是事件通讯中的写人与人物中的写人是不一样的,不是专门写一个人,而是写与事件相关的很多人,是群像;二是事件通讯只选取与事件相关的,有代表性的一个点、一个片段或者是一个侧面,作为衬托做粗线条的勾勒,使其成为群体形象的有机组成部分。

3)精心提炼主题,寓理于事,以小见大

人们阅读一篇事件通讯,不单单是为了了解事件的详细过程,而总是想在情感上、认识上或实际作用上有所收获。因此,我们在写作时,不能只是生硬、呆板、枯燥地叙述,而要调动多种写作技巧,把深刻的道理和丰富的感情融化在叙事和描写之中,将事、情、理融于一体,给读者更多的收获。这就要求我们在写作时,要把这件事情放在当前的大环境下来思考、来鉴别,挖掘它的社会价值和现实意义。

温州是一个影响力极大的、对中国当代经济改革和经济发展模式具有推广意义的城市,大量的外来民工支撑着这座城市,其意义绝不仅仅意味着民工和这座城市之间的相处,而是由此反映出很多社会问题,劳资双方的小矛盾可以反映出深刻的财富分配、城市结构、社会稳定等重大社会问题,正因为如此,《城市,因英雄而改变》才变得如此的有代表意义,有巨大的社会价值。

由此,我们也可以看出,鲜明的事件通讯主题容易在重大事件中产生,但也不可忽视,实际生活中常见的“小事”也会有重大的主题出现,就看我们有没有这个新闻敏感性和政治嗅觉,救人的事经常有,在铁轨上救人的新闻更是常有,为什么李学生的铁轨救人就这么的与众不同?就是提炼出了一个重大的社会主题,是非常典型的“以小见大”。

(3)风貌通讯

风貌通讯又称为概貌通讯、旅行通讯、旅途通讯,也可以说是旅游通讯。风貌通讯的特点是居高临下,从大处着眼,从宏观的高度来反映客观世界、客观事物的整体风貌。

风貌通讯往往从现实生活中选择有代表性的特色地区或单位,抓住最新鲜的迹象,加以浓墨重彩的描述,勾画出事物发展过程中日新月异的新面貌,以帮助读者了解变化,开阔眼界,增长知识。风貌通讯可以侧重于描写自然风光,也可以描述人文景观、民俗风情,也可以写社会动态和变迁,当然,也可以把自然风貌与社会风貌结合起来一起写。如:

香格里拉独特的民俗风情

香格里拉是现代人们所熟知的一个美丽圣洁充满幻想的地方。它位于滇、川、藏结合部的区域中心城市,是古茶马互市的重要集镇之一。

迪庆境内的藏族

生活在这里的迪庆藏族有着辉煌的历史和灿烂的文化……

地理位置

迪庆藏族自治州位于云南省西北部。东与四川省甘孜藏族自治州接壤,南与本省丽江纳西族自治县隔金沙江相望,西与怒江傈僳族自治州交界,北与西藏自治区毗邻……

悠久的历史

据考古证实,早在七八千年前的新石器时代,迪庆境内就有土著先民生存、繁衍……

语言文化与宗教信仰

迪庆是个多民族聚居的地方,除白族、回族外,其他民族都使用自己的语言文字。

……

约在公元前七世纪,象雄王朝的势力进入迪庆,苯教随之传入……

在云南藏区规模最大的藏传佛教寺院,噶丹松赞林寺是清朝康熙皇帝和五世达赖所敕建的藏区十三林之首……

丰实的自然资源

迪庆藏区是有名的森林王国，覆盖率约为36.4%，不仅有高原出产的云杉、冷杉、高山松、云南松等，还有各种名贵的寄生植物，在浓密幽深的原始森林中还栖息着许多珍禽异兽，如金丝猴、小熊猫、金钱豹等名贵动物六十多种，具有较高的科研价值、观赏价值和经济价值……

原始生态突出，雪山、草甸、江河湖泊交错分布，各种资源密集，形成了迪庆高原奇妙的自然景观和富饶的资源。

民间工艺

正是由于这些得天独厚的自然资源，才有了民族手工业的特色产品。木碗、木盒、糌粑盒是迪庆民族传统民间工艺品，深受周边藏区的喜爱。其造型古朴，实用性强。

……

民族节日、歌舞

神奇秀丽的山川，孕育了藏民族善良、豁达的性格，也使迪庆藏族的节日文化独具魅力。

藏历新年是藏区最隆重的节日……

五月赛马会是迪庆藏族一年之中最热闹的传统节日……

民族服饰、饮食

迪庆藏族男装与川、藏服饰大同小异，基本特点是肥腰、长袖、大襟……

迪庆妇女的长袍一般为蓝色，叉口镶黑色金绒边，前摆及脚，子摆垂直折成瓦式，外着坎肩，坎肩右襟大多镶金银颜色的花边，喜用绣花硬领佩带银口……

妇女佩戴的首饰主要有金、银耳环，串有玛瑙、珊瑚、玉石的项链串珠，喜欢戴银手镯、银戒指。这里的藏族把白银视为圣洁、吉祥、高尚的象征。

迪庆藏族的饮食品种繁多，丰富多彩。以青稞、小麦为主粮，以酥油、糌粑为主要饮食。

进餐议事要围坐火塘。主要的风味食品有……

……

“罐罐茶”是土制烧成的尼西特产，前有嘴，后有把，类似清朝时期的铜壶……

婚姻、家庭、丧葬

新中国成立前，迪庆藏族的婚姻家庭有三种形式：

一夫多妻：这种家庭多见于富裕阶层……

一妻多夫：这种家庭极少，形成这种家庭的原因很多，但主要原因是经济因素。

一夫一妻：这是主要的婚姻及家庭形式。

民主改革后，尽管一妻多夫，一夫多妻家庭在农村偶有出现，但一夫一妻制已成为藏族家庭的主要形式。

……

迪庆藏族的丧葬习俗，与西藏不太相同……普遍采用棺木土葬，家庭有共用坟地。棺木入葬前，请喇嘛念经超度死者。

这些特定的民俗风情是在特定的文化环境，特殊的自然环境和与自然和谐相生的历史长河中形成的，成为迪庆藏族行为规范的标准。

这是比较典型的风貌通讯，作为旅游新闻记者，这种类型的通讯会写得特别多。要写好风貌通讯，我们要注意以下几个方面：

第一，善于观察，突出见闻，通过比较，着力写好“变化”。强调这一点，是为了让大家始终把握风貌通讯是新闻报道体裁中的一种文体，不是文学作品，不是一般的游记，因此，一定要“善于观察，突出见闻”，以记者的亲眼所见，亲耳所闻的事实，生动形象地介绍给读者，这是风貌通讯的立身之本。

《香格里拉独特的民俗风情》这篇通讯很好地把握住了自己的原则，描述的都是客观事物的状貌、特色和变化，记者较好地抓住那些有个性、有时代气息的具体事实，自然地写到了自己的文章中来。同时，要注意的是，要反映时代气息，就一定要有对比，没有新旧材料的对比，就说明不了问题。

《香格里拉独特的民俗风情》一文中的《婚姻家庭丧葬》一节，就用了这种新旧材料的对比，“新中国成立前，迪庆藏族的婚姻家庭有三种形式，”“民主改革后”的婚姻家庭形式，让读者来感受当地的婚姻文化。因此，我们一定要注意运用背景材料作对比的描写，对比的叙述。

第二，缘物寄情，夹叙夹议，形成共鸣。风貌通讯随着记者视角的转移，时间的转换，客观记述的见闻。记者往往会情不自禁地缘物而抒发自己的主观感受，并加之以议论抒情，从而使自己的通讯能够深深打动读者，感染读者。

我们在《香格里拉独特的民俗风情》这篇通讯里，就能找到这样的例子。

“当走进迪庆高原，让我感触最深的是，如今，随着社会的进步、生活节奏的加快，人们生活水平有了提高，电动酥油茶搅拌机走进藏区，在取代老式木茶桶时，这里的藏族无论是居住在城镇还是乡村至今仍在使用传统的‘罐罐茶’和‘木茶桶’。”（这是随着记者视觉的转移，时间的转换，客观记录的见闻，情不自禁地缘物而抒发出的主观感受，并加之以议论）

“‘罐罐茶’是土制烧成的尼西特产，前有嘴，后有把，类似清朝时期的铜壶。茶叶放入罐内在火上沸煮，罐内茶水不会自行流出，待茶水煮开后，放入酥油，用一根竹竿插入罐内，朝内的竹头上有四瓣丫口，用手由内到外反复斜搓。一罐茶喝下后疲惫劳累顿时烟消云散，是老人和成年人的必备饮料之一。”（罐罐茶成了记者抒发议论和抒发情感的“物”缘）

我们在写这类通讯的时候，切记感情的表达一定要“缘物”，让读者在你客观叙述事物的字里行间，自然地感受到已糅合于一体的现场见闻、历史背景、人物对话、典故谚语以及记者的个人感受。

第三,旁征博引,兴致盎然,情趣无限。风貌通讯涉及的知识面极广,特别是作为旅游新闻记者,必须具备历史学家的渊博知识、文学家的丰富想象力、语言学家的文字表现力,"上通天文地理,下知鸡毛蒜皮",此话一点都不夸张,只有这样的风貌通讯才会让读者兴致盎然,欲罢不能。

(4)工作通讯

工作通讯是以提出问题、分析问题和介绍经验为主要内容,以指导思想和工作为主要目的,用以直接指导工作的重要新闻文体。

比如,为了更好地落实党的十六大提出的"关于大力加强我国先进文化建设"的指示精神,浙江省委宣传部、浙江省文化厅对此作出了积极的响应,开展一系列的有关活动和工作,媒体也对此做了相应的报道。

冬天·零下4度·

吟诵明天更温暖的人文力量

零下4度的寒冷,3个小时的人文温暖,1000多名观众的热烈回应,新闻的力量在艺术的方式中呈现,人文叙事的锋芒在诗歌和音乐中显露。昨天,本报人文中心大型新闻诗会人文叙事——《他人在我心中的力量》在杭州红星剧院深情演绎,并和广大读者进行了现场互动,本报人文中心文艺和科教两大报道领域也实现了首次融合后的"化学反应"。

沉　醉

《他人在我心中的力量》整合了本报2005年度的科教文卫报道,这些富有创意的报道,在一场力图创新的演出中,触动了读者深藏在内心的柔软……

致　敬

《他人在我心中的力量》把过去一年本报的人文报道用文艺来再现,这是一次对这些来自民间文化原创的艺术思考……

娱　乐

昨天,《他人在我心中的力量》又一次向读者草根的娱乐打开了新一年的大门……

关　怀

《他人在我心中的力量》最终是为了关注身边的每一个人,让各阶层的人都感受到这种力量。昨天,本报在艺术表述的同时,也试图以同样的深度关注每个人的实在生活。

……

诗会花絮

与名角同台飙戏的感觉,真酷!

……

这是一篇报道浙江省委宣传部、浙江省文化厅在大抓落实党的十六大提出“关于大力加强我国先进文化建设”指示精神的工作通讯,从中我们可以归纳出几个在采写工作通讯时要注意的问题:

1)提出的问题具有现实性,确为当前工作之所需要。这个现实性具有普遍意义和迫切意义,例文显然是高度符合了当前要贯彻党的十六大提出的先进文化建设精神的方针政策,是先进文化建设中迫切需要解决的新问题,是实际生活中尚未引起注意并且没有现成经验可借鉴的问题,是具有启发作用和普遍教育作用的问题,也是人民群众和各级干部十分关切和有共同兴趣的问题。

2)报道的题目是深入实际以后,在实践中发现并在实践中找到的答案。把在实践中发现的问题提出来,并且按照党的方针政策进行讨论和研究,然后提出解决问题的办法。

3)对党、对人民报有高度的责任感,具有敢于揭露问题和暴露矛盾,敢讲真话的勇气和魄力。工作通讯是针对性和指导性极强的一种新闻文体,如果不敢直面问题,不敢说出真话,就不可能对工作起到指导作用,更无从谈对工作的推动作用。

4)所提出最终解决问题的方法是具体透彻,并能够让他人掌握和操作的。工作通讯大多涉及工作中的经验和教训。因此,必须把问题讲清楚、讲透彻,如此才能使人们充分认识到经验的可用性和宝贵性,失误的原因和严重后果,才能真正地起到“指导”作用。

5)注意工作通讯的趣味性和可读性。虽然工作通讯严肃性很强,但是还是要注意它的趣味性和可读性,要避免刻板、枯燥,要扬长避短,不要套用经常性的工作总结来写,而是要尽可能地用客观事实的有趣叙述,如《吟诵明天更温暖的人文力量》那样,多把理性的认识,倡导的观点融入到工作通讯所涉及的事实本身中去,也可以用曲折的情节,人物的对话和场景的描写,甚至是知识趣味来穿插。

(5)特写

特写是以集中突出的、形象化的描绘,再现新闻事件的新闻体裁。它把新闻事件中最有价值最生动最感人的片段和部分加以放大,详细描绘,给读者以鲜明深刻的印象。如:

特写:杜照宇魂归故土

2日上午,雨后的北京南苑机场洁净、宁静。10时许,中央军委派出的波音-737专机,载着在黎巴嫩不幸遇难的中国维和人员杜照宇的灵柩,在飞了十余个小时后着陆，徐徐在机场北客机坪上滑行。

飞机还没有停稳，杜照宇60多岁的母亲赵茂华已在哭泣。杜照宇在牺牲前几小时，还曾打电话向家里报平安，然而，如今，这位母亲再也听不到儿子的声音了。

舱门打开后，杜照宇的遗孀李玲玲手捧丈夫的遗像，在两名女军人的搀扶下缓缓走下舷梯。蓝色背景的照片中，身着绿军装的杜照宇平和地微笑着。杜照宇的妹妹杜照宏紧随在嫂子的后面，不住低头拭泪。

……

我们可以从这篇特写中看出以下几个特点：

第一，特写的镜头感很强。每一段都是一个画面，“飞机还没有停稳，杜照宇60多岁的母亲赵茂华已在哭泣。杜照宇在牺牲前几小时，还曾打电话向家里报平安，然而，如今，这位母亲再也听不到儿子的声音了。”看着这段描写，我们的眼前出现的就是——飞机还在机场的跑道上慢慢滑行，杜照宇有些老态和孱弱的妈妈在哭泣。

第二，特写的真实性很强。每一个场景都必须是新闻现场实实在在发生的，绝对不允许有文学创作倾向。但是，在真实的前提下，可以借鉴文学的构思艺术来描写新闻意境，创造意象，蕴涵寓意，力求艺术地反映新闻事实，给读者以新闻作品的审美感受。同时，还可以借鉴电影的蒙太奇手法和小说的章法，给读者以多方面的感受。当然，还可以采用文学的手法来形象化地描述新闻事实，用文学的语言来准确、生动、鲜明地表达新闻事实。

第三，特写的新闻性很强。所报道的所有内容都必须具有新闻性。这里所指的新闻性，应包括以下几层意思：一是特写所写的事件必须是具有新闻价值的新鲜事物；二是特写报道的主题思想必须具有新闻性；三是特写所报道的事实必须符合事件本身的来龙去脉；四是特写报道所采取的手法也必须符合新闻写作的原则和要求；五是特写还必须同时具备时效性。要记住，特写所报道的，同样是新近变动的事实。

(6)专访

专访是在通讯体裁中的人物通讯、人物访问和消息体裁中人物消息文体基础上衍变发展而来的一种相对独立的新闻文体，是就某个人物或某个问题进行的专门访问。专访因其特定的问题、特定的对象、特定的场合，使之比人物通讯更具有针对性、集中性、指向性，在关注度上比人物通讯更有吸引力，多数时候被称为“独家新闻”。

专访一般可分为人物专访、问题专访和学术专访。三类专访虽然看起来都是通过对特定采访对象的访谈纪实来表达主题，但实际上还是有很明显的区别。人物专访重点在写人；问题专访重点在于说问题；学术专访重点则在于通过专家学者之口,向公众解疑释惑,解释公众关心的疑难问题、自然现象等。

人物专访如:

“中国最难当的官”怎么当

对话文化部前部长刘忠德

如果不是因为对超女比赛发表异常严厉的批评,很多人不知道刘忠德是谁,而他过去的工作和亿万中国人紧密相连,那些耳熟能详的电影、音乐、流行歌曲,甚至春晚上赵本山的小品,都和刘忠德有关。

从履历上看,他是国务院前副秘书长、中宣部前副部长(1990-1998)、前文化部部长(1992-1998),现在是全国政协常委。转任政协后,刘很少公开谈及任期内的所思所想。

刘忠德是谁?刘忠德是个什么样的人?他的价值观是什么?在20世纪90年代,他如何参与管理中国的思想文化工作?

可以肯定的一个事实是,他是20世纪90年代,中国思想文化管理工作的一个亲历者、推动者,其中辛酸、荣辱,只有他个人最清楚。他对自己的评价是:问心无愧,任人笑骂评说。

2006年7月9日、16日、23日、30日、31日,本报记者五次采访刘忠德,前后进行了将近15个小时的对话,希望能还原一个更真实的刘忠德。

……

问题专访如:

2006年7月7日晚,中国中央电视台《新闻会客厅》,主持人张羽和国家地震局地震预测研究所研究员张国民就“地震到底能否像气象那样可以预报”这个数亿人关心的问题进行了专访。

张　羽:……陈局长,一提起地震,大家首先一个概念,非常可怕,因为地震总是不期而至,我最关心的问题,第一个问题,地震到底能不能预报?能不能像天气预报一样预报出来?

陈建民:要简单地回答这个问题,应该是肯定的,地震是能够预报的。

……

学术专访如:

专家称中国房地产政策更趋系统化

建设部政策研究中心主任陈淮在此期间表示,进入2006年以来,中国房地产政策显出更趋系统化综合调控的特点,主要体现出4个方面:

- 从关注一级市场到格外强调加强二级市场和租赁市场的建设。

陈淮解释……

- 从关注房价到更多关注住房保障体系。

陈淮说……

从上面所举之例中,我们可以概括出专访的几个特点:

1)专访的选题

专访的选题非常讲究新闻性和现实针对性。人物专访一般是针对当前公众所关注的人物;问题专访和学术专访是针对回答当前公众所关心的问题最具发言权的人物。

2)专访要注重现场的生动再现

专题的访谈要给人以一种身临其境的现场感,被访人物的丰富表情要通过你的笔跃然纸上。例如:《"中国最难当的官"怎么当》中的一段现场再现"刘忠德的办公室在北京东城文化部的一个院子里。推开办公室的房门,右侧墙上贴着歌剧《八女投江》的海报,海报上有八女投江的雕塑,还有刘题写的剧名。"

3)专访一定要突出专题性

专访顾名思义就是围绕某个重大核心问题展开的。因此,集中性、指向性和针对性都是很明确的,这样才能体现出它的专题性。

4)专访采写中应注意的几个问题:

一是善于选准做专访的时机和场所。如把对地震是否能预报这个问题放在唐山地震30周年纪念日的"时机",地点放在"近日,因一场地震和一则新闻报道,云南省昭通市政府成了众矢之的,境内外众多媒体纷纷发表评论,网民也在论坛上痛斥'昭通官僚'。"的昭通市地震现场,这样的影响力会更大,关注度会更高,效果会更理想。

二是善于挑选最合适的专访对象。如针对地震到底能否预报?选择最有权威的国家地震研究所地震研究员;针对中国最难当的官员怎么当,选择国家原文化部部长;针对房地产政策,选择建设部政策研究中心主任。这样的选择无疑增强了通讯所表达信息的权威性、可信性。

三是善于把握具有吸引力的"新闻由头"。如果把"云南省昭通市发生地震后政府被百姓指责,政府解释说,地震是不可预报的,并且是没有权利进行预报,所以政府是没有责任的。这种说法到底有没有道理?有没有科学依据?"这个问题作为央视新闻会客厅专访的"新闻由头",效果肯定会很好——可以总结的东西更多,指导性会更强,甚至对防止某些不作为都会起一个制约性的警示作用。

四是善于表现访谈的现场感。比如在地震现场访问专家;在书房访问学者;在生产现场访问劳模等等,让受众和你一样有现场效果,容易引起共鸣。

五是写好现场与人物。通信作品的感染力来自于记者对现场真实、生动而有内涵的表述,因此,要把记者在采访中的聪明、睿智表现在特定的环境里,合适的话题、得当的谈吐、生动活泼的气氛等都在作品中得到很贴切的反映,这样的新闻作品更具感染力,这一切都仰仗于写好现场和人物这个前提。

六是善于表现被采访者的个性特色,增强谈话的纪实性。千万不要用叙述、抒情、描写、议论把自己的感受、历史的背景、主观的评价等做过多的渲染,这是专访很要注意的一个问题。写好了被访者独具个性的谈话内容,把他(她)的精彩讲话和独到见解展现给观众听众和读者,专访就成功了,精彩出自于被访者!当然,之前要熟悉被访者的生平、学术背景、性格脾气、兴趣爱好等情况,有利于采访时产生共鸣并达到和谐。

(7)关于通信大家族里的其他文体

新闻小故事、巡礼、花絮,还有札记、手记、目击记、透视、观察和对话等文体,我们在前面的章节里已有涉及,基本方法和技巧在学好通信的六种文体以后,是可以触类旁通的,因此,本章节不再赘述。

(8)通信与消息的区别

从报道的内容来看,消息概括,简要;通信则比较详细,深入。

从报道的时间性来看,消息要求迅速及时,要抓“活鱼”;通信也要注意时效,但相对来说,在时间性上要求不如消息那么严格。

从报道的结构上来看,消息一般有比较稳定的结构,而通信的文体结构则形式多样,比较灵活。

从报道的表现方法上来看,消息一般以叙述为主,辅以描写或议论;通信可以叙述、描写、议论、抒情兼而有之,甚至可适当借鉴文学艺术等领域内其他形式的表现方法。

(三)新闻评论

新闻评论是报纸、电视、广播、网络等媒介对最新发生的新闻事件所发表的意见和看法的文章,是新闻体裁里面的另一种形式。

新闻评论是对某一新闻事件或者人们关心的某一问题的论述、分析、说理,用以直接表明作者和报社编辑部的意见及主张,反映舆论和引导舆论,从而影响读者的思想和行为。它以新闻提供的事实为由,以评为主,由点到面,深刻分析和评述新闻事件背后的问题,被称之为“报纸的旗帜和灵魂”,在报纸上具有很高的地位。

1. 新闻评论的特点

(1)新闻评论具有鲜明的论说特点

“一篇文章或一篇演说,如果是重要的带指导性质的,总得要提出一个什么问题,接着加以分析,然后综合起来,指明问题的性质,给以解决的办法。”(《毛泽东选集》〈四卷本〉第三卷,第796页)新闻评论就是这样一种具有鲜明论说特点的新闻文体。

(2)新闻评论具有鲜明的新闻性

新闻评论虽然具有强烈的论说性,但是新闻性仍然是它的本质属性。它所发表的观点和意见是基于新闻事实基础之上的,从新闻事实出发,通过对新闻事实的分析论证,深刻地说明新闻事物的本质,直接、鲜明地阐述党的路线方针政策,阐明正确的立场、观点和方法,向受众提出希望、劝告和要求,从而达到影响和指导的目的。

(3)新闻评论具有一定的艺术性

新闻是报道客观事实的艺术,新闻评论则是阐述理论的艺术,缺少了这个艺术,新闻评论就很容易滑入理论文章的范畴。因此,在采写新闻评论时,一定要注意学会艺术地抓论点,艺术地摆事实,艺术地讲道理,让受众在情趣盎然之中不知不觉地接受了作者的观点。

2. 新闻评论的种类

新闻评论种类的分法有很多种,比如按照新闻评论广义和狭义分,按照新闻评论的主要性能分,按照其评述的内容分,按照表达的方式分,还有按照作者身份来分等,西方发达国家通常把新闻评论分为五类:社论、专论、释论、短评、杂志评论。我们在这里按照国内新闻界比较约定俗成的一种分法来分。

(1)社论

社论是代表报社编辑部和同级党委,就国内外(省、市、自治区)的政治、经济、文化、思想等领域中的重大问题进行分析评论,及时表明党的立场和态度,阐释党的路线、方针、政策,提出解决问题的指导思想和措施,指明今后的任务和奋斗方向。它是所有评论中最重要的一种评论形式。

社论是报纸的灵魂与旗帜,它表示报纸的方向。党的各级领导经常通过自己的机关报对群众进行宣传教育,实施对工作的指导。发表这一类评论,一般要送同级党委阅审。

(2)编者按

编者按是编者对所发表的文章和报道,进行提示评论或作补充说明的文字部分,大致分为政论性和说明性两种。

编者按的写作要求。编者按是正式代表编辑部态度的,多采用于较为郑重的场合和必要之处,其作用在于引起读者注意,加强传播效果。因此,要做到旗帜鲜明,一针见血,逻辑严密,文字精练。

(3)编后

编后是简要说明编辑部对有关新闻报道或文章的基本态度,因事抒感、借题发挥,用于一些多次做过的主题,从新的材料或新的角度、新的论证方法,给以简单但必要的新说明。编后对反映社会舆论和引导社会舆论具有重要作用。

编后的写作要求。一般要求配合新闻报道和文章发表,起深化主题强调重点的作用。写作时要把握好以下几个关键环节：

一要选准角度。角度是编后的切入口，找不准切入口，就难以展开。这犹如摄影中的取景，技术高超的摄影师面对千姿百态五光十色的景象，往往能够把握最佳的角度，拍摄下动人心魄的画面。因此，编辑在处理新闻稿件时，要努力从新闻事实中选取最佳角度，找出评论由头，以严谨的逻辑推理和无懈可击的理论阐述，将新闻报道中的事实材料揭示得更加清晰，使其主题思想闪耀出更加夺目的光彩。

二要有感而发。这个“感”，既是触动作者立意欲说的灵感，也是能够打动读者的“兴奋点”；这个“感”，既是作者平时在工作、学习、生活中处处留心，时时留意而“感”知到的具有典型性和共鸣性的事物，又是大众所感兴趣和有阅读欲望的内容，如此而“发”的编后，才会引起读者的关注和重视。

三要深入浅出。“深入”、“深度”是写编后的目的，因为编后旨在阐述一个深刻的道理，不深入进去，只触及表面的东西，是达不到写编后目的的。但是，这个深入是以浅出为前提的，浅出是写好编后的要诀，读者的即时阅读性导致自身当时理性思考的相对不足，编后要充分地照顾到让他们一看就懂并喜欢看，因此，必须用“浅出”的方法，高屋建瓴的深刻理论用通俗浅显的文句来表达，活泼自如又题破关键处。

(4)专栏评论

专栏评论是报纸言论的一种基本形式，它的选题来源基本为两个方面：一是中央的决策精神、工作重心和宣传部署；二是来自实际生活中迫切需要解决的矛盾和各种热点、疑点问题。新闻评论历来由主笔、编辑部资深编辑和评论员执笔，专栏作家除了这些主笔、编辑部资深编辑和评论员之外，还有不少某个领域和方面的专家。专栏文章有的放矢，事理融合，具有“四两拨千斤”的神奇魔力，因此深受读者的广泛重视和喜爱。

1)专栏评论的特点。事实上，一般成功的专栏作品，都是善于在选题和理论的结合点上借助新闻事件和新闻信息顺势切入，而写出有的放矢、言之凿凿的文章。

近年来，我国正经历着前所未有的广泛而深刻的社会变革，实际生活发生了重大的变化，群众的思想和情绪十分活跃，多种疑点、难点甚至引人焦虑的问题也接踵而至，迫切需要新闻媒体特别是新闻评论予以引导、启迪和帮助解决。在这种形式下，重头评论不得不重视从实际生活中选题立论。

例如：著名的《人民论坛》专栏。

《人民论坛》的特点是：选取社会生活中一些带有全局性、代表性、倾向性的事件、问题和现象，及时准确地加以剖析、阐释、引导，既讲明道理，又发表议论，解疑释惑，针砭时弊，激浊扬清，体现出一股生气、正气、锐气，涌动着一种社会舆论的正面力量。因此，它往往比一般的思想评论、杂文产生出更加强烈的社会效果。

改革开放和经济转型的时代，人们的生活节奏加快了，时间变得越来越重要；社会生活中各种新鲜的事理，各种隐显的难点、热点、疑点等实际矛盾甚至风险此起彼伏，层出不穷；数以千计的报刊、广播、电视等多种新闻媒体并存，其相互争夺受众有限业余时间的严峻现实，使得专栏评论顺应大中小并举，以中小为主，除了新闻性小言论外，思想性和经济类的专栏小言论也日渐兴旺。诸如随感、漫笔、絮谈、杂谈、琐谈、点评等小型化言论，也都生机盎然地走俏各报，使言论园地充满活力，日益受到广大读者的青睐。

新闻宣传的改革现状和发展趋势，两者正由彼此独立相互分离逐步走向互相结合的趋势。并且这种结合的关系和途径正在不断拓展。因此，评论和新闻的结合，也成了专栏评论的一个特点。这种结合表现在以下几个方面：

一是评论和新闻的相互配合。在发表较为重要的报道时，常常需要配写言论，包括评论员文章、短评等，以强化新闻宣传的导向效应。评论依托新闻报道而发表。

二是评论和新闻的相互融合。具体表现为评论与新闻事实或信息有机融为一体，于新闻评论中直接输入作者所见所闻的新闻事实和信息，以此作为立论的由头和依据，并展开议论，使之有理有据，叙议结合，增强新闻评论的新闻性和可信度。这一融合的趋向目前正突出表现在要闻版的小言论专栏，以及各种论坛专栏上发表的言论作品。

三是评论和新闻的相互糅合。突出表现在夹叙夹议的说理艺术，使并非单一的新闻事实和多层次的评论分析相互糅合起来，形成一个有机的整体。便于展现新闻与评论的综合功能，便于在点与面的结合上开掘深度，便于体现感性认识与理性认识的统一和升华。

实践表明，评论与新闻相互结合的优势是明显的，加大新闻评论的信息含量并提高信息质量，进而增强评论的新闻性和可读性，有助于克服空泛的说教；同时从理论和实际的结合上，深化宣传报道思想，提高受众的认知水平；另外还有利于强化思想和舆论的引导力度，增强媒体的社会功能。

2）专栏评论的写作。一是舆论导向正确，有利于党和国家路线、方针、政策和具体工作部署的贯彻落实，突出了指导性；二是贴近生活、贴近群众、贴近实际、针对性强、言之有物、有的放矢；三是传播效果好，抓住两头的评论，将上面的重要精神结合实际贯彻到实际生活中去，生发出清新独到之见，提高了言论的质量，达到了“以正确的舆论引导人”的传播效果。

3）专栏评论的特色。专栏评论，顾名思义，专门为某个人或者专门就某一方面的问题发表言论的地方。因此，必须充分体现它的“专”和“特”。比如“任仲平”“吴晓波”专栏，一看名字就知道他们会就什么问题发表高见；“人民论坛”“焦点访谈”专栏会谈什么样的问题。注意说理的平易、生动。

专栏评论因为作者一般多为专家、学者、权威，客观上有一种居高临下的感觉，千万不要让专栏评论端起发布指示的架势；另外，专栏评论中的理性成分是很高的，因此，特别需要说理方式上的平易与生动，要让读者有谈心式的感觉，把以往的形象思维与逻辑思维互相割裂变为相互结合，以加强言论的可读性，逐步强化评论自身的平易性和形象感。使读者产生亲近感和信任感，让读者乐于接受，乐于从中获益。

4）专栏评论的文学性。评论终究是以说理为主的，如果不注意写作时的文笔，还是容易使读者感到枯燥和无味，引起反感。作为好的言论理应在哲理、感情和文采上，在生动形象等方面显示出它的魅力。因此，在写作过程中，要尽量调动一切符合评论写作原则的文学手法，使自己的评论充满活力吸引力和生命力。

(5)记者述评

记者述评又称述评新闻、也称新闻述评，是一种以夹叙夹议方式对新闻信息发表思想、观点和看法的新闻体裁。它是以新闻事实为基础的评论，又是以评论为核心的新闻。

1）记者述评的特点。

• 以报道事实为主，但又以评述事实为最终目的。

• 从文字上看，往往是“述”多于评；而从内容上看，则是“评”重于述。

• 以重大事件、重大问题或关键时刻、转折时期为关注点。

• 述评新闻大多用于重大事件、重要问题和关键时刻、转折时期，所以其作用和影响特别引人关注。

• 从全面观察、全局出发来提出问题和分析问题。

述评新闻的独特优势，就在于它的高度、广度和力度，这个高度、广度和力度是要通过“全面观察、全局出发”来达到的。所以，记者对于事态的发展、工作的开展、运动的趋势，都要以高屋建瓴之势为读者指明方向。只有述评新闻的作者自身首先站得高，看得远，视野开阔，作风深入，功夫到家，才能达到这样的要求。

2）记者述评的写作。

第一，分清述评类型。由于记者述评中有述评新闻[复旦大学的教材《当代新闻写作》(复旦大学出版社 2004 年 3 月第二版)则有一节叫《述评新闻》]和新闻述评[中国人民大学《新闻写作教程》(中国人民大学出版社 2002 年第 1 版)中有一节叫《新闻述评》]之分，不同的表述有不同的内涵，所以，首先要分清自己写的是哪一种。

新闻述评重点在“述评”二字，突出和强调的是“新闻性的评论”。它从叙述新闻事实入手，而实际上更多的是进行述评的“评”字，叙述事实没有“述评新闻”那样严格，自由度大一些，可以抓住一个新闻事实或者事件中的一点，引申开去，开展一些论理，评的成分或论的成分较多，重在以理服人。《新民晚报》的《新民随笔》专栏，专门让几个第一线的记者就当前新闻事物、新闻现象进行评述，一般都是议多于叙、评多于述，基本上属于评论的范畴。这种边缘性的体裁，是发挥记者新闻敏感性、学会掌握运用评论武器的好方法。

述评新闻重点在“新闻”二字上，强调的是“评论性的新闻”。是记者依托新闻事实，以报道事实为主、同时予以简要直接的分析评论，归纳、综合、点评，使事实更为清晰、明朗、可以理解。它基本上属于新闻的范畴。

第二，立意高远、选题新鲜。记者述评的选题要上符合党和国家的路线方针政策整体部署，下贴近读者、贴近生活、贴近新闻；要十分注重文章的思想性、新闻性和可读性的有机结合。在选材时，一定要把新闻性和可议性放在首位，同时，最好以记者本人采访中得到的第一手材料为主，也就是说，再小的话题都尽量“原创”，这样才有可能做到不落俗套而又立意高远，选题新鲜。

如《“红楼”非去不可吗?》一文，十分注重思想性、新闻性、可读性的有机结合。2001年秋天，当时厦门“远华大案”审判之后，引起社会广泛关注，有关单位将“远华红楼”辟为“反腐败展览馆”向社会开放，一时间观众如潮。《新民晚报》记者孙卫星针对当时“远华红楼”开放后许多人耗用公款，寻访红楼，欣赏犯罪，猎奇淫窝，甚至借机旅游，结果使“红楼”警示教育意义的初衷大打折扣，于是就写了一篇《“红楼”非去不可吗?》的述评新闻，用自己亲手调查了解来的事实、数据分析了开放“红楼”的弊端。这则文章见报后，引起广泛的社会关注，不少读者来信来电表示赞同，美国《侨报》及国内一些报刊全文予以转载。时隔不久，有关方面决定关闭“红楼”展览。

第三，内容饱满、材料翔实。记者述评不管写凝重还是轻松的话题，也不管是写激扬或平和的话题，抑或是高雅还是通俗、主流还是市井的话题，都必须是紧贴社会实际、紧贴生活、紧贴百姓关注的热点，有观点、有个性、讲真话、说实话。但前提必须是掌握的材料要翔实，内容要饱满。

第四，个性鲜明，文笔独到，可读性强。鲜明的个性要靠富有想象力和创造力的文笔来体现，《新民晚报》、《新民随笔》专栏作家的汪一新，对此深有感触。他说：“第一，无论写哪个题目、角度，必须是贴近百姓的，而且旗帜鲜明地亮出自己的观点；第二，要时刻记住，人与人之间是平等的，无论干部、企业家、教师、工人、农民、市民百姓，既让人家看得懂，又千万不能教训人；第三，写作千万别程式化，一定要自然地写出自己的特点。”

思考题

1.“传统”新闻的体裁共有几种?

2. 请详细罗列，并指出各种体裁中不同新闻文体的主要特征。

第三节 旅游新闻的体裁

现在,我们再来学习旅游新闻,就不会过于陌生了。因为,在前面的章节里,我们对旅游新闻都已经有了印象,旅游新闻是根据与旅游活动相关群体所需信息而产生的一种新闻传播活动。但是,仅仅有这样一个笼统的了解还是不够的,在这一节里,我们就旅游新闻的体裁作一系统的介绍。

我们从上一章节的具体分析中看到了“传统”新闻的体裁。实际上,从大的方面看,旅游新闻的体裁几乎和“传统”新闻是完全一致的,不外乎消息、通讯、评论、深度报道这样几种,但是,在某些方面还是有一定的区别。

一、消息

消息同样是旅游新闻中用的比较多的一种新闻体裁。它的种类也有以下几种:

(一)动态消息

动态消息即报道正在发生或新近发生的事件或活动的新闻,是报纸上大量出现的新闻报道体裁。

例如:

澳中商务论坛在布里斯班举行

旅游为重要议题 邵琪伟做主旨演讲

本报布里斯班8月4日电 (记者 ×××)澳中商务论坛2006年年会于8月4日晚在澳大利亚昆士兰州首府布里斯班隆重开幕,正率团访澳的中国国家旅游局局长邵琪伟应邀出席论坛开幕仪式并发表主旨演讲。澳大利亚外交部国会秘书甘佩罗、澳大利亚联邦政府议员迈克尔·约翰逊、中国驻布里斯班领事馆馆长领事刘菲、布里斯班市市长坎贝尔·纽曼等政府官员和中澳知名企业的代表共120多人参加了开幕式。

……

(二)简讯

简讯一般不需要说明事件的详细经过,不交代新闻背景,也没有导语。

例如:

七夕、八一深圳锦绣中华民俗村开展免费活动

本报讯 (记者 ×××)7月31日正逢七夕,被誉为中国传统的“情人节”。锦绣中华民俗村“七夕”当晚推出情侣优惠夜场泼水狂欢活动。

为庆祝一年一度的“八一”建军节，锦绣中华·民俗村又推出现役军人免费畅游景区优惠措施。8月1日当天，现役军人凭军官证或士兵证免费入园，随行家属享受门票5折优惠。

（三）特写性消息

新闻素描式的消息写作方式，抓住几个重要新闻特征，清晰勾勒出意义完整的新闻事件。

例如：

月坨岛海滨度假游人多

本报讯 （记者 ×××）今夏，来月坨岛度假的京、津、唐地区游客明显增多，在这里沐浴着和煦的阳光，或仰躺在松软的沙滩上，遥望蓝天，或赶海拾贝，与浪花嬉戏，浪漫的海岛风情让不少游人流连忘返。

月坨岛位于河北省乐亭县西南的渤海弯中，因其形呈弯月状而得名，并由月坨岛、腰坨岛、西坨岛等7座岛屿断续组成狭长列岛，岛上草木茂盛，生态原始。月坨岛环岛海滩沙质洁净，海水青碧，滩缓潮平。东西长6公里，南北最宽1.2公里的岛外缘沙岸形成了天然的海水浴场。

（四）评述性消息

评述性消息是一种边述边议，夹叙夹议的新闻体裁，是报道和评论两者兼有的新闻报道形式。

例如：

天竺山的特殊建设者

厦门天竺山森林公园，是厦门市政府一次性投资兴建规模最大的旅游景区项目，总面积达37.5平方公里，从破土动工到主景区开园迎客仅仅用了7个多月的时间，（叙）创造了福建旅游景区建设的四个之最：建设时间最快，园区面积最大，步行道木栈道、车行道最长，原生态保护最好。（评）在创造这个奇迹的队伍中有一个特殊群体，它们就是来自云贵高原的70多头骡马。

……

（五）人物消息

这是一种以消息形式报道新闻人物，反映某个特定人物的思想和事迹的新闻体裁，是一种便捷、迅速而有效地报道人物的新闻手段。

例如：

蝉联面点大赛桂冠的年轻人

去年12月,在柳州市第十五届青年状元技术大赛西式面点比赛上,柳州饭店派出的6名参赛选手吸引了众多评委的目光……获得冠军的熊敏早在5年前就已在柳州市青工状元面点大赛上折桂,这回可谓梅开二度。

熊敏1995年从桂林供销学校糕点专业毕业后进入柳州饭店点心部工作……

在点心部,熊敏给师傅们的感觉是……

……

功夫不负有心人……

熊敏再次捧走冠军奖杯……

(六)公报式消息

公报式消息一般是党和政府授权给通讯社或主流媒体发表的新闻。宣布政府的重要政策决定灾情疫情等,包括新闻公报政府公告以及其他公报式的新闻报道。

例如:

人事部和国家旅游局发出通知

启动全国旅游系统先进评选工作

本报讯 (记者×××)人事部和国家旅游局日前联合向全国各省、自治区、直辖市人事厅(局)、旅游局(委),新疆生产建设兵团人事局、旅游局发出了《关于开展全国旅游系统先进集体、劳动模范和先进工作者评选表彰工作的通知》,决定年内在全国旅游系统机关、事业、企业单位及其所属单位,全国旅游系统企业的在职干部职工中,评选表彰80个全国旅游系统先进集体和136名劳动模范和先进工作者。

《通知》要求,评选工作要面向基层,面向一线……

(七)综合消息

综合消息是对持续一段时间内发生的某个重大事件或某个重要会议所讨论的问题进行综合的、概括的报道;或者围绕某一个鲜明的主题思想,把一个时期内发生在不同地域的诸多情况、现象、事实有机地组合起来,以反映全局的情况、概貌、成就、动向、经验或问题为内容的消息报道。综合反映带有全局性的情况、动向、成就、问题的报道。

例如:

古民居"移民",停!

◆ 古民居"远嫁"一举多得

安徽省池州市石台县天方茶叶集团总经理郑孝和压根就没料到,自己出于宣传徽文化的良好初衷,与瑞典一家公司达成的简单商业合作,竟使他沦落为众人口中的"文物贩子"。

这事还得从石台茶叶与瑞典的渊源说起……

……

◆ 经过媒体曝光引发争论

此后,事态的发展着实出乎郑孝和的预料。新华社记者采写的《安徽古民居"远嫁"瑞典》迅速引发国内各大媒体的竞相关注。赞成方与反对方针锋相对。

……

◆ 突击鉴定文物搬迁搁浅

在一片争论声中,石台县迅速在全县重新进行了文物登记造册,对翠屏居重新进行了鉴定。结果表明,翠屏居建于清朝中期,距今有200多年历史,属具有文物保护价值的皖南古民居,应该受到法律保护。

……

◆ 当地政府表示开发旅游

……

◆ 相关链接

全世界不乏整体搬迁别国古旧建筑的先例,例如:

……

二、通讯

从旅游媒介选择新闻体裁的实际来看,通讯应该是旅游新闻中运用最广泛的一种新闻体裁。不管是旅游行政主管部门的领导,还是旅游企业的管理人员和工作人员,不管是景区工作者还是旅游者,都会对旅游活动背后的东西感兴趣。因此,旅游媒介更多地选择通讯体裁。

(一)人物通讯

侧重反映新闻人物的事迹,可以报道先进人物或先进集体的事迹,也可以报道转变中的人物和某些有争议的人物。(以人带事,因人而事)

例如:

新时代的愚公

——记北京市平谷区挂甲峪村党支部书记张朝起

他满怀对家乡和百姓的热爱之情,带领村民走山区开发旅游致富之路,把一个过去靠山吃不上山,人均收入不足300元的贫困村,改造成为自然环境优美、百姓安居乐业的“世外桃源”……

有人说他是新时代的愚公,有人说他是山中硬汉。他就是北京市平谷区挂甲峪村党支部书记张朝起。

撇下“铁饭碗”

张朝起曾经在乡政府开了14年小车,村里人很羡慕……

于是他做出了一生中最大的选择:回村改变家乡贫穷落后的面貌,让乡亲们过上好日子……

消息传开,许多人不理解。

……

打通“瓶颈路”

张朝起在外闯荡多年,深知“要想富,先修路”的道理。

当时村里仅有一条通向山外不足两尺宽的山路,雨天,不是人骑车,而是车骑人,阻断了大山与外界的联系。一回村,他先修路……

破解“五上山”

1997年上半年,北京市做出了山区开发建设的战略举措……

……

他请来专家,高标准规划设计,一次成型到位,制订了“五上山”工程计划:道路修上山、水利引上山、果品栽上山、畜牧养上山、科技跟上山……

……

科技铸就美

每到夜晚,挂甲峪的大山上彩灯绚烂,格外迷人,那是靠太阳能和风力发的电。

……

(二)事件通讯

事件通讯是以具有典型意义的新闻事件作为报道对象的。(因事而人,人因事起)

例如:

“巨伞”撑开之后
——记上海铁路南站开通

备受瞩目的铁路上海南站于7月1日正式投入运营。每天,有41趟旅客列车从这个世界上唯一的圆形屋顶站出发,通往北京、杭州、广州、长沙、重庆、成都及吉林等地。从此,上海出现了南北分布的双主客站格局。而对于沪杭线的列车而言,意味着出入上海将明显节省时间。

这个直径278米、中心高度42米、站房主体总建筑面积56718平方米的“巨伞”型建筑……对周边乃至长三角的旅游服务业又会带来何种变化?

……

(三)概貌通讯

反映一个地区、一个部门、一个单位在某一方面带有全貌性的通讯,见闻、纪行、侧记等

都属于概貌通讯。

例如:

民营资本:为湖北旅游经济注入活力

要是有人问起近一年来湖北的哪个景区最热、最受游客追捧,那一定是汤池温泉;要是有人问起谁被媒体关注最多、争议最多的企业,那一定是“东星”。无论是开发汤池温泉景区的武汉丰泰集团,还是成立航空公司的东星集团,他们都是民营企业,都为湖北旅游业带来了生机与活力。

汤池温泉的开发合伙人之一——武汉丰泰集团董事长曹江城,是旅游界的“风云人物”……

东星集团原本是一个从事电子、房地产和公路建设的企业……

……

无论是泰丰,还是东星,他们都不是最早进入湖北的大型民营企业……

……

……此外,在旅游车辆、旅游商品生产和销售等相关行业的民营企业也数不胜数。这些民营企业的进入,活跃了旅游市场,推动了旅游发展,为湖北的旅游经济注入了活力。

(四)工作通讯

工作通讯是侧重反映实际工作中的某一方面带有经验性的通讯,是直接反映和指导当前实际工作的重要体裁。

例如：

关注“超旅游资源”

——旅游资源的创新与发展

传统的旅游资源理论将旅游资源分为自然旅游资源和人文旅游资源两大类，在两大类的基础上，进一步细分为若干主类、亚类和基本类型。

传统的旅游资源观直接影响了早期的旅游开发实践，“旅游资源是旅游开发的基础和前提”，“有什么样的旅游资源开发什么样的旅游产品”……

2005 年，杭州市在全国率先推出 100 个社会旅游资源点，一经推出，即受到国内外游客的热烈欢迎和社会媒体的一致好评，取得了良好的经济效益和社会效益……

……

“超旅游资源”主要包括以下几类：

土地资源：特别表现为大城市郊区的土地，包括山地、坡地、平地、荒地、林地、滩地……

创意资源：历史上或地方上过去没有的、完全由人脑新创造出来的资源……

文化资源：专指地方文化之外的国内外传统文化和现代文化……

概念资源：社会上流行的新概念，是一种具有巨大开发潜力的“超旅游资源”……

……

（五）通讯大家族中的代表性新成员

1. 专访

专访是对新闻人物权威人士就新闻事件社会问题等进行专门访问的专题性报道。

例如：

让外国人更全面地了解中国

——访《外国人看中国》旅游丛书策划人兼作家 Monique Van Dijk

新西兰作家 Monique Van Dijk 是《外国人看中国》外文旅游丛书的策划人兼作家，她曾三次来到中国，对中国有深厚的感情，对中国文化也十分喜爱。

Monique Van Dijk 说……

谈起奥运会，Monique Van Dijk 认为，2008 年奥运会对中国旅游来说是一个难得的机遇……

Monique Van Dijk 介绍说，外国游客来中国旅游，一般都带有一本关于中国旅游指南的书,但仅仅是简单的旅游资讯……

……

2. 特写

特写以电影特写"镜头式"再现新闻人物、新闻事件、新闻场景的形象化报道。

例如:

"烽火硝烟"锁古城

连日来,皖南歙县古城街头人山人海,热闹非凡。太阳刚落山,城内一台台影视专用大功率夜景灯、银光灯把古街幽巷照得通明。在中和街上,东樵楼前,烽火四起,硝烟弥漫,一批"日本侵略军"身挎枪支战刀,举起火把,金戈铁蹄,冲杀进城。白天,街上却彩旗飘展,锣鼓喧天,鞭炮齐放,群众欢歌载舞,在高空大摇臂摄像机的旋转中,南下解放军大部队浩浩荡荡地开进古城,一派喜迎亲人解放军,庆祝徽州解放的壮阔场景。

……

三、新闻评论

新闻评论是对某一新闻事件或者人们关心的某一问题的论述分析说理,用以直接表明作者和报社编辑部的意见及主张,反映舆论和引导舆论,从而影响读者的思想和行为。它以新闻提供的事实为由,以评为主,由点到面,深刻分析和评述新闻事件背后的问题,被称之为"报纸的旗帜和灵魂",在报纸上具有很高的地位。

评论的文体有社论、本报评论员文章、短评、编者按、杂文等。

评论体裁在旅游新闻里较少用到。2006 年 8 月 7 日的《中国旅游报》,共有长长短短的新闻信息 99 条,但评论性质的充其量只有 3 条,可见比例之小。

(一)社论(旅游新闻中很少用)

社论是代表报纸编辑部和同级党委,就国内外(省、市、自治区)的政治、经济、文化、思想等领域中的重大问题,进行分析评论,及时表明党的立场和态度,阐释党的路线、方针、政策,提出解决问题的指导思想和措施,指明今后的任务和奋斗方向。它是所有评论中最重要的一种评论形式。

(二)评论员文章

新闻稿件以署名者的方式而不是"本报评论员"文章来发表。

例如:

文物鉴定是起点旅游开发为出路

皖南古民居翠屏居要"远嫁"到瑞典的消息,一经媒体报道,就在网络上引发了赞成者和反对者的争论。双方各抒己见、唇枪舌剑，一时间好不热闹……

……

笔者认为，大多数赞成翠屏居“远嫁”到瑞典的人们，并非大逆不道的败家子，相反，正是因为他们热爱着历史遗存，才希望与其看到它们在国内无助地坍塌，还不如让它们在国外得到最好的呵护，同时还可以起到传播中华文化的作用……

简单的保留，不是真正的保护，突击鉴定不能成为常态。笔者以为，文物管理部门应当积极、严格地做好文物普查和鉴定工作。

……

（三）编者按

编者按是编者对所发表的文章和报道，进行提示评论或作补充说明的文字部分，大致分为政论性的和说明性的两种。但在旅游新闻里，编者按几乎都是说明性的。如《群山争雄金顶拔筹——峨眉旅游演绎“中国第一山”》一文：

编者按

千座名山一座顶，自古登山重登顶。2006 年 6 月 18 日，华藏寺恢复落成暨十方普贤圣像开光大典在峨眉山金顶隆重举行。晨曦透过云隙，投射于海拔 3079 米的十方普贤金像，晕出层层暖黄，华贵、圣洁、肃穆而动人心魄。在四川省委、省政府的大力倡导和支持下，历经三年蓄势和精心打造，以重新亮相的新金顶为标志，世界瞩目的世界自然与文化遗产峨眉山焕发出勃勃生机，一个极富诗意和文化高度的“中国第一山”形象呈现在世人面前。

（四）杂文类评论

“杂文”，顾名思义就是指那些文体并不清晰的“都不像”评论文，但它还是“记者依托新闻事实，以报道的事实为主，给予简要、直接的分析评论，归纳、综合、点评，使事实更为清晰、明朗、可以理解”的写法，因此，它基本上属于新闻的范畴。

例如：

合力与活力

济南市、青岛市、泰安市、淄博市、曲阜市 5 个城市是山东省旅游的中坚，在全省的旅游格局中占有非常重要的位置。每年 8 月至 9 月，5 城市的旅游节庆会展活动都比较集中，但在时间上却有冲突，在推广促销方面也比较分散，没有形成合力来吸引海内外游客。5 城市联手形成山东旅游大动脉后，不仅浓缩了山东旅游的精华，而且将带来极大的活力。在旅游节庆、会展活动的时间安排上，一旦“彼此兼顾，首尾衔接”，将形成山东旅游业的新品牌。

好的品牌离不开好的策划，良好的策划和创意是品牌成功的关键……

……

……因此，在旅游业的发展和品牌推进过程中，唯有形成合力，才能带来活力，才能做大做强，才能形成具有国际影响力的品牌。

四、深度报道

深度报道是旅游新闻里用得最多的一种新闻体裁，这和深度报道的功能作用和旅游新闻受众关注度一致有关。景区介绍也好，问题揭示也好，旅游体会也好，受众都希望能够从中了解到更详细的情况。

在对旅游新闻的“深度报道”概念做表述时，编者非常赞成陈作平在《新闻报道新思路》中的观点：“深度报道没有固定的格式，也不应过多地受篇幅长短的限制，只要能从身曾反映新闻事实的真相，通讯特写评论专稿调查报告等都可以写成深度报道，即便是一条消息，只要它立意高远，对问题反映深刻，也可以看做是深度报道。”上述几种通讯文体的例文，都充分地证明了这个观点的客观性和正确性。因为，这些例文几乎都在回答“为什么”和“怎么样”，这恰恰就是深度报道主要特点。

思考题

1. 请结合教材中的例文，谈谈旅游新闻体裁的特点。
2. 请结合“传统”新闻体裁的种类以及自己的经验，对旅游新闻体裁作评说。

第四节　旅游新闻的采访

旅游新闻的采访，从原则上来说，和“传统”新闻没什么区别。因此，我们在这里只作特点、特性的强调。

一、旅游新闻采访的原则

旅游新闻的采访原则与“传统”新闻相同：

(1)遵循科学的采访原则；

(2)按照“传统”新闻采访的步骤进行；

(3)坚持采访过程中的党性立场；

(4)实事求是地捍卫新闻的真实性；

(5)采用“传统”新闻采访中多种行之有效的方法。

(参见第一节“传统”新闻的采访)

二、旅游新闻采访中需要注意的几个问题

(一)对采访对象或事件背景的掌握

旅游新闻和“传统”新闻最大的不同之处在于,旅游新闻不管它的真实性是如何的确凿无疑,但它一定是先于新闻事实发生之前被有关部门和人员策划好的。对采访对象的深入了解和对新闻事件背景的掌握,有助于记者的成功写作。

例如:杭州目前在大张旗鼓报道的世界休博会,从形式上看,各家媒体在报道的都是每天新发生的新闻事实,而实际上是有关部门和人员早早策划好的,只不过是按计划进行罢了。因此,要做好这样的采访,对其背景的掌握就显得非常重要,它可以决定你采访的深入与否,可以决定你采访的成功与否。

“西湖·印象”是2006年西湖博览会具有轰动效应的精彩前奏曲,也是休博会中最耀眼的一颗明星,为什么?是什么原因变成这样?深层的原因不是一般人能知道的。整个策划操作过程中的跌宕起伏太扣人心弦,牵扯到的单位有中央领导、省市领导、著名导演和外国顶尖级作曲家,还有不少中外名人和各路大腕,媒体精英和旅游界的行家,阵容之大实属罕见!要想写好这样的报道,如果没有前期采访的深入和对其背景掌握,想写出主题鲜明、别具一格的深度报道是不太可能的。

(二)对旅游行业相关知识的熟悉和精通

旅游新闻的最大特点是,不管什么体裁的报道,不管什么版面的什么内容,都应该“万变不离其宗”,即和旅游业的密切相关性。对此,我们旅游新闻实务班的陶凤娟同学深有体会。

2006年暑假,陶凤娟同学被安排在杭州日报旅游线上实习,具体做的是“城市行走”版,作为权威的旅游业内人士向读者推荐暑期旅游线路。陶凤娟同学深有体会地说,作为旅游学院对旅游线路比较熟悉的实习生,优势是明显的。在采访各家旅行社的时候她就发现,虽然旅行社的介绍是很专业的。但是,她觉得这样的设计和安排还可以更好。因此,她凭借自己掌握的知识对线路做了更理想的调整,她做的两个稿子都见了报,篇幅也相当可观。

(见2006年7月28日《杭州日报》第24版《城市行走》、《行万里路 破万卷书 暑期旅游菜单之铁路航空篇》,2006年8月4日《杭州日报》第22版《城市行走》、《书海拾贝 出游印证 暑期旅游菜单之轮船公路篇》。)

(三)对相关人员和事件的采访一定要到位

对采访对象要有深入的了解,对新闻事件的背景也要了如指掌。旅游新闻事件的动感太强,变数太大。因此,除了对策划方案和采访提纲中涉及的要一个不落地采访完,对变化过程中的相关人员和相关事件也要采访到位。否则,过去了就不会再有了,回头再补充会比较麻烦。

(四)注意自己在采访活动中的体会和感受,并尽量拍摄一些精彩的照片

把自己放到采访对象的位置上,亲身感受一下其中的滋味和体验,以增强新闻表现的准确度,这是旅游新闻和传统新闻很不一样的地方。同时,旅游新闻比较适合做图文并茂的"文并摄",类似于电视新闻那种声画合一效果,这将有助于你在版面上更好地烘托你的新闻主题,能吸引众多读者的眼球,有助于增强可读性。

思考题

1. 旅游新闻的采访原则是什么?请详细回答。
2. 旅游新闻采访应怎样进行?

第五节 旅游新闻的写作

一、旅游新闻的写作要领

(一)主题的提炼

这是写好一篇新闻的关键前提。(参见"传统"新闻写作章节)

另外,由于旅游新闻的特点,它和"传统"新闻的主题提炼还是有些区别的:从本质上说,旅游新闻的"指导性"并不突出,相对简单;从内容上说,与旅游相关的话题总是比较轻松愉快的;从表现形式上说,不管从标题、结构、内容或文字表达,都比较自由、活泼。因此,旅游新闻的主题提炼从某种意义上来说,比"传统"新闻主题的提炼来得简单、容易。一般只要就某项活动或者某个事件的本身关系去考虑就行了,无须太多的政治上的冥思苦想,或者太过琢磨"上头"的意思。

但是,在大的政治方向、原则性问题上,要与党和政府的路线、方针、政策,与人民的利益保持高度的一致。这是中国新闻工作者必须遵循的基本政治纪律。

打个比方,当前,党中央高度重视旅游市场中的新热点——红色旅游,怎么样发挥红色旅游在八荣八耻教育、爱国主义教育和革命传统教育中的作用?这也是我们旅游新闻报道中的要高度关注的热点,要千方百计地把这样严肃的时政报道和旅游新闻的轻松、愉悦等特点统一起来。

例如:

革命纪念地不容轻慢

近日,两则来自革命教育纪念地的消息引发了诸多网友的热议:一是游客在山东微山岛铁道游击队纪念园照相摊点穿着侵华日军的装束,过一把"鬼子瘾";二是一家营销策划单位准备在今年10月7日夜晚,让郑州二七纪念塔在中国魔幻大师

汪其魔的“魔杖”指挥下神秘消失。

这两则消息共同反映了：我国部分革命纪念地急功近利的商业炒作，淡化了以革命传统教育为主题的严肃性。

……

(二)角度的选择

对于旅游新闻来说，同样的活动、同样的主题，但角度把握不同的话，效果会大相径庭。《中国旅游报》浙江记者站的文潇老师曾经因为写了一篇角度与众不同的《杭州，告诉世界什么》的长篇通讯，而获得了全国旅游新闻的大奖，文中所涉及的杭州市旅委也被评为先进单位。文潇老师也由此而成了各旅游单位希冀写大稿的专家了。

角度好，能使一篇原本平平的稿子光芒四射；角度不好，很好的题材也会陷于平庸。

例如：2006 年 8 月 2 日《中国旅游报》第 2 版的《杭州农村游，在回顾与思考中前行》，角度选得非常好，跳出了一般会议报道的俗套。一个好的角度，硬是把一个简单的会议消息写成了不同凡响的深度报道。读来很有新意，很有深度，给人一种本质的思考——农村游，能走多远？怎么走会更好？

杭州农村游，在回顾与思考中前行

文 潇

为进一步深入开展农村旅游活动，推动杭州农村旅游更快更好地发展，杭州市日前召开了农村旅游主题说明会。会上，杭州市 11 个区、县(市)旅游局领导介绍了本地农村旅游产品情况。旅游集散中心、旅行社、自驾车组织、街道社区代表与各农村旅游点进行了对接、交流。

回顾：二十载农村游渐成气候

杭州市农村旅游至今已走过 20 多个年头。回顾走过的历程，可概括为几个阶段：

一是萌芽阶段。20 世纪 80 年代，以富阳新沙岛“农家乐”为主要代表。此阶段以吃农家饭、体验农事活动为主要特色，但规模小、投入少、文化内涵挖掘较浅，以农民自发为主。

二是探索阶段。90 年代初，以桐庐的“女儿村”、“红灯笼”为主要代表，主要依托农村自然资源，以休闲度假、民俗风情体验为主要特色，融入了一定的文化内涵，出现了集体、公司经营模式，但整体规模不大，经营水平较低，产品单一。

三是初具规模阶段。90 年代末至今，随着杭州旅游业的进一步发展，杭州农村旅游发展较为迅猛，出现了自然生态游、乡村休闲游、农业观光游、农家度假游、民俗文化游等多种形式的旅游产品，但在规划布局、产品深度开发、特色性、规模化经营上尚存在不少问题。

思考:成绩面前找出差距

目前,杭州农村旅游已成为该市旅游的一个重要业态。截至今年上半年,全市已拥有具备相当规模的农村旅游点近百个,全市共有农村旅游配套客房5000多间,床位约1.3万张,餐饮可容纳人数约3.5万人。已推出全国农业旅游示范点4个;省级休闲渔业示范基地13个,“农家乐”特色示范村5个,星级乡村旅游点8个;市级乡村旅游示范点9个,休闲观光农业旅游示范单位27个。2005年全市农村旅游接待境内外游客近300万人次,农村旅游总收入约2亿元。从事农村旅游的农户超千户,从业人数达5000多人,带动间接就业人员近3万人。杭州农村旅游占杭州旅游业的比重和份额逐年上升,对旅游业的贡献率也不断提高。

当前,杭州的农村旅游正呈现蓬勃发展的趋势,但存在的诸多问题还需要各相关部门去研究和解决。其中,宣传促销难以成为制约农村旅游点发展的一个突出问题。一方面,许多农村旅游点由于管理体制等问题的制约,几乎没有进行宣传促销,仅限于“回头客”的作用。旅游部门在宣传促销上对大牌景区(点)较为重视,而对农村旅游的宣传力度明显不够。农村旅游点与其他景点如何串珠成链,形成不同的特色线路供游客选择,在这方面的线路策划上做得还远远不够;另一方面,随着旅游产品的多元化发展,旅游市场的需求也呈现出多元化态势,农村旅游愈来愈受到游客的青睐。但很多旅行商、游客不太了解农村旅游点,对许多农村旅游点在哪里、怎么去、有什么特色、能体验什么,都不甚了解,就连杭州本地的游客也存在着同样问题。这种“买方”不知道“卖方”;“卖方”找不到“买方”的问题,严重影响了杭州农村旅游点走向市场、走近游客。

思路:提高市场经营效益

杭州市旅游委员会党委书记、常务副主任李虹在说明会上指出,当前全市主要要解决的是买卖双方信息不对称的问题。全市各级旅游部门要更多地承担起农村旅游促销的责任,应该适度投入资金,制作宣传手册,统一组织宣传促销。对部分经济实力较强的村集体,也可以激发农民的参与热情,形成农村旅游联合体,引导农民学会自我包装、自我营销的本领。此外,要借助报纸、电台、电视、网络等各种新闻媒体,以“乡村游”主题活动为契机,充分利用“休博会”、“茶博会”以及长三角各类旅游节庆活动进行农村旅游促销。对形成规模和品牌的农村旅游产品,通过加强与旅行商的合作,实现农村旅游产品与旅游客源市场的对接。她希望市、县两级旅游集散中心和全市所有的旅行社积极发挥旅游市场的中介作用,为游客和农村旅游点当好“红娘”。

从杭州市旅委调查情况看,目前杭州农村旅游客源不一,但城市居民的老年(退休人员)群体已成为农村旅游的主要客源,散客、自驾游已是农村旅游的一种重要形式。因此,市旅委特意邀请了杭州城区30多个街道、社区负责退休工作的同志和近30家自驾车团体组织的负责人参加了说明会，目的是利用这个平台，方便特定的游客群体了解杭州的农村旅游，更好地提高农村旅游点的市场经营效益，从总体上扩大农村旅游的规模效应。

（三）结构的设计

结构的安排实际上是一个逻辑问题。由于旅游新闻基本都是长篇大论，它的结构怎么设计，素材怎么使用就直接影响到读者的胃口。好的结构，能使读者阅读时脉络清晰，渐入佳境，意味深长，而差的结构会使人如坠云里雾里，不知何意。

在此，我们把“传统”新闻章节中的两个例子拿来比较：

这是同一新闻事件的报道，不同的标题结构给读者的影响和感受完全不一样。

天啊，电池突然爆炸了（肩题）

——在1岁孩子的嘴里（主题）

- 孩子的口腔严重溃疡，食道有没有炸伤还很难判断
- 孩子吞食各色物品情况很多，但这样的情况医生没见过
- 省质量技术监督局工作人员说，爆炸的电池可能存在质量问题
- 1～3岁孩子最易受伤害，本报尽可能多列举各个阶段防护方案（副题）

这个结构设计很巧妙，这样的结构使这个标题很醒目、很有吸引力，它起到了“能否吸引人往下看的关键”（美国《底特律新闻》社论作家杰克·海敦语）的精彩导语的作用，做得非常好，非常的震撼，引人注意，激起读者一口气读完的欲望，心情非常的急切，效果相当之好。读者一看到“天啊，电池突然爆炸了”这个肩题，首先就很吃惊，电池怎么会爆炸？紧接着更扣人心弦了，主标题夸张的字体告诉读者，电池不但爆炸了，而且是“在1岁孩子的嘴里”！这时读者的心是提起的。结果“怎么样了？”更是读者关心和急着想知道的。于是，副标题顺势推出：“孩子的口腔严重溃疡，食道有没有炸伤还很难判断；孩子吞食各色物品情况很多，但这样的情况医生没见过；省质量技术监督局工作人员说，爆炸的电池可能存在质量问题；1～3岁孩子最易受伤害，本报尽可能多列举各个阶段防护方案”，层层递进，也是读者急切想知道的一些问题。真是妙不可言。

再看另一条消息的标题：

伢儿咬电池竟被炸伤嘴

只有一个主标题《伢儿咬电池竟被炸伤嘴》，标题正中下方配了一张幼儿躺在妈妈怀里用小手捧着奶瓶吸奶的照片，既看不出孩子受伤，也看不出孩子有什么不适，所以成了很一般的社会新闻，感觉远没有上面那个标题吸引人。

由此可见,结构设计的好差,传播效果完全不同。因此,旅游新闻的结构设计同样很重要。

(四)优美的文笔和出色的文字驾驭能力

文化内涵是旅游新闻的重要特征之一,娱乐性和服务性是旅游新闻的重要特征。因此,旅游新闻必须在字里行间表现出这种特征来,这样的作品才会具有亲和性、亲近性、愉悦性和可读性,其服务性也才能发挥出来。这一切靠什么来实现?就靠优美的文笔和出色的文字驾驭能力。

例如:

南猛初会

公路到了尽头,汽车只好停下。道路,在群山的怀抱里舒展开它的脉络,蜿蜒多姿,高低起伏。时间忽然到了边沿,即将甩开我们此前置身的国度,令人兴奋不已。田埂小路开始让我们在时间的琴弦上舞蹈,接近蝴蝶缤纷的记忆。

……

原本,编者想把文中的优美之处和撼动之处用线条和灰底纹勾勒出来,实在是妙笔之处太多,朵朵是鲜花,朵朵绚烂无比,美丽之极!宛如深陷良辰美景之中,流连忘返而不能自拔。如此"蜿蜒多姿,高低起伏"的山,"让我们""开始在时间的琴弦上舞蹈,接近蝴蝶缤纷的记忆"的"田埂小路"……如此美景怎不叫人流连忘返?

二、旅游新闻的写作

(一)消息写作

消息是旅游新闻中用得比较多的一种新闻文体,它向读者传递各种旅游信息。例如:

游客增多了　投诉减少了

张家界净化"旅游天空"

本报讯　(记者 ××)今年上半年,张家界市旅游接待人数在继续保持上涨势头的同时,游客投诉比往年减少了。1至6月,全市共收到旅游投诉纠纷104起,未出现重大或恶性旅游投诉,比去年同期减少10起,现已调解处理91起,正在调查处理13起;为游客挽回经济损失43.96万元,游客满意率为95%。

……

这类消息的写作方法和"传统"新闻无什么大异,具体写作方法可参见"传统"

新闻消息体裁的写作方法。但是,务必要注意的是,旅游新闻一定要根据事件本身的特点和意义选择一个最合适的报道文体,一定要把读者最想知道而无法知道的那部分写清楚,不要顾忌“传统”新闻消息体裁的“短小精悍”的要求!

我们试着把文潇老师的《杭州农村游,在回顾与思考中前行》改成一般的动态消息,看看效果怎么样。

杭州农村游,在回顾与思考中前行

——杭州市召开农村旅游主题说明会

本报杭州8月7日讯 (记者×××)为进一步深入开展农村旅游活动,推动杭州农村旅游更快更好地发展,杭州市日前召开了农村旅游主题说明会。会上,各方代表都就农村游问题谈了自己的看法,并结合各自在农村游中的感受提出了不少建议。

杭州市旅游委员会党委书记、常务副主任李虹在说明会上指出,当前全市主要要解决的是买卖双方信息不对称的问题。从杭州市旅委的调查情况看,目前杭州农村旅游客源不一,但城市居民的老年(退休人员)群体已成为农村旅游的主要客源,散客、自驾游已是农村旅游的一种重要形式。因此,市旅委特意邀请了杭州城区30多个街道、社区负责退休工作的同志和近30家自驾车团体组织的负责人参加了说明会,目的是利用这个平台,方便特定的游客群体了解杭州的农村旅游,更好地提高农村旅游点的市场经营效益,从总体上扩大农村旅游的规模效应。

会上,杭州市11个区、县(市)旅游局领导介绍了本地农村旅游产品情况。旅游集散中心、旅行社、自驾车组织、街道社区代表与各农村旅游点进行了对接、交流。

由此,我们可以发现,改动后的这条消息,不管是从哪个方面说,依然符合消息写作的原则和要求,新闻的真实性、指导性、时效性一样不变,文体短小精悍,导语、主体、结尾齐全。消息语言的具体、准确、简洁、通俗、生动也都符合,但它的传播效果是截然不同的。

(二)通讯写作

旅游新闻通讯的文体和“传统”新闻通讯的文体种类基本相同,我们来看一下:

1. 人物通讯

例如:

两位合肥人

十多年前去过合肥,结交了两位合肥人,后来在北京又结识了若干合肥人,但此次重去合肥,最想见的还是最初认识的那两位。

年纪大的那位是我的同行，严格说，是我的前辈。他名字叫金全才，笔名金芝，是安徽戏曲界的笔墨元老之一。写过不少黄梅戏与电视剧的剧本，文章之多就更不要提。

认识他是20世纪80年代后期，我当时还在中国京剧院工作，但不时能在中国艺术研究院的回廊曲院之中看到一位衣着朴素的长者，默默地在其中穿梭走动。为什么说回廊曲院？八十年代的北京哪里还能够有这样的建筑？我这么讲并不过分，因为艺术研究院的所在地曾是晚清的恭王府，是全北京屈指可数的一所很经典的古建筑，该院的13个研究所大抵都存在于那些回廊曲院之中。金先生不仅是安徽的笔杆子，更是戏曲艺术深入的研究者。当时，距离纪念徽班进京200周年的活动已近，文化部高占祥常务副部长委托金在安徽出版纪念京剧鼻祖程长庚的文集（前、中、后共三部），把这样全国性的工作，交给跨剧种的一个个人，对双方来讲都是需要一些胆魄的。当然，作为金先生个人，所承受的压力就更大了。金任劳任怨出色完成了这项工作，并与高部长结下了很好的私人友谊。金七十岁时，高部长特地在一幅很大的红色洒金宣纸之上，书写了一个很大很大的“寿”字，遥寄金芝作为寿礼。

……

2. 事件通讯

例如：

改善生存状况稳定导游队伍

外部环境不容忽视

导游生存现状已经成为目前全社会普遍关注的问题，除了导游自身的原因之外，外部环境不容忽视。

导游进入门槛低……影响了导游的整体形象。

导游经济压力增大、收入减少……客观地说，导游在一定程度上是替旅行社受过的。

导游组织工作量加大、影响工作质量……影响了团队的服务质量。

负面宣传太多，使客人有防范心理……

由于多数导游属于自由职业者，处于松散状态……导游常常被当作“替罪羊”；对于购物质量问题、新闻报道多数是针对导游，而对购物店的责任却只是一笔带过 ……

导游人才流失

在这样的大环境下，导游对旅行社无法产生归属感，而这对导游的心理会产生负面影响……

3. 概貌通讯

例如：

碧水湾　月弯弯

在山山水水中游荡辗转，我酷爱热恋着的是山山水水，梦魂萦绕的是大地山川。

旅行，对于热爱它的人来说，是有限生命的另一扇门，另一条路，另一个出口。行走，不管你是用一种什么样的方法，它都是人类生命存在的最高形式。

还是因为山水那种无法抵御的诱惑，我跟随着一首美妙的歌，又到了从化那葱郁的青山，看到了流溪河那晶莹的绿水。

……

…… 清晨时的朝辉，日落时分的晚霞，每日交替地把这片碧水湾和湾畔的这片花园，打扮装点得令人陶醉忘魂。

……

4. 工作通讯

例如：

一切为了“中国优秀旅游城市”
——台州打响“创优”攻坚战

如今来到浙江台州旅游的人们一定能感受到别样的风情：乘观光巴士在城区内游览、在厕所内享受星级待遇、完善的公共信息符号设置等，整洁优雅的城市环境让每个“上帝”体验宾至如归的美妙感觉……为了争创“中国优秀旅游城市”，台州市自上而下，积极行动，一场漂亮的“攻坚”战役就此打响。

如厕也艺术　体验优质台州游

记者最近在台州市区采访时发现……

……

项目也精彩　打响“创优”攻坚战

对照创优标准和城市现代旅游功能的要求，我们还有一些缺项，要落实到具体项目，抓紧补上。这既是“创优”得分的关键，也将是台州旅游的特色和亮点。台州市市委书记蔡奇在“把脉”当地“创优”工作时如是指出……

领导也上阵　共创“台旅”新未来

自4月24日召开创建“中国优秀旅游城市”推进会以来，台州市“创优办”进一步加强了对“创优”工作的领导和协调，形成市四套班子合力抓“创优”的工作机制。

……

在此,我们要提醒大家注意的是:从上面的4篇范文中,我们可以清晰地看到,旅游通讯体裁中的4种文体,除了和"传统"新闻通讯文体基本一致外,还有一个共同的特点就是:所有文体的核心介质——"人、事、物"都和"旅游"密联系在一起。同时,体量比较大。

(三)旅游新闻评论写作

旅游新闻中很少见到社论、本报评论员文章、专栏评论、记者述评这样文体的旅游新闻评论作品。

常见的评论文章主要有如下几个特点:

第一,评论文章以个人名义发表;

第二,文中所指均为旅游市场上存在的典型问题;

第三,文中评论力度明显有限,"建议"居多;

第四,评论语言比较平和、谨慎。

(四)深度报道的写作

关于深度报道,在前面的相关章节中有较多的介绍,在此,我们对一些必须注意的问题作些强调——在采写各种文体的深度报道的时候,都要把握住下面几点:

1. 充分做好前期准备工作

确定主题,了解背景,策划方案,写好采访提纲,联系好采访单位和对象,落实好采访时间。

2. 深入采访

一定要深入新闻现场、深入新闻人物的内心、深入到与主题相关的人和事中间采访。记住《南方周末》的经典名言:"深入成就深度"。

3. 掌握材料的全面性

科学梳理采访到手的素材,分门别类地进行归纳整理,熟悉和掌握全面的素材。

4. 揭示新闻事实的深刻性

在写作时,要充分运用各种允许的手段,把新闻事实的深刻性表现出来。

5. 凸显深度报道指点迷津的作用

6. 要让读者看了以后,茅塞顿开、醍醐灌顶

(参见"'传统'新闻的采访"一节)

思考题

1. 旅游新闻的消息体裁中有几种文体?哪几种用得比较多?为什么?

2. 你觉得旅游新闻中的那几类问题你比较感兴趣?为什么?

第六节 “传统”新闻与旅游新闻差异比较

通过上面五个章节的陈述和讲解，我们对“传统”新闻和旅游新闻的体裁、采访、写作特点和特征都有了一定的认识。在这一章节里，我们再系统地把它们作一个比较，有助于我们的实际操作。

一、“传统”新闻和旅游新闻基础理论的差异

（一）“传统”新闻必须坚持新闻的真实性、新闻的指导性和新闻的时效性

1.“传统”新闻的“真实性”包含两方面的真

这里的“真实性”概念，包含了客观事实之争和主观反映之真。事实之真是指必须是客观时空中真真切切发生而不是记者策划出来的。此外，它还指记者写作时的反映之真。

2.“传统”新闻一定要有指导性

指导性是我国新闻事业的性质决定的。党报如此，晚报、早报等都市类报纸同样要遵循这些原则。

3.“传统”新闻的时效性很强

“传统”新闻中的新闻之所以能成为新闻，很重要的一点就是因为它具有很强的时效性，它一定是“新近发生的事实报道”。

（二）旅游新闻的“真实性”、“指导性”和“时效性”

1. 旅游新闻的“真实性”更多指的是反映之真

旅游新闻的“真实性”和“传统”新闻“真实性”最大的不同是：旅游新闻是可以策划的，策划变成事实之后，就符合“真实性”原则，甚至有些没有发生的，也可以作为新闻刊登和播发。

2. 旅游新闻的“指导性”体现在服务性中

旅游新闻的“指导性”体现在它的服务性中，如果旅游新闻无法为广大读者提供服务性的话，它的指导性就无从谈起。

3. 旅游新闻的“时效性”

旅游活动的主观能动性决定了旅游活动的策划性；旅游活动的策划性决定了旅游新闻发生的滞后性；一般的旅游新闻都在计划中发生，这些掌控中的新闻事实保证了旅游新闻的时效性。

二、“传统”新闻和旅游新闻报道体裁的差异

我们先就2006年8月7日《中国旅游报》的16个版面的旅游新闻报道体裁分布和各种文体的体量作一统计，以此作为分析“传统”新闻和旅游新闻报道体裁差

异的客观依据。

《中国旅游报》为对开大报，当天的报纸共有16版，其中8版、12版、15版为准广告，4版《杭州连线》是个软广告版，广告内容包括景点介绍、地区旅游资源介绍、旅游线路介绍。第一版为《要闻》版，共有7条国内外旅游新闻，其中2条是4000字左右的特大消息稿（1篇转版）、2条1500字左右的大消息稿，3条小消息稿。第二版为《新闻·业内》版，共10条新闻稿，2条长稿，（为第一版转版稿），其余7条在235～476字之间，其中1条为评论稿，1条为图片新闻稿，内容为各地旅游业发展状态的报道。第三版为《新闻·综合》版，共有5条字数在2000左右的大稿，4条250～500字的小稿，一条图片新闻稿，其中1条为言论稿。第五版为《景区·新闻》，共有9条消息，图文并茂，其中1条大稿，字数为1911，其余的篇幅相对较小，从272～709字不等，报道内容为各地景区建设状况。第六版《景区·市场》版，共有11条新闻，其中2条大稿，1条1879字，1条1393字，8条小稿，从250～729字不等，1条图片新闻，报道内容为各地旅游景点建设情况。第七版《景区·管理》版，共有5条新闻，其中1条是1955字、1条是2003字、1条是2692字以上的大稿，2条小稿，1条是1264字，1条是1058字，报道内容为景区管理和景区建设建议。第九版《旅行社·新闻》版，共有4条新闻，1条图片新闻，其中2条在1887～2513字之间，1条言论892字，报道内容为旅行社经营问题探讨。第十版《旅行社·市场》版，共有9条新闻，1条图片新闻，4条大稿，从1317～1498字不等，5条小稿，从303～745字不等，报道内容为各地旅游管理部门、旅游企业建设的经验和做法。第十一版《旅行社·管理》版，共有5条新闻稿，3条是2500字以上的大稿，1条850字左右，1条图片约占700字左右的版面空间，报道内容为旅行社管理模式和管理方法探讨。第十三版《文化·新闻》版，共有7条新闻，1条图片新闻，2条为2000～3000字以上的大稿，5条小稿从350～900字不等，报道内容为工作经验总结和旅游市场花絮。第十四版《文化·江山》版，大半版为文字稿，小半版为广告，共有4条文字稿，3条文字稿分别是1887字、1811字、1413字，体量较小另一条为诗歌，报道内容为游记、散文、诗歌。第十六版为《信息窗》，共有24条通报全国各地旅游企业工作情况的信息。

由此，我们发现：

1.“传统”新闻报道的体裁广泛而丰富

“传统”新闻报道因其内容的广泛而丰富，涉及的领域极其的广泛。从地域说，国内外；从范围说，任何领域、任何行业、任何事情；从内容说，政治、经济、文化、教育、卫生、服务等；从体裁说，消息、通讯、特写、专访、评论、新闻调查、新闻报告等，只要符合“新近发生的有价值的事实报道”这个原则都可以。

2. 旅游新闻报道的内容相对单一

旅游新闻不管是什么体裁、什么文体，它所涉及的内容都只和旅游相关。所以，它所报道的内容相对单一。

另一个特点，就是我们下面要讲的，旅游新闻的体量。

三、“传统”新闻和旅游新闻的体量差异

（一）“传统”新闻报道篇幅相对短小

“传统”新闻因其可关注的领域的宽泛，也因可报道的内容广泛而纷杂，篇幅大小、文章长短，会因内容和体裁而差别很大，但总体说都比较短。

如消息，一般不会超出 800 字；通讯，一般在 1500 字左右；评论也只在千把字左右；深度报道一般会在 2000 字左右。

（二）旅游新闻的篇幅因为读者的需要，一般都较长

旅游新闻因读者的需求以及其自身的特点，篇幅一般都比较长，连消息一般都会有千余字。这是因为旅游新闻的两个显著特点决定的：

一是旅游新闻承载的责任决定了它的体裁和体量，不管是消息、通讯还是言论，粗粗阅读，都会觉得是通讯，每一篇报道都在告诉读者“为什么？”和“怎么会这样？”

二是读者对旅游新闻的服务需求导致体量的庞大，上面例文统计字数准确无误地报告了它的体量。

四、“传统”新闻和旅游新闻表现手法的差异

（一）“传统”新闻的表现手法比较规范、谨慎

“传统”新闻因其社会主义舆论性质的定位，有很多的政策和纪律规定性。都市类报纸现阶段已有较大的松动，但总体说还是要执行党报管理条例，遵循党报的办报原则和践行新闻媒体的政治责任。因此，反映在新闻的表现手法上就显得规范谨慎。很多时候，给读者一种居高临下的感觉。“枪弹论”和无产阶级办报理论仍然有很大的惯性。

（二）旅游新闻的表现手法多样而宽松

这是因为，旅游话题本身比较轻松、活泼、愉悦，旅游本身又是放松身心、健康大众的休闲活动，附此之上的种种新闻，相对而言也就变得轻松、随意、自如起来。

五、“传统”新闻和旅游新闻的语言差异

（一）“传统”新闻的语言是严谨的、讲究的、具有规定性的

“传统”新闻的体裁多种多样，“传统”新闻报道的内容多种多样，这是“传统”新闻承载的社会责任使然。因此，它有了很多社会责任和“传统”媒体的功能，所以，它要时时提醒自已坚持党的路线、方针、政策，要时刻注意把党和国家、人民的利益放在高于一切的位置上，能报什么，该报什么，怎么报？媒体的导向都要通过语言这个人类交流最基本的形式来实现的。因此，不管什么体裁的“传统”新闻都

必须高度重视新闻语言的使用。

(二)旅游新闻的语言自由、活泼、轻松,处处表现出文化张力

出现这种特点和现象的原因,还是旅游新闻所关注的报道对象和旅游新闻本身的特点使然。语言亲切而平和,文笔优美而自然,因此,它没有"传统"新闻报道中那种居高临下的气势。

至此,我们可以对旅游新闻的特点做个总结:

- 旅游媒介登载的任何体裁的报道内容都与旅游相关(包括广告);
- 旅游新闻不管采用什么体裁,篇幅一般都比较长;
- 旅游新闻的文化张力较强,文笔优美,娱乐(寓教于乐)性强;
- 旅游新闻的知识含金量高,内容宽泛,可读性强;
- 旅游新闻比较适合用深度报道来做。

思考题

1."传统"新闻写作的基本要求是什么?"传统"新闻体裁有几种?各自的特点是什么?

2. 新闻主题的确立在新闻采写中的作用是什么?如何把握新闻写作的主题和角度?

3. 消息和通讯的区别在哪里?写作时应该注意什么?

4. 旅游新闻的体裁有几种?特点是什么?

5. 旅游写作过程中要注意的问题有哪些?怎么来解决?

6."传统"新闻和旅游新闻的区别有哪些?

第八章

报纸编辑

报纸编辑工作是把握报纸方向、组织报道的最后一关，是新闻素材变成新闻成品的“再创作”。报纸编辑的原则是根据报纸的性质对报纸的内容和形式进行总体设计，并通过稿件的选择、修改和编排来组织实施。

第一节　组织报道

一、组织报道的原则

组织报道在整个编辑过程中起着承上启下的作用，相对于编辑方针来说，它是具体落实者，对选稿、改稿、标题、组版等具体编辑工作来说，它又是组织者。

（一）解决有限版面和多种要求的矛盾

之所以要对报道精心组织，就是为了满足不同读者的需求。读者口味的多样性，迫使编辑来解决众口难调的矛盾。

（二）把握政治方向

要围绕正确的报道意图组织稿件，确保报纸导向的准确无误。保证报道者在报道中所表现出来的态度的正确性。

二、组织报道的报道思想

因为报道的内容是广泛而无边的，在组织报道中要具体规定到每一篇文章如何几乎是不可能的。所以，只能从大的方面去规定它，这个规定就是报道思想——重点突出、全面、鲜明。在这个报道思想指导下，从下面几个方面去入手：

（一）开篇

开篇必须为后续报道打开通道；必须让读者容易接受；能够引人注意，具有吸引力。

（二）深化

善于从纵的方面展示事物发生、发展、变化的过程，揭示事物的本质。因此，要善于引申补充、说明缘由；深入解剖，各个击破；跟踪追击，层层递进。

(三)拓宽

扩大报道领域、范围和报道的题材。(旅游新闻中的需求量特别大)

(四)调整

包括维持原定目标的调整和调整原定的目标。(旅游新闻编辑中常会出现这样的问题)

三、组织报道时机的选择

报道时机是指组织报道过程中有利于获得良好社会效果时机的把握。时机的考虑主要是把握如下三方面:

(一)环境和背景的选择

也就是通常说的合时宜,和当时的环境和背景是否合适。例如:春节期间你还在做很严肃的政治报道或与百姓不搭边的政策解读、先进性教育,显然是很不合适的。

(二)读者心理的考察

同是报道关心民生疾苦,帮民工追讨工钱。民工此时更想听到、看到追讨工钱结果的时候,你却在发表大谈理论意义报道文章,显然会引起很多读者的反感。

(三)与实际工作的步骤相配合

思考题

1. 组织报道的原则是什么?
2. 组织报道在具体实施过程中应注意什么?

第二节 稿件编辑

当我们在进行"新闻素材变成新闻成品"的"再创作"时,要完成稿件的选择等几个环节的工作。

一、稿件的选择

一条被选用的新闻,应该既有好的内容,又有好的表现形式。具体地说,就是要真实、正确,具有新闻价值。

(一)好的内容

(1)政治方向正确,符合党和国家的路线、方针和政策。

(2)舆论导向正确,符合报道方针。

(3)符合当时的时代背景,具有时代特征。

(4)老百姓关心的热点、焦点和难点,具有指导性。

(二)好的形式

(1)体裁和报道内容熨帖。

(2)符合新闻报道的要求,具有新闻作品的特征。

二、稿件的修改

(一)订正事实

订正事实,主要是订正新闻事实本身和还原事实表述两个方面的问题。在此过程中,我们要把握的订正原则就是真实、准确、科学、统一、清楚。

(1)新闻事实本身的真实度;新闻事实掌握的准确度。

(2)记者还原新闻事实的表述是否科学？和新闻事实本身的真实度是否统一？新闻事实所需告诉读者的深层意思是否清楚？

(二)校正思想政治上的差错

1. 校正的原则

(1)新闻稿的政治方向是否和党与国家的大政方针相一致？

(2)基本政治观点是否符合马列主义、毛泽东思想、邓小平理论和“三个代表”重要思想？

(3)在阐述重大问题和原则性问题上,口径是否和党的路线、方针、政策相一致？在一些重大问题的提法上,是否符合党中央的公开提法？

2. 校正中必须注意的问题

(1)要注意认识事物的性质,掌握政策的界限;

(2)要注意具有全面的观点,防止片面性;

(3)要注意社会效果,防止客观主义地描述消极的东西;

(4)要注意严格保守党和国家的秘密。

(三)修饰辞章

(1)编辑对于辞章应该字斟句酌,精益求精,见报稿件应做到准确、生动,包括标点符号。

(2)修改稿件时要注意,防止在修改过程中产生错误,同时要尊重作者的风格。

三、稿件的配置

稿件的配置主要有两个方面:组织和配置。

(一)稿件的组织

稿件的组织就是指稿件之间的相互联系,将稿件组成统一的稿件群。

1. 同题集中

同题集中就是把内容有关联的稿件放在一个标题下发表。

例:围绕着“乔家大院”这个内容来组织的稿件。新闻稿——《文人眼中的商人梦》;故事缩写——《乔家大院》;后续报道——《乔家大院背后的真实故事》。《文人眼中的商人梦》是记者的读后感;《乔家大院——故事梗概》是介绍小说的主要故事情节;《〈乔家大院〉背后的真实故事》是一篇追踪报道,是《乔家大院》的"续集"。

2. 集纳专栏

集纳专栏是若干有共同性的稿件所组成的自成格局的局部版面。

专栏按构成来看,可分为单一和集纳的两种。集纳的专栏是由多篇稿件集合而成,其特点是根据一个共同点复合而成的;既是版面的一部分,又自成格局,同中有异,异中有同;每篇文章短小精悍,但合起来以后又可以说明一个深刻的主题;变分散为集中,形成较大的声势和力量。

(1)单一专栏

单一专栏是由一个主题构成的若干文章,由此而形成了一个报道的强势。

例如下面有四家媒体围绕一个主标题进行报道:

以色列决定暂不扩大对黎战事

[路透社耶路撒冷8月10日电] 一位以色列内阁部长今天称,在扩大对黎巴嫩的地面攻势计划之前,以色列打算给美国前头的外交斡旋行动更多时间,以解决它与真主党之间的冲突。

……

[黎巴嫩《每日星报》网站8月10日报道] 真主党领导人纳斯鲁拉昨天表示支持黎巴嫩政府在黎南部部署军队,并敦促海法的阿拉伯居民撤离。

……

[法新社美国得克萨斯州克劳夫德农场8月9日电] 美国今天警告说,不要令这场中东冲突"升级",这是自以色列在黎巴嫩扩大对真主党的战争以来,美国难得作出的批评反应。

……

[路透社新德里8月10日电] 伊朗总统内贾德在今天发表的谈话录中说,西方国家在消除以色列与黎巴嫩之间的敌意方面故意拖延时间,因为战争有助于他们实现在该地区的目标。

……

(2)集纳专栏

例如:2006年2月19日《今日早报》第16版,整个版面的5篇文章全部是各个媒体的观点,它符合"由多篇稿件集合而成,其特点是根据一个共同点复合而成的"集纳专栏特点,既统一,又"自成格局,同中有异,异中有同"。从而形成一个"高度关注当前社会问题"的深刻主题。

《"不孝罚单"警示社会大问题》为《今日时评》中的文章;《不要急着取消列车女性包厢》、《有"夫妻相"就能白头到老吗》为《一周点评》中的两篇文章;《美国对特富龙穷追不舍值得借鉴》为《直话直说》专栏中的文章;《谁在背后"吃"局长》为《看图说事》专栏中的文章;《飞机拒载断足少女的悲剧为何上演》为《热点评析》中的文章。

(二)图片等的配置

稿件的配置就是根据稿件的内容和实际的需要,增发各种新材料,对原有稿件中的内容进行论证、补充和解释。常用的配置稿件的主要方式有:配评论、加按语、配资料、配图片。

1. 配评论、加按语

配评论就是在被选用新闻稿件前面,加上编辑的一段感想或是观点,意见或是建议。

如下文:

长三角"吏治"招招见新

编者按:最近一段时间,长三角各地在整饬"吏治"上,频频鼎新革故:有的将媒体曝光引入评价体系,有的将偷拍镜头对准机关干部,有的将个人婚变纳入汇报内容……虽然这些"新招"并不完善,有的甚至引来一片非议声,但鼎新效果却显而易见,那就是"混混官"不好做了,"捞钱官"不好做了。正如一位设计变革的官员所说:"治标,也总比不治要强。如果什么都不做的话,那什么也改变不了。"

2. 配资料、配图片

例如,陶凤娟同学做的《行万里路　破万卷书　暑期旅游菜单之铁路航空篇》(原载 2006 年 7 月 28 日《杭州日报》2 版《城市·行走》),加了按语,配了资料,还有很多图片。

思考题

1. 稿件编辑的原则是什么?
2. 稿件编辑要经过哪些过程?具体编辑时应该怎么做?

第三节　图片编辑

图片是现代报纸不可或缺的组成部分。不论是国内报纸还是国外报纸,党报还是晚报、都市类休闲报,图片的分量都是越来越重。因为,图片能起到以少量的篇幅说明很多的问题的作用;直观形象,视觉冲击力大,传播效果简洁有力;版面活泼,文化味浓。

一、适合于图片表现的题材

(一)需要产生直观效果

如车祸、战争场面等,可以选用图片。

(二)需要为宣传某种观点提供实证材料的

如卫生宣传的结果使"脏乱差"现象改变了;扶贫使低矮的破草屋变成了漂亮的小洋楼,可以选用图片。

(三)需要为某些历史事件提供历史资料的

如南京大屠杀的万人坑历史照片。

二、新闻图片的运用形式

(一)插图照片

用以配合消息、通讯等文字报道的。例:《盛昌黎副省长视察我院》(2005 年 11 月《浙江旅游职业学院院报》第 1 期)。

(二)单帧照片

以新闻图片为主的报道形式,相当于文字报道中的消息。例:《老杭州再现清河坊》(2006 年 2 月 9 日《杭州日报》第 1 版)。

(三)装饰照片

既用于美术装饰,又是照片。例:《难忘的九寨之行》题图,既是美术装饰,又是单独的九寨沟风景照片。(《浙江旅游职业学院院报》第 4 期,2005 年 10 月)。

(四)群组照片

有幻灯片之感,类似于文字报道中的通讯。例:《感受迪斯尼、创新欢乐谷》第 2 ~3 版群组照片(深圳华侨城欢乐谷旅游公司报《欢乐之声》2005 年 105 ~106 期)。

由总体版面需要而安排的漫画、插图、速写、连环画、地图、图表等,也均属于图片的范畴。都市类报纸广泛而经常使用。例如:《今日早报》经常在报道车祸、战争消息时采用地图、图表的手法;另在副刊版中长期保持的漫画专栏。

思考题

1. 图片的种类有多少?分别在版面中有什么作用?
2. 图片编辑的原则是什么?
3. 编辑图片时应注意哪些问题?

第四节　副刊编辑

副刊是我国报纸的传统特色，它可以充分弥补其他版面的不足，也是联系群众、培养作家的园地。

一、副刊的共性

（一）方向一致

副刊和其他版面的共性在于方向一致，副刊编辑服从整体编辑方针，主要以配合所属报纸的整体报道计划，不独立于该报之外。

（二）风格统一

副刊和其他版面的共性还在于始终与其他版面保持统一的风格。

（三）时间的接近

副刊和其他版面的共性还在于时间上的接近性，基本和整张报纸的时间保持相近。

（四）内容符合该报的基本读者

副刊和其他版面的共性在于，它的内容较新且比较符合该报基本读者的口味和兴趣。

（五）具有浓郁的地方色彩

二、副刊的特性

（1）报道内容多为文学艺术类的，比较轻松。

（2）侧重于文化和知识的传播。

（3）语言富有文采。

（4）化整为零，把报道思想融化在版面上的各篇文章中，用潜移默化来达到报道思想的实现。

思考题

1. 你对副刊熟悉吗？你是怎么看副刊的？
2. 副刊对报纸的作用是什么？

第五节　版面编辑

版面是报纸对各种内容进行编排布局的整体表现形式。它反映了报纸对现实生活的态度和报纸的个性，是帮助和引导读者阅读的手段。版面编排包含着对稿件所反映的客观事实的评价，评价所依据的基本思想是编辑思想。编辑思想通过版面空间上存在着的强弱势差异，引导读者注意或疏忽。因此，认识和掌握版面空间强势的运用，是组织版面的重要问题。

一、版面及版面构成

（一）版面

版面是报纸对各种内容进行编排布局的整体表现形式。

（二）版面构成

版面是有它的表意分子构成的，这个表意分子就是版序、区序、栏序。

二、版序和区序

（一）版序

版序有自然版序和版序之分。

1. 自然版序

表示各版先后次序的是自然版序。如第一版、第二版、第三版、第四版，这就是自然版序。

2. 版序

表示各版的重要程度的是版序。

在同一个版面上的时候，一般的说，左边的版要优于右边的版，上半版要优于下半版；不同版面的时候，要闻版要优于其他版。

3. 版序的运用

（1）在同一个版面上的运用

一般来说，最重要的稿件安置在报头下面的左上角，也就是通常说的头版头条；其次是报眼位置，即报头同水平线上的右边的一小块。

（2）几个灵活的版面运用方法

当要闻版稿件很多，稿件的数量和版面的容量发生冲突的情况下，一般采用以下几种办法：

一是转版，要闻版文章转其他版；

二是题目在要闻版，正文在其他版；

三是全文登其他版，摘要登要闻版；

四是增加出版其他版的报纸。

（二）区序

1. 区序

区序是指将一个版面或横或竖划分出的两部分称之为区序。或上半版，或下半版；或左半版，或右半版。

2. 区序的意义

对于横排的报纸来说，上半版要优于下半版；左半版要优于右半版。因此，横排报纸的版面区块，按其在版面空间的不同强势，应排列如下：上区优于下区，左区优于右区，上左优于上右，下左优于下右。

三、栏和栏序

报纸的每个版面都分为栏，有基本栏和变栏之分。

(一) 基本栏

基本栏为横排报纸自上而下垂直划分，每一栏宽度相等的称为基本栏。基本栏确定以后，就有一个自然栏序，横排报纸的自然栏序都是自左至右。自然栏序没有意义上的区别。

(二) 变栏

变栏为报纸以强势来划分的栏的次序。报纸版面编辑中是肯定要碰到的，我国的报纸栏序是左边的栏优于右边的栏。变栏是根据稿件内容的表现需要以及版面的美观度两个角度来决定的。

四、版面编辑

版面编辑是报纸编辑过程中重要的一环，报纸的最终传播效果如何，和版面编排的优劣有极大的关系。版面犹如一个人的脸面，是读者能否对其“一见钟情”的重要物质前提。

(一) 字符的选择

根据稿件内容需要和稿件的重要性等因素，结合各种字体、不同字号的特点，选择不同风格、不同字体、字号的字符，使版面显现出抑扬顿挫、波浪起伏的韵律美。

(二) 图像的选配

根据稿件内容需要和版面美观等要求，选配合适的照片、绘画、刊头、题花等，起到美化版面、吸引眼球、增强可读性的作用。

(三) 线条的使用

线条用得好，可以起到平衡版面，突出强势、区分的作用，还有区块结合作用、表情作用和美化作用。

(四) 色彩的搭配

根据编辑意图，在需要突出的某个重要区块文章部位使用色彩，提示读者关注。评论文章一般会多用色彩。

(五) 丰富的变化

丰富的变化包括：体裁的变化，栏序的变化，标题的变化，空间的变化和布局结构的变化。

这样注意版面的统一，又注意版面变化的编排，能使版面显得有大有小，有长有短，有浓有淡，有起有伏，有虚有实，具有吸引力。

思考题

1. 简述副刊的作用和副刊的特点。
2. 报纸编辑的原则有哪些？操作过程中要注意些什么问题？
3. 版面设计的原则和流程是什么？

第六节　企业报

企业报的发展方兴未艾，它对企业发展所做的贡献确立了它在企业中的地位。设立这一节主要是为了让我们的同学今后有能力为我们所在单位的企业文化建设，企业的形象宣传和企业的精神文明建设做贡献。

一、企业报的地位和作用

（一）企业报的地位

1. 企业报是企业理念、主张的集中体现，是企业领导层和员工的喉舌

俗话说：国有国法，家有家规。企业也有企业的规章和制度，有企业发展的既定方针，而企业报就是企业理念和主张的集中体现。

2. 企业报是企业精神文明建设和企业文化的承载体

每个企业都有自己独特的文化，都有行业建设精神层面的具体要求，企业报是最好的企业文化建设载体。

3. 企业报是企业建设和发展的展示平台

企业发展的过程和总体建设成就是每个员工都关心的，企业的形象也很需要多方面地去努力塑造，企业报是既便捷又有效的一个平台。

4. 企业报是沟通管理层和基层员工的桥梁

企业是以自身的创造价值生存的，“发展是硬道理”，员工和管理层的沟通都会受时间工作时机等的影响而多有不便，企业报正好承担起沟通管理层和基层员工桥梁的作用。

（二）企业报的作用

1. 对内起到上情下达，下情上传的桥梁作用

（1）传递企业高层的工作目标、工作思路、工作要求。

（2）交流各部门的工作，互通工作进展情况。

（3）报道企业内的先进人物和先进事迹。

（4）企业文化建设展示。

2. 对外起到塑造企业形象的作用

(1)宣传企业的最好武器。只要是存在的、好的,就可以根据塑造企业形象的要求,怎么做最有利,最有效,就怎么做;

(2)塑造企业形象的最便捷载体。一张企业报,把企业方方面面的情况都装进去了,便于外界对企业的全面了解。

(3)打造品牌的最好的帮手。企业报完全是围绕着企业的生产、建设、发展服务的,与其在外面的公开媒体上做有限的广告,还不如花钱把自己的报纸办出特色,办出质量,办出水平,办出知名度。

3. 企业报能为企业发展获取新的机遇

很多时候都会出现这样的情况,买家找不到卖家,卖家找不到买家,企业报的存在能够让一些不期而至的机遇光顾。

二、企业报的指导思想

要办好一张企业报,对企业报的办报指导思想的把握是很重要的。

(一)明确企业报的办报理念和方针

这是办好一张企业报最重要的关键,只有牢牢把住企业发展的总体思路和要求,深刻领会企业发展的战略思想和部署要求,企业报才能按照既定的方向顺利地前行。才能做到"帮忙",而不是"添乱"。

(二)把握企业报的特点和原则

各个企业都有自己的特点,景区、宾馆、旅行社各有特色,各有不同的诉求,办报原则也会不尽相同,把握企业报的特点和原则,有利于自己更准确地把握基调。

三、企业报的策划

企业报的办报方针和办报理念,都必须通过具体的纸质媒介来实现的。如何使这张报纸办的有声有色?策划是关键。

(一)整体策划

整体策划是办好企业报的前提。

这一期的报道主题是什么?各个版面的报道内容怎么安排?重点分别是什么?效果要求如何?整体策划就如我们确定了想做一件什么档次的衣服,确定之后,就知道自己该去买什么样的布料。

(二)具体策划

具体策划,就是我们到哪里去把布料买回来。主题定了,内容定了,向谁去约稿?到哪里去找需要报道的内容?每一版的责任怎么落实?怎么做?

(三)细节策划

除了把主要的布料买回来,还有辅助的衬料、纽扣、装饰辅料等的考虑。同理,要出好本期报纸，除了主要材料，我们还要“买”回些什么呢？

四、企业报的采访

（一）紧紧抓住企业报的特色来采访

1. 企业高层的采访

这是作为企业报必不可少的，企业的发展动态性很强，作为企业的领导，他要高屋建瓴、统揽全局，他必须对市场作出最快、最敏锐的反应，这是企业的风向标。

2. 方案中确定的人和事的采访

在采访过程中要注意的，基本和前面章节讲到的雷同，要注意的是一定要记住，企业特色和企业个性，通过细节来表现，通过实例来显示。

3. 即时发现的好线索的采访

这既和企业的运作模式有关，又和新闻事迹随时发生的本质特性有关。

（二）采访注意事项

（1）写好采访提纲。

（2）注意采访方法。

（3）一定要深入采访。

（三）企业报的稿件编辑

1. 一定要选用与企业相关的稿件

（1）本企业的稿件

不管是要闻版，还是其他版的稿件，都必须是和企业相关的，就像中国旅游报一样。体裁可以多种多样，但是内容必须是和企业相关的。

（2）同行中的好稿

要说明的一点是：有些好稿可能不是本企业的，但是是同行的，我们可以用，但是要把它处理成于本企业发展的有力促进。如：“他山石”、“宾馆瞭望”等。

2. 执行新闻稿件编辑原则，充分考虑企业报的特点和特色

（1）在“传统”报纸编辑原则的指导下进行企业报的编辑

这是使我们的企业报办得规范和内行的前提，是按照新闻规律和要求办报的具体体现，也是体现本企业水准的具体标志，所以，必须严格按照“传统”报纸编辑原则进行。

（2）充分考虑企业报的自身特色和特点

这是保持企业报个性和特色的重要措施，因此，从组织报道开始，到稿件编辑、图片编辑、版面编辑，到最后出版，都要充分考虑到企业报的自身特点和个性。

如景区企业报，就一定要彰显它的好玩性，要用很多图文并茂的版面编辑手法，要醒目、亮丽、活泼、动感十足，从文章内容到版面效果，都要体现出自己这张企业报的特色、特点来。

如宾馆酒店报则应体现自身的品牌服务项目，功能展示、菜肴展示等。

五、企业报的版面设计

这是前期辛苦准备的最后检验平台，编辑的水平将在这里最终得到一一的体现，因此，版面设计是一张企业报形象是否树得起来的重要一环。

(一)报纸风格的把握

每个企业都有自己的个性和特点，要根据企业个性和特点来设计版面。如旅游业中的饭店、宾馆、旅行社或景区，虽然都是旅游企业，但是各自的服务对象和经营范围还是有区别的，因此，我们应该根据自己的这些特点，来设计版面，以体现自己的特性和特点。

(二)运用版面编辑的丰富手段

风格确定之后，我们可以运用版面编辑的丰富表现手段来表现自己的编辑思想。可以通过文章区块的划分、图片的配置、字体的选择、色彩的搭配、线条的运用等手段来体现。

1. 文章区块划分

在文章区块的划分中，充分考虑它的动态美感，大小相间、错落有致，切忌大块文章一版到底，实在放不下的人稿通过转版来处理，并且给予一定的装饰点缀。

2. 图片配置

图片不仅仅因为其直观、阅读方便、赏心悦目等特点，广受读者所欢迎，还有重要的调剂美化版面的作用。因此，在版面编辑中要恰到好处地配置图片。

可以是单独的图片新闻，也可以是配新闻稿件的图片(可以在中间的某个位置，也可以在标题中做底纹配图)。

3. 字体的选择

字体在版面编辑中的作用也是很明显的，它可以起到调节版面整体韵律感的作用。轻松活泼的风格，使我们在选择字体时，可以选用那些跳跃的、流动的、活泼的字体，如动感较强的水柱体、跳跃的胖娃体、活泼的行书体。

4. 色彩的搭配

在编辑重要的文章时，我们可以搭配和谐的色彩使之醒目突出，如评论文章。

5. 线条的使用

线条用得合适、用得巧妙，可以使版面避免呆板。但是要注意两个问题，一是不能用同一种线条(或直线或花纹)一画到底；二是要粗细线条、花纹种类变换着使用。

总体说，旅游企业报可以做得轻松、活泼些。

思考题

1. 企业报的特色是什么？你怎么看待企业报？
2. 如果让你现在做一份《旅苑酒店报》，你会怎么做？

第九章

网络媒介和网络旅游新闻

在网络媒体的发展过程中，人们发现网络媒体自身所拥有的极大优势。网络在目前的旅游企业运作中被广泛地使用也是有目共睹的，网络旅游新闻的发展到了一个空前的地步，网络对人们的生活、学习、工作影响之大史无前例，并将继续加大影响力度，这是网络作为一种发展技术不可逆转的趋势。

为此，我们在这里设立这一内容，主要是让大家对网络新闻的发生、发展、作用、优势以及和我们未来的关系有一个基础的理性认识，对规律性、操作性有一定的认识基础和把握能力，一旦需要，便能够上手。

第一节　网络媒介

开始于20世纪90年代的中国网络新闻实践，通过这几年的发展，对整个新闻传播事业的冲击和影响已经到了不可小视的地步，在今天的传播媒介中，扮演了越来越重要的角色。网络被称之为具有里程碑意义的“第六次媒体革命”，让传统媒介感到了莫大的危机。传统媒体记者和摄影记者们纷纷研究起网络时代自身的“网络素质”，因为这已经关系到他们的生存和发展。

一、网络的兴起

(一)网络的起源

网络最早起源于美国军事情报机构，是为了完成军事侦探过程中的互相联系而研究的一个方法，后被实践证明这是一个非常便捷，又非常保密的理想联络方法。网络在完成了军事上的历史使命以后被引用到民间，由于它诸多的优势，在世界范围内被迅速推广开来。

互联网自20世纪60年代诞生以来，无论在软件上还是硬件上，与网络相关的计算机技术、通信技术等也以一日千里的速度向前推进。技术的变革，使互联网走出了实验室，走出了学者精英们的圈子。1989年，欧洲粒子物理实验室的蒂姆·伯纳斯·李在提出万维网(www)的技术构想，从根本上为互联网成为传播媒介奠定了基础。

(二)互联网的应用

万维网是一种应用方式,它的作用在于利用互联网来传送超文本信息,即包括文学图像声音视频等在内的多媒体化信息,同时,利用超链接将网络中的信息相互连接起来。在网络走向民间的过程中,人们发现了网络的极大优势,给人们的生活带来了方便;给自己的工作带来了效益,使社会生产方式和生活方式发生了革命性的变化,成为一个划时代的里程碑。网络也因此迅速走入人们的生活。

(三)网络媒介的兴起

1. 网络媒介在广泛使用中被人们积极接受

科技的发展和社会生活形态的变化,使人们对信息传播的速度要求和知情欲望越来越高,网络媒介正搭上这艘信息传播的宇宙飞船,迅速形成并极快蔓延,从传递信息的快速来说,网络媒介成为"全球第一传播媒介"的称谓一点也不为过。

2. 网络成为新闻传播的理想介质

网络新闻传播所依赖的传播渠道是网络,网络成了网络新闻表现的理想介质。

在网络媒体的发展过程中,人们发现网络媒体自身所拥有的极大优势,除了万维网之外,宽带技术、无线电互联技术以及还在开发的网络技术,都把人们带到了一个崭新的世界。虽然,网络新闻仍然要遵循"传统"新闻的五大要素,但是,这些要素的内涵,以及要素之间的构成关系、作用方式,与传统媒体相比,有了很大的变化,有些甚至是革命性的。由新华通讯社主办的《中国记者》2006 年第 8 期上专门设立了一个专题,作为"焦点"来透视"信息时代",传统媒体记者"该具备怎么样的网络素质"来应对新技术对传统媒体的冲击。

3. 网络为新闻带来了全新的传播载体和传播情境

从媒介本身来看,网络作为媒介、技术体系、虚拟社会和经营平台等多种属性的统一体,为新闻带来了全新的传播载体和传播情境。它的独特功能和优势使与之相关的传媒人感到了"网络素质在呼唤中渐行渐近"(黑龙江日报报业集团副总编辑曹晖《认识报人的网络素质》刊登于 2006 年第 8 期《中国记者》)的危机,纷纷提出策略以应对这一强烈的信息技术风暴。

4. 网络媒介的兴起使传播者和受众的概念重新界定

互联网的开放性和自由参与性,新闻发布者身份的不确定性和虚拟性,使传统的传播者与受众关系模糊起来,传播者与受众在新闻传播中相互作用方式上发生了变化,促使传媒人和新闻工作者以及相关管理部门重新审视传播者和受众的概念,以及这两者在传播中的意义。

二、网络媒介的特点

(一)网络媒介的多种属性

网络媒介作为一种特殊的传播渠道,具有以下几方面的特点:

1. 多平台性

网络媒介的多平台性，首先表现在属性的多样性上。

2. 技术平台属性

技术上的变革是网络媒介发展的根本动力之一。与以往的媒介技术相比，网络及相关技术的覆盖面要广得多，网络的作用也远远超过传播的范畴。因此，这一技术所得到的重视超过了以往的媒介技术，并且还在以不可预料的速度和超能为人们所密切关注。

当我们把网络视为新闻传播媒介时，不能忽视技术在它的发展过程中的作用，更要时刻关注技术对于未来网络新闻业走向可能起到的作用。跟踪技术进步的轨迹，即关注它所带来的影响，并尽早作出调整，这是我们把网络定位于一个技术平台的主要原因。

3. 媒介属性

《现代汉语词典》对于“媒介”词条的释义：“使双方(人或事物)发生人或关系的人或事物。”(商务印书馆 2001 年北京版，第 862 页)从这个意义上说，网络就是这样一种媒介，或者说是一种介质，但不是一种简单的大众媒介，网络所承载的“使双方(人或事物)发生人或关系的人或事物”方式和作用是多样的。各种传播媒体作用在网络上的相互交织，介质的经营者和内容的经营者的分离，使网络传播的结构变得格外复杂。但不管怎么复杂，它的媒介属性却是明明白白的。

4. 经营平台属性

网络还具有经营功能，是一个经营平台。网络承载着的网络经济，实际上也是信息经济。近十年来，信息经济在全球得到了迅速发展，虽然它的起伏动荡十分激烈，但是由于网络全面准确地反映了经济信息的特点，反而成了网络成功经营的一个基本起点。另一方面，网络经营也没有完全摆脱传统经营的模式，从传统企业的企业经营管理模式中获取营养。同时，网络经营还以各种传统产业为支撑。在网络新闻信息的传播过程中，也借用了这种经营模式，使网络新闻找到了一个很好的生存和发展空间。

但是，网络媒体的经营平台也遭遇了来自媒体之外的网络经营者的竞争压力，这是不可忽视的一个危机来源，在这种压力下，网络媒体能像其他媒体那样做到公正、崇高吗？这又是一个新课题！

5. 虚拟社会属性

网络媒介的虚拟社会属性使人生活在一个“全新”的环境里。

这个属性于我们是非常熟悉的，也是为我们所认可的。因为，人们基本享受到的——不仅是可以阅读网络新闻或消费网络媒介提供的各种服务，还可以生活在这个媒介中。因此，网络也就成了一个社会。

但是，所有交往的人都不必面对面的接触。网络使人拥有了两个世界，一个是现实世界,一个是虚拟世界;拥有了两个平台,一个是现实的自然平台,一个是虚拟的数字平台。现实世界和虚拟世界,自然平台与数字平台,相互交叉,相互包含,使人的生存方式发生了革命性的变革。虚拟社会形成了新群体,构成了新的人际关系。

同时,新的群体关系的互动对新闻传播的效果又是有很大影响的。

例如:某报曾刊登这样一篇报道。

网络的作用

2006 年 1 月 6 日《E 网情深拯救 25 岁女孩》——几度想自杀的红斑狼疮女孩受到绍兴网友帮助,重燃生活希望。

由此,我们发现,网络的虚拟社会属性是其他任何一种传统媒介都不具有的。

(二)网络媒介是多种传播的统一

网络传播并不是单纯的大众传播,而是人际传播,群体传播、组织传播和大众传播的结合体。

1. 网络媒介中的人际传播

人际传播也称人际交流。它指人与人之间的信息传播活动,是社会生活中最直观、最常见、最丰富、最有效的传播现象。

当互联网开始以一种传播媒介的身份进入人们生活的时候,呈现出来的形式就是“人际传播”。人们对网络人际传播的需求甚至超过了对网络的大众化传播的需求。QQ、MSN、ICQ、电子邮件等的热闹非凡充分印证了这个观点。

同时,人际传播的介入使得网络新闻的影响力被无限制地放大。因此,又使受众与新闻传播者之间产生了交流和互动。

2. 网络媒介中的群体传播

群体传播是网络新闻中的另一种传播形态,有广义和狭义之分。网络上的群体多是广义上的群体。

(1)广义的群体传播

从广义上来说,群体传播是指一切通过持续的社会互动与社会关系结合起来,进行共同活动,并有着共同利益的人类集合体。

(2)狭义的群体传播

从狭义上来说,群体传播是指由持续的、直接的交往联系起来的具有共同利益的人群。

(3)群体传播的作用

1)群体传播是满足个人需求的重要手段;

2)群体传播是个人的信息来源和社会安全感的提供者;

3)群体传播是个人表现和实现自我的场所与手段。

群体传播的作用正如日本传播学家岩原勉对于群体传播的定义:“它是将共同目标和协作意愿加以链接和实现的过程。”

例如:一开始在网站上发布的集资建房个人信息,之后变成群体行为。

3. 网络媒介中的组织传播

组织是指人们为达到某种共同目标,将其行为彼此协调,联合起来所形成的社会团体。组织传播是指组织所从事的信息活动,它包括组织内传播和组织外传播两种。

对于组织来说,要有效地利用网络进行传播,可以利用两种重要的网络技术,即内联网(Intranet)和互联网(Internet)。

(1)组织内传播

组织内传播就是局域网传播。局域网(Internet)是一个在组织内部使用互联网技术实现通信和信息访问的方式,主要实现组织内的传播。

(2)组织外传播

组织外传播即互联网(Internet)传播,互联网(Internet)是实现组织外传播的一种重要方式。更多地实现组织外的传播。

4. 网络媒介中的大众传播

作为一种大众传播媒介,网络的特点是非常鲜明的。但是,这些特点并非都是优点,从事网络新闻传播也不要非把这些特点发挥到极致。我们要从正反两个方面去认识这些特点,并加以合理利用,才能做到扬长避短。

(1)网络媒介中大众传播的即时性

由于网络新闻的制作与传播没有太多的中间环节,所以,对于一些时效性要求高的突发事件,完全可以通过网络在事件发生的时候,立刻将信息传播出去。

网络新闻的“即时性”标准的不断提高,从“几小时前的新闻”到“几分钟前的新闻”到“几秒钟前的新闻”,最终变成了“即时性”。因此,在新华社有了“一秒钟一秒钟地抓新闻”的说法和做法。

即时性的不足之处:

一是过于强调“即时性”,使新闻的审查核实成了不可能。因此,新闻的真实性和准确性、可靠性难以得到保障。

二是过于强调“即时性”,使新闻频繁更新,很难查证,并且不能全面深入地反映新闻事件的本质。

三是过分追求“即时性”,使网上信息过于膨胀,信息过载日趋严重。

四是过分讲究“即时性”,使受众的新闻消费浅尝辄止、快餐化和信息浪费。

(2)网络媒介中大众传播的海量性

网络媒介依仗着先进技术,使自身的信息呈现出“传统”媒介与之无法相比的

“海量”,从而更好地实现自己的传播目标。除了在新闻传播上显现出其无比的优势外,还让新闻数据库的建立和利用成为一种必然,大大方便了网民和研究者。

(3)网络中的大众传播的多媒体性

报纸、广播、电视等传统媒介传播的形式或多或少受到限制,而网络则可以实现数据、文本、声音、图像在单一的、数字化环境中一体化的信息传播。

要注意的是,不能把网络中的多媒体应用,看做是各种传统媒体形式的简单相加。它是对我们思维方式的一种变革,要求新闻传播者用一种全新的方式来构建新闻报道。众多的新闻实践已经证明了这一点。

(4)网络媒介中大众传播的超链接性

互联网之所以能在20世纪90年代得到迅速发展,在很大程度上得益于万维网(www)的出现。万维网的超文本、超链接的思想,改变了网络信息的结构方式,信息之间的联系不再是线性的、一元的,而是网状的、多元的。

(5)网络媒介中大众传播的优点

一是大大方便了人们上网获得信息;

二是无数信息之间又形成了千丝万缕的联系,提供了一个前所未有的信息海洋;

三是给人们提供了更多的相关信息;

四是扩大了报道面和加强了报道深度。

(6)网络媒介中大众传播的缺点

使用不当,容易造成信息过载与浪费。

(7)网络媒介中大众传播的互动性

互动性是网络媒介的一个本质性特点,网络打破了过去由信息传播者单向传送信息的格局,信息传播者与接受者之间的互动变得切实可行。

(8)网络媒介中大众传播的广泛性

从理论和实践上说,网络是全球性的,只要具备了接受条件,任何人可以使用任何一个网站。但是,网站经营者们注意到了一个问题,那就是必须有指向性比较明确的受众群体,以保证网站的“收看率”。如果,我们某一天,被企业领导指派去负责这项工作的时候,就要注意“旅游群体”。

(9)网络媒介中大众传播的灵活性

无论从时间上来说,还是从发布信息的方式来说,网络都是非常方便的。只要具备了设备和地址,想什么时候上就什么时候上。但是,问题也随之而来,受众除了可以自由查看信息以外,也有机会成为信息的传播者,这就给网络新闻的管理带来了很大的问题。

(三)网络媒介中的多种传播形态的关系

网络中存在着人际传播、群体传播、组织传播与大众传播几种传播形态,但它们并不是彼此不相干到各自为政，而是越来越呈现出"无缝"集成的趋势，彼此连接、彼此作用，相互之间的关系越来越紧密。

1. 多种媒体形式的整合

多媒体指文字、图形、图表、声音、视频、动画等一切的媒体形式。多媒体融合趋势，是数字化新闻的一个主要特征，而网络是整合多媒体的一个平台，是技术发展的一个产物。

从信息形式本身的发展来看，从模拟技术发展到数字技术，任何一种信息的计算机储存、处理与传输都已成为可能；从网络应用技术发展来看，万维网技术思想的提出与实现，突破了过去网络中信息形式的限制，多媒体在网络中的存储、传输与显示，已没有障碍；从网络传输技术来看，宽带技术的日益成熟，为网络中运用多媒体技术提供了硬件平台；从传播者角度来看，当多媒体运用的技术屏障逐步消除后，人们的多媒体应用能力，成了网络中多媒体运用上的一个重要"瓶颈"。

网络中的多媒体整合有两个层面的含义：

第一，网络这个大平台，可以承载任何一种形式的信息。

第二，在网络新闻或信息传播中，可以在单一报道中综合运用多媒体手段。

2. "公共领域"与"私人领域"的统一

(1)公共领域

公共领域是德国哲学家于尔根·哈贝马斯提出来的一个重要概念，也称公共空间。他认为：公共领域"首先是指我们社会生活的一个领域，在这个领域中，像公共意见这样的事物能够形成。它是介于私人领域和公共权威之间的一个领域，是一种非官方公共领域。它是各种公众聚会场所的总称，公众在这一领域对公共权威及其政策和其他共同关心的问题作出评判"。它既可以整合和表达民间的要求，又能使公共权利接受来自民间的约束。

(2)私人领域

网络空间中还有一部分是具有私人空间意义的，由于个人的意见不尽相同，需求也不尽相同，所以表达方式也与公共领域里表现得不一样。

(四)网络媒介的开放性

网络媒介特有的结构和技术，使"开放性"成为网络的一个突出特点。网络媒介的开放性使网络新闻缺乏权威性和责任认定性。正如黑龙江日报报业集团副总编辑所说："互联网的开放性与自主参与性，新闻发布者的身份的不确定和虚拟性给新闻真实性造成了很大的威胁。网络假新闻－报纸假新闻－网络转载、炒作，一些假新闻就这样出炉的，报纸编辑网络素质不到位，就会充当不光彩的以讹传讹。"

1. 网络媒介传播格局的开放性

网络媒介传播格局的开放性，是宏观层面上网络开放性的体现。任何有条件利用网络的人都可以成为信息的发布者。传媒机构在传统媒体时代的垄断地位被打破,任何有条件利用网络的人,都可以成为信息的发布者。

2. 专业化网站和非专业化网站并存

在网络媒介的新闻传播中,除了专业化的新闻网站以外,商业网站和非职业化的传播者也经常参与新闻发布。

3. 受众也会在一定时间和空间里参与信息的发布

从某一个具体的新闻传播过程看,虽然专业新闻机构是新闻的第一发布者,但一个传播过程的效果,不仅与第一传播者相关,还与再传播者相关。在某种情况下,甚至再传播者的作用更为显著。受众在此扮演着再传播或再生产的角色。网站无法准确把握某一条新闻会有哪些人来接触,何时来接触,会用何种方式来消费新闻。这种传播格局的变化,使专业新闻传播机构的新闻把关权力受到一定的削弱。

(五)网络媒介传播格局的多级性

1. 信息流动的多级性

传播学者拉扎菲尔德等人在1940年大选期间所做的研究认为:大众传播并不是直接"流"向一般受众,而是要经过意见领袖这样一个中间环节。美国社会学家罗杰斯则提出了"N"级传播模式:大众传播可以分为两个方面,一个是作为信息传递过程的"信息流",一个是作为效果或影响的产生和波及过程的"影响流"。前者可以是一级的,后者可以是多级的。特别是网络媒介更是如此。

2. 信息作品及消费过程的多级性

网络信息的组织与发布采用层次化的结构,这种特殊性结构使信息作品及消费过程呈现多级性。

网络的新闻作品第一层是标题;第二层是新闻的内容提要;第三层是新闻的主题内容;第四层是背景链接。信息作品的多级化既满足了受众个性化的选择,也造成了信息消费过程中由于选择而中断了信息的完整消费,意味着某些信息处于闲置状态,使信息的使用效率受到影响。

例如:普吉岛旅游现场的灾情报道,受众可以根据自己的需要决定,只点到标题为止,还是点到内容提要,或者是主体,或者是链接。

(六)网络媒介的连通性

网络的技术结构本身,就具有连通性的特点。互联网产生之初,其设计目的就是,当网络中的任一节点遭到破坏时,都不会损害到其他节点之间的传播。

1. 网络技术结构上的连通性

技术结构上的连通性促进了信息在网络中的自由流动与互相渗透。

2. 传播者与受众的连通性

网络传播使传播者和受众之间的直接连通成为可能;从技术层面上说,两者的连通也不是问题。

三、网络新闻的传播机构

从传播资源来看，随着网络时代的到来，垄断式的大众传播特权被打破，技术的发展也使得新闻采写、制作、发布变得容易而方便。非专业的组织和个人所发布的新闻或信息，也有可能获得广泛的受众，传统的新闻发布模式受到了严重的冲击。

（一）专业网络新闻传播机构

网络新闻传播机构，经过几年来的发展和大浪淘沙，基本壁垒分明，大致上可以分为这样几种：

1. 由某一传统媒体独家经营的新闻网站

这是从中央新闻单位、中央国家机关各部门新闻单位以及省、自治区、直辖市和省、自治区人民政府所在地的市属新闻单位依法建立的互联网网站。经批准，可以从事登载新闻业务。

如人民网、新华网、中新网等。

2. 由多家媒体联合经营的新闻网站

不能单独建立新闻网站的新闻单位，经批准可以在中央新闻单位或者省、自治区、直辖市直属新闻单位建立的新闻网站建立新闻网业从事登载新闻业务。

如山西新闻网、河北新闻网等。

3. 传统新闻媒体与商业公司的合作网站

这些网站借用传统媒体的新闻业务登载权，以公司化形式运作。

如央视国际网等。

4. 商业网站的新闻频道

如搜狐网、新浪网等。

5. 其他

各个有一定规模和实力的企事业单位，都会通过不同的渠道、采用不同的方法和“经批准，可以从事登载新闻业务”的网站建立合作关系，形成自己固定的网站。

如高校系统的网站。

（二）新闻网站的任务

1. 及时发布新闻

新闻网站的主要任务是发布新闻。新闻网站不仅要及时报道新闻事实，而且还要揭示新闻事件之间的关系。

2. 进行舆论监督

舆论监督是每一个新闻媒体的重要职责，同样是新闻网站的重要职责。

3. 表达民意

表达民意是网络媒体广受欢迎的重要原因。作为一个广大受众可以自由参与的媒介，一定要充分表达人民群众的真实心愿。

4. 引导舆论

因为网络媒介的自主参与性和新闻发布人身份的不确定性，网上新闻并非全部符合最广大人民群众的心愿，不正确的舆论一旦成为主旋律，后果是不堪设想的，因此，一定要正确引导舆论走向。

5. 网站经营

作为一种市场经济下的媒体，都有这个共同问题，要妥善处理好新闻传播和网站经营的关系。

思考题

1. 简述网络媒体的特点。
2. 浅谈自己使用网络的体会。
3. 简述网络对我们当前生活的影响。
4. 罗列网络在旅游企业中的使用情况。

第二节　网络新闻的采访与写作

大家知道，“传统”新闻是跑出来的，网络新闻采访过程中，依然有这个问题。但是毕竟是网络时代了，有很多客观条件发生了很大的变化。因此，我们在网络新闻的采访中，要充分利用各种有利条件，扬长避短，取得更好的采访效果。

一、网络采访

网络采访是利用各种网络功能所能提供的便利进行的采访活动。

(一)常见的网络采访方法

1. 电子邮件采访

这是网络采访中一种最常用的方法，它可以帮助我们完成一时无法脱身前去采访的任务；还有时空上我们不可能到达的地方。

如：某一中央大报记者为了核实2006年4月17日，某网站转载一家地方媒体的报道“一位中国旅行者在法国海关被没收了随身携带的假名牌包”事件，人无法亲自前去，电子邮件显然也是可以托付的一种办法。

2. MSN采访

MSN也是一种很好的采访方式，记者可以在直接交流的过程中采访到需要了解的情况。交流内容可以在事后整理。

3. 聊天室和 BBD 采访

聊天室的采访会比较轻松,放得开,也容易交谈一些深层的问题,有利于深度采访。但是要处理好开放环境与交谈技巧,提问题和了解情况都要方法得当,让对方心情放松,愿意交流。一定要用朋友式的平等方法进行。在交谈过程中,做好谈话内容的记录,便于回来整理。

4. ICQ 采访

利用 ICQ 软件,可以在网上方便地找到需要采访的对象,这种采访方式最大的好处是可以同步交流,与面对面的交流差不多。

5. 视频采访

IP 视频会议,是一种利用普通的 PC 机加上简单的视频摄像头和耳机麦克风,通过互联网或者区域网进行传输,以低廉的成本传送数据、视频和音频信号的新型会议方式。运用这种方式采访的最大好处是手段的多样性,这种方法也一定会被今后全国性的或者区域性的甚至是国际性的旅游峰会等广泛使用。

目前已在使用的主要视频会议软件有:Netmeeting,它是 Windows 自带的一个软件,使用比较方便。

(二)网络采访的注意事项

(1)要遵循网络操作的规章制度。

(2)要注意网络交流中的礼貌礼仪。

(3)要注意网络采访过程中的方式方法。

网络新闻写作的大框架继承的是“传统”新闻的模式,从新闻理论到新闻写作,因此,从写作体裁来说,也是基本相同。在此,我们就一些区别之处做些强调。

二、网络新闻的写作

(一)网络新闻的写作原则

网络新闻要遵循“传统”新闻理论规定的“三性”,即

坚持新闻的真实性,坚持新闻的时效性,坚持新闻的指导性。

(二)网络新闻的体裁

(1)消息(各种文体的消息)。

(2)通讯(各种文体的通讯)。

(3)评论(各种文体的评论)。

(4)深度报道(各种体裁的各种文体)。

(5)新闻杂志。

(6)其他新兴体裁(根据“新近发生事实”报道起来特别顺手,虽没有“认祖归宗”的体裁归类,但由于受众认同并欢迎的写作文体)。网络新闻体裁的写作要求和“传统”新闻体裁基本一样。

（三）网络新闻的写作

网络新闻的多极化，使网络新闻的写作呈现出与“传统”新闻写作的不同，一条新闻可以用多种手法来写作。

1. 网络新闻的特点

（1）网络新闻的多层次性

一条新闻可以由多个层次的表述来完成。如：第一层次为标题；第二层次为内容提要；第三层次为新闻主体；第四层次为关键词和背景链接；第五层次为相关报道。

（2）网络新闻展示的丰富性

网络新闻的丰富性表现在它新闻来源的多样化、新闻发布的便捷化。网络新闻的最大特点是内容全、发布快、多媒体共用。

1）内容全。新闻来源丰富——粘贴新闻、加工新闻和组织新闻。

2）发布快。通过稿件发送平台就可以直接上网。

3）多媒体共用。图片、广播、视频的交叉运用。

这些特点使网络新闻作品显示出它巨大的传播优越性。

2. 网络新闻的写作步骤

（1）提炼主题。

（2）确定体裁。

（3）撰写写作提纲。

（4）根据提纲组织材料、结构框架。

（5）实施写作。

注意网络新闻写作的风格、语言特点以及表现手法。

3. 网络新闻的写作

（1）标题写作

网络新闻的标题非常重要，在阅读网络作品时，有个专用术语叫“浏览”，这个形象化的阅读方式提醒我们，一定要做精新闻标题，否则众多的受众就不会有兴趣的！

1）要把“新闻眼”充分地突出出来，吸引读者来关注。

2）写作的水平一定要发挥到极致，引起读者的阅读兴趣。

（2）导语写作

导语写作的三种方式：

1）叙述式。就事论事，把新闻事实中最重要、最新鲜的内容进行概括或归纳，用新闻事实说话。

2）描写式。对主要事实或事实的某个侧面，做简练而形象的特色描写，给人以具体可感的印象。要注意的是，描写的前提是事实确实如此。

3)评价式。用画龙点睛式的评价来写。这种写法一定要体现“反映之真”。

(3)新闻主体写作

1)新闻主体写作的原则。新闻主体写作要按照受众对网络新闻的阅读心理和阅读习惯来进行,我们还是要牢记受众上网都是一种“浏览”方式。所以,网络新闻一定要简短、简短、再简短。

• 篇幅要短。网络新闻的体量一定不能大。

• 段落要短。段落也要干净利落,能短尽量短,能用一句话说的,绝对不要写两句。

• 句子要短。要尽量用广播的短句习惯,一般不要超出20字。

2)主体写作的几种结构方式:

• 倒金字塔式。这是一种“结果”在先,新闻事实慢慢道来的传统结构。

• 金字塔结构。按照新闻事实发生的时间顺序写作的一种传统方法。

• 逻辑结构。按照新闻事实的内在联系的逻辑结构,是一种用逻辑结构的方式,将因果关系、递进关系、主从关系、并列关系、点面关系等各种关系有机组合起来的一种写作方法。

(4)网络新闻的层次化写作

层次一:标题

例:××网2006年8月15日首页《要闻》

中央举行学习《江泽民文选》报告会

层次二:内容概要

中共中央举行学习《江泽民文选》报告会

中共中央上午在中南海怀仁堂举行学习《江泽民文选》报告会。胡锦涛发表重要讲话。吴邦国、温家宝、贾庆林、曾庆红、黄菊、吴官正、李长春、罗干出席。[详细]

层次三:新闻主体

中共中央举行学习《江泽民文选》报告会

http://www.sina.com.cn 2006年08月15日09:27 新华网

××网北京8月15日电 (记者 ×××)中共中央15日上午在中南海怀仁堂举行学习《江泽民文选》报告会。中共中央总书记、国家主席、中央军委主席胡锦涛在会上发表重要讲话。

中共中央政治局常委吴邦国、温家宝、贾庆林、曾庆红、黄菊、吴官正、李长春、罗干出席报告会。报告会由吴邦国主持。李长春宣读了《中共中央关于学习〈江泽民文选〉的决定》。

在热烈的掌声中,胡锦涛发表了重要讲话。

中央党政军群各部门和北京市负责同志,各民主党派中央、全国工商联负责人和无党派人士代表,部分理论、宣传工作者代表出席报告会。(完)

新华网快讯:吴邦国主持报告会。他说,深入学习和宣传《江泽民文选》,对于统一全党全国各族人民的思想和行动,做好当前各项工作,具有十分重要的意义。他要求认真学习、深刻领会、全面贯彻胡锦涛总书记的重要讲话精神,真正把学好用好《江泽民文选》的工作落到实处。

相关专题:《江泽民文选》出版发行

层次四:关键词或背景链接

相关资料……[详细内容]

层次五:相关文章或延伸性阅读

《江泽民文选》在全国发行

《江泽民文选》主要篇目介绍

各地干部群众表示认真学习《江泽民文选》

(5)网络新闻的语言特色

网络受众"快、全、好"的阅读心理和阅读习惯我们都已经有所了解。怎么写出网络受众欢迎的篇幅短、段落短、句子短的新闻稿来?语言就是关键了。

1)朴实。网络新闻中的一个字就是一个具体的意思,非常朴实。

2)通俗。网络受众的文化水平、阅读能力、理解能力都是参差不齐的,所以语言一定要雅俗共赏。

3)凝练。"三短"实际上就是考验作者的语言凝练水平,没有凝练的基础,句子、段落、文章都是短不下来的。

4)生动。虽然语言要求朴实、通俗,但生动还是必须的,否则变成了呆板,无法形象再现新闻事实。

5)具体。尽管网络新闻要求"三短",但是还是很讲究具体,一件新闻事实没有具体的描述,没有一个基本交代,受众一定会一头雾水,不知所云。

6)简洁。能用一个字说明白的,一定不说两个字,要"惜字如金"。

(6)关键词和背景链接的安排

网络新闻内容的"全",是因了该条新闻后面的"关键词"和"背景链接",它让受众从中获得大量的相关新闻线索,可以有目标地深入点击。

(7)相关新闻

相关新闻有从时间上进一步发展的;有从内容上进一步扩展的;有从深度上进一步跟进的,便于受众更全面地了解与前条新闻相关的新闻。

(8)网络新闻中的实时写作和文字直播

1)实时写作。实时写作是随着新闻事件的进展,以最快的速度进行报道。实时报道注重的是个别的点和状态的告之,而非一个过程的描述与概括。它的主要作用在于传达信息,类似于"传统"新闻中的简讯。它的最大特点是采访与写作是同步的。

2)文字直播。文字直播是实时写作发展到极致时候的一种新闻报道形式,相当于电视节目中的现场直播。

文字直播的三种方法:

- 完全录入式

完全录入式主要适用于会议或重大活动的直播,它可以完全记下各个发言者的讲话,并及时在网上播发。

- 重点录入式

重点录入式可以适用于各种场合,是记者根据自己对新闻事件的理解和现场的把握,传达现场的一些重点信息或情景,发布时间和写作时间几乎同时,相当于现场报道。因此,采访与写作水平相对要高。

- 叙评式

这是一种层次和要求更高的报道方式。记者不仅要对现场发生的新闻事实进行报道,还要结合新闻事实发表自己的看法和观点,边描述边评议。有点类似于体育赛场上的现场评论员。

- 文字直播的作用

表现在传达信息、表现现场、提供资料、适当点评、促进互动等方面。

- 文字直播的语言

简练。文字直播的语言要求很高,一定要简洁、干练,一听就清楚。类似于广播现场报道的语言要求。

明快。这个要求类似于外语的同声传译,现场发生的新闻事件及时通过文字直播的形式迅速传递给受众,事件发生和报道几乎为同步。因此,直播语言必须明了快速。

- 文字直播中的互动

网络报道。是指信息传播方的信息发布活动。

网民评议。是指信息接受方的意见反馈活动。

4. 网络新闻的多媒体报道

(1)文字

文字是现代交流中最常见的一种手段,具有很强的表达力,特别是对于深刻、抽象的概念进行阐述。

文字信息便于采集,便于保存,可以反复阅读,所以使用的范围特别广。在网络媒介的使用率同样很高,文字型数据便于计算机的输入、储存、处理、传输与保存。

但网络中的文字信息的另一个特点,就是它的暧昧性,就像图片或画面,不给予说明或解说的话,很容易发生歧义。比如:这个东西! 没有上下文的联系,很难判断它的真实意思,具体指向究竟是什么,必须联系一定的语言背景才能明白。

(2)图片

这里的图片表示的是计算机处理中所涉及的图形和图像两种。图片是随着照相技术的发明与普及,日益成为媒介传播信息中的一种重要形式。图片的"易读性"广受受众的欢迎,因此,有人提出"人们已进入了'读图时代'"。

(3)图表

图表是把抽象、枯燥的数字具体化、形象化的一种有效手段。在庞大的数据面前,图表有助于帮助人们清晰、轻松地理解各类数字中所表达的含义。

图表信息需要经过二次加工,Excel 软件是将数字转化为图表的最好帮手。

(4)音频

音频是指声音信息。声音信息是对文字信息的一种有力补充。一方面,人们可以通过声音来感受现场气氛,体会情绪;另一方面,声音也是对文字的"实证",新闻现场当事人或旁观者的声音都比记者表达的观点描述更具说服力,有更强的可信度。

(5)视频

视频信息是集合了图片、动画、声音等长处的信息形式。从某种意义上说,几乎是电视的网络版,这种视听结合的媒介优势是广受信息接受者欢迎的。因此,它非常适合于网络新闻的传播。

(6)动画、三维动画

动画和三维动画也是深受广大受众欢迎的媒介传播形式。动画和三维动画是对静态图片的发展,它们除了具备图片的优势和特点外,还具有更生动、活泼的效果。它很容易吸引受众的眼球,现被广泛使用。

思考题

1. 谈谈你熟悉的网络机构,并简单介绍它们的特点。
2. 你对目前的网络布局和栏目设置有什么评说?

3. 网络采访的特点是什么?

4. 网络写作的具体要求是什么? 它和"传统"媒体的写作有什么区别?

第三节 网络旅游新闻的采访与写作

网络作为高科技的产物,建造起人们相互联系的"高速信息公路",网络的品质为旅游新闻赢得了所有媒体无法取代的地位——网络+旅游内容+音频+视频=信息源新宠。

一、网络和旅游

(一)网络媒介被广泛地运用于旅游企业

1. 旅游地域的广阔性使网络的介入成为必须

我们可以从身边的每一个旅游企业的运作中,看到网络的影子,我们的日常工作已经到了无法离开网络的地步。查询客源、联络行踪、预订机票火车票,还有滚动的旅游业态信息等。

2. 旅游业的发展使旅游信息的发布成为必须

旅游本身就是一种行走,与行走相关的事宜数不胜数,哪里走有意思? 哪里旅游有优惠? 哪个景点在搞什么特色活动? 哪条行走线路最佳? 交通成本是多少等,都是人们关注的信息。

3. 旅游企业的发展需要树立品牌形象使企业宣传成为必须

旅游业的发展是很不平衡的,旅游市场的运作也非规范到家,竞争也烽烟四起,每个企业都希望有个好的形象,以便于在激烈竞争的市场中能够站住脚跟,获得最大的经济效益,众多景区、饭店、旅行社都在为自己的形象进行艰苦卓绝的打造。这些信息我们可以从《中国旅游网》、《浙江在线·旅游》等媒体中看到。

(二)网络旅游新闻的兴起和发展

(1)网络媒介的技术发展为旅游新闻的兴起提供了物质平台。

(2)网络媒介的多媒体报道形式和旅游新闻内容的多重性相吻合。

网络新闻的多媒体报道形式满足了旅游新闻内容集活动型、活泼性、愉悦性、娱乐性、延续性等多重报道需求。目前,我国网站上做得好的往往是旅游网站或页面。

二、网络旅游新闻的兴起和发展

(一)旅游热情日益高涨,旅游市场红红火火

国家旅游局2006年6月统计数据(仅为入境游)显示:"2006年1月,我国入境旅游人数与去年同期相比稳步增长,达998.85万人次,同比增长6.45%。据测算,

全月全国旅游外汇收入为21.61亿美元,比去年同期增长1.41%……根据2005年入境游客抽样调查结果及1月份入境旅游人数的具体构成,经测算,2006年1月,全国旅游(外汇)收入为21.61亿美元,比去年同期增长1.41%……"

(二)旅游新闻需求量大幅上升

我们从最近的《杭州日报》版面安排的内容来看,旅游新闻占据头条重要位置已屡见不鲜,专门劈出一个版面,定期出版旅游专题报道,这都说明了旅游在当前社会生产、经济发展和人们生活中的重要地位。

(三)网络媒介使旅游新闻的全面传播、迅疾传播和立体传播成为可能

网络媒介的集文字、图片、图表、音频、视频于一体的报道形式,满足了内容丰富、声势浩大、动感十足的旅游新闻事件的及时报道、到位报道和受众的身临其境、现场感受的需求。

三、网络旅游新闻的现状

(一)网络媒介成为旅游新闻报道的理想载体

内容全、上传快、表现手段丰富,最大限度地满足了旅游新闻和信息的传播需求。总体来说,网络旅游新闻的现状是令人满意的,似乎是网络媒介的传播优势专门为旅游新闻的报道而诞生的,平面媒介电视媒介以及广播媒介都望尘莫及。旅游新闻也特别钟情于网络媒介。点开旅游网站,迎面而来的是一股蓬勃向上的朝气、缤纷绚烂的美丽世界。

(二)旅游网站的迅猛发展

一个是数量的迅猛发展,一个是地位直线上升。《浙江在线》原本只是浙江日报报业集团的一个下属单位,2005年开始,正式由浙江省委宣传部直接管理。

四、网络旅游新闻的采访

(一)借用网络新闻采访的几种技术手法

(1)电子邮件采访。

(2)MSN采访。

(3)聊天室和BBS采访。

(4)ICQ采访。

(5)视频采访。

(具体见本章第二节)

(二)深入一线现场采访

1. 文字记录

借用"传统"新闻采访的几个具体办法。

2. 摄影记录

带上相机，带回精彩画面，用以佐证文字，再现现场感，增强可读性。

3. DV 摄录

声画同步、视听结合的网络传播效果会比单纯的文字报道效果好很多，特别是场面宏大、画面绚烂的活动，效果特别好。

如：2006 年杭州世界休闲博览会开幕式。

4. 采访机记录现场音响

对有需要的报道内容，如流动图片配上现场音响的话，现场感陡增，宣传效果也大大加强。

五、网络旅游新闻的写作

（一）确定体裁

根据采访所得新闻事件素材，确定报道体裁。

（二）结合网络新闻的写作或制作特点来精心写作或制作网络旅游新闻

根据已确定的体裁，按照网络新闻写作或制作的原理精心写作或制作网络旅游新闻。

（三）熟练运用网络技术

网络新闻的写作是和网络技术的熟练运用结合在一起的。因此，务必熟练运用网络技术。

思考题

1. 简述网络旅游新闻的采访和写作原则。
2. 你认为网络旅游新闻适合于哪些体裁来做？为什么？
3. 请分析网络旅游新闻和网络新闻的异同。

第四节　网络应用技术简述

旅游业的发展促进了旅游新闻的蓬勃发展，旅游新闻的蓬勃发展必然会走向网络媒介，这已是不争的事实。对于准备涉入这一领域的人，对网络技术的了解是必需的，为此，我们在此加入本章节。

一、网络技术是实现网络新闻传播的基础

（一）网络新闻采访的技术运用

前面章节里，我们对此已有详细阐述。网络新闻在很多时候很多场合会使用

网络交流平台进行采访，如果我们不具备这种能力，最初的采访就无法顺利完成。

(二)网络新闻写作的技术运用

同样，我们在前面的章节里详细地介绍了网络新闻的实时写作和文字直播，这两种写作方式都含有较高的技术含量。如果我们不具备这样的能力，网络新闻的传播就失去了内容。

(三)网络新闻传播的技术运用

技术含量更高，作用更大，这是网络新闻由新闻产品变为社会效益的必经之路。

二、网络新闻传播的技术要求

对于一个合格的网络媒介工作者的技术要求是很高的。“具备更强网络素质的人才在择业择岗甚至提升上已越来越具有‘领先一步’的优势，尤其是在报业带有技术色彩或更多需要网络技术辅助的领域和岗位。”(《认识报人的网络素质》，《中国记者》2006 年第 8 期第 43 页)可见其重要程度!

(一)作为网络媒介的新闻采编人员应该达到的技术水平

1. 具备多媒体的报道能力

网络多媒体的报道能力，既要掌握各种媒体手段，又要很好地将各种媒体手段结合起来，服务于网络新闻的报道。这些能力包括以下几个方面：

(1)运用电脑进行文字采访、写作、编辑的能力；

(2)数码相机的拍摄和图片制作的能力；

(3)数码录音机的使用和音频编辑制作能力；

(4)数码摄像机的使用和视频编辑制作能力；

(5)图表的制作能力；

(6)必要的 Flash 制作能力。

2. 具备海量信息的整合能力

(1)必备的新闻判断能力和新闻选择能力

新闻的判断能力和选择能力，是新闻工作者的基本素质。网络新闻的新闻价值标准就是通过网络新闻采编人员的判断和选择来体现的。因此，网络新闻工作者的新闻的判断能力和选择能力尤为重要。

(2)网络新闻的判断能力和选择能力的培养

1)对社会方方面面的长期观察。要用“有心”的态度，对社会上发生的各种事物，政治的经济的文化的教育的军事的生活的各个领域的发展变化给予足够的关注，并且能够用新闻工作者特有的敏感去观察。

2)注意经验的积累。长期养成的观察习惯，最终要让其成为一种职业习惯，或者是下意识的素质，着重要注意经验的积累，要善于总结成功与失败、正确与错误的原因，并且在实践中不断地加以梳理，使之化为自己的一种能力。

3）注意相关信息的积累。网络信息的海量性使网络新闻的吞吐量大得无边，仅靠自己的努力观察和亲历亲为是远远不够的。因此，平时要注意对相关信息的收集和积累，尽可能多地掌握与自己报道领域相关的信息。

4）相关知识的储备。在新闻快餐化倾向盛行的今天，网络新闻也受其影响，但是报道的深度、力度、高度对成就自己在竞争中的获胜还是不可小视的。因此，要注意自身相关知识的储备，能说出别人所说不出的所以然来。

3. 多媒体运用的技术能力

（1）图形图像处理技术

无论是处于内容上的需要，还是形式上的需要，在网络新闻传播中，图形图像是必不可少的。目前常见的图形图像处理软件有：Adobe、Freehand、Coreldraw、Fireworks 等。

（2）音频、视频技术

音频和视频也是网络多媒体技术的基础。目前常见的音频软件有 Sound Foreg、Cool Edit、Wavelab；常见的视频软件有 Adobe preimer 等。

（3）流媒体技术

所谓流媒体技术，是指采用流式传输的方式在互联网或局域网上播放的媒体格式，如音频、视频或多媒体文件。流媒体在播放前不下载整个文件，只将开始部分内容存入内存，在计算机中对数据包进行缓存，并使媒体数据正确输出。流媒体的数据流随时传送随时播放，只是在开始时有些缓慢。

流媒体实现的关键技术就是流式传输，流式传输就是指将整个音频和视频以及三维媒体等多媒体文件经过特定的压缩方式解析成一个个压缩包，由视频服务器向用户计算机顺序或实时传送（实时流式传输和顺序流式传输是实现流式传输的两种方法）。

流媒体技术是解决网络中多媒体信息传输问题的一个重要技术。

（二）网络媒介新闻采编的实现流程

这里主要要结合网络媒介新闻采编的实现流程，探讨如何在本单位的网站上如何实现工作目标的途径问题。

1. 制定网站宏观规划

这是一个方向性的原则问题。要根据单位领导的工作意图以及所处单位的具体情况进行考虑。

（1）环境因素

环境因素是指时代背景、政治气候、经济形势以及单位的社会形象和影响力。

（2）基础条件

所在单位建立网站或网页的物质条件。

2. 制定具体实施规划

具体实施规划是在宏观规划指导下的具体实施方案。

3. 实施操作

(1)人员配备。

(2)栏目设置。

(3)配套手段跟进。

三、网页制作技术

网页制作技术主要包括以下几个方面。

(一)页面制作的基础技术——SGML、HTML、XML

1. SGML

SGML 意为"标准的通用标记语言",用来形容和定义结构化的电子文件,其标准由 ISO 组织于 1986 年制订。

SGML 语言程序由三部分组成,即语法定义、文件类型定义和文件实例。

(1)语法定义

定义了文件类型定义和文件实例的语法结构。

(2)文件类型定义(DTD)

定义了文件实例的结构和组织结构的元素类型。

(3)文件实例

是 SGML 语言程序的主体部分。

2. HTML

HTML 意为"超文本标记语言"。所谓超文本,是指构成网页的信息类型不再限于文字,还可以包括图像、动画、音频、视频等多种信息。超文本意味着,在网络上网页之间不再是孤立的,它们可以由超链接构成复杂的关系。

用 HTML 编写网页,需要记忆一定的 HTML 标记,并且知道如何使用它。

3. XML

XML 意为一种标记语言,基本上是一个子集。XML 是 W3C 组织于 1998 年 2 月发布的标准。因为,XML 也有 DTD,所以 XML 也可以作为派生其他标记语言的元语言。

4. HTML 和 XML 重要区别

(1)HTML 是一种显示描述语言

它仅仅描述了 Web 浏览器应该如何在页面上布置文字图形等,并没有对互联网上最重要的东西——信息本身含义进行描述。它的智能化程度不高,检索结果也不甚理想。

(2)XML 允许自由定义标记来表示具有实际意义的文档内容

这个自定义标记有助于智能化网络的构建。在 XML 中，设计者只需要主要文档的内容，而文档的内容只要交给 CSS（叠层样式表）和 XSL（可扩展样式语言）完成。

（二）常见的网页制作工具软件

对于普通设计者来说，HTML 和 XML 掌握起来比较难，要制作出漂亮大方的网页，还是需要靠各类工具软件。

1. MS FrontPage 工具软件

MS FrontPage 工具软件具有“功能强大，简单易用”的特点，同时具有页面设计和站点管理的功能，也能实现一定的动态效果。设计者借助于这个系统，可以轻松地设计出理想的网页风格一致的站点。

2. Dreamweaver 工具软件

Dreamweaver 的 3.0 版本一面市，就以其强大的功能、方便的动态网页制作和高效率，将 Frontpage98 拉下“最好网页编辑器”的宝座，与 Fireworks 和 flash 并称为 Macromedia 的三剑客。

3. Hotdog

Hotdog 是比较早的基于代码的 Web 开发工具，主要针对那些在页面加入 CSS、Java、Real Video 等复杂技术的高级设计者。

（三）页面制作的高级技术

虽说 HTML 是页面设计的基础，但是 HTML 的能量仍是有限的，特别是要处理交互功能或动态效果时，它往往显得力不从心。

1. CGI

CGI 意为通用网关节口，具有使网页具备交互功能。

CGI 可以用任何一种高级语言，如 C，C + +，C shell、Visual Basic、Delphi 等编写。

2. ASP

ASP 是一种在 Wed 服务器端运行的脚本语言，它类似于 HTML、Script 与 CGI 的结合体。ASP 以对象为基础，因此可以使用 ActiveX 控件，继续扩充其功能。ASP 还可以和 HTML 相互嵌套。还因为 ASP 内置 ADO 组件，可以轻松地存取各种数据库。

3. Java Script

Java Script 是一种基于对象（Object）和事件驱动（Event Driven）并具有安全性能的脚本语言。

4. Java Applet

Java Applet 可以翻译成小应用程序。Java Applet 就是用 Java 语言编写的这样的一些小应用程序，它们可以直接嵌入到网页中，并能够产生特殊的效果。

在 Java Applet 中，可以实现图形绘制，字体和颜色控制，动画和声音的插入，人机交互和网络交流等功能。用户可以更好地欣赏网页上 Applet 产生的多媒体效果。

5. Flash

Flash 是一种交互式矢量多媒体技术,它可以带来丰富的动画的效果。现在的网页设计中运用的非常广泛。

思考题

1. 网络新闻工作者的技术要求有哪些?

2. 网络新闻的传播实现途径是什么?

第五节　网络新闻页面的设计

新闻网站的页面有两类,一类是导读页;一类是正文页。

一、新闻网站导读页的设计

新闻网站的导读页包括首页和各个栏目的首页,相当于杂志的封面页。它要解决的是两个问题:

(一)页面的版式

1. 中国网站流行平面主导式

这样的导读页强调的是内容的广泛,导读页面可以长达多个屏幕。

2. 美国网站的立体主导式

美国式的导读页新闻数量较少,甚至一个页面只有十余条,但是,在重要新闻题目下,还有内容简介。

(二)网页页面布局

1. T 形布局

这种布局,通常将页面的标题部分放在页面上方,导航部分放在屏幕的左侧,主体内容放在右下方的主区域内。色彩和内容的整体构成,看上去很像英文的"T",所以称之为 T 形布局。

2. 门形布局

这种布局结构,往往将页面的标题部分放在页面上方,导航部分放在屏幕的左侧,一些相关链接放在屏幕右侧,主体内容放在中间,从屏幕上看像一个门。

3. 对称对比布局

这种布局结构是取上下或者左右的对称的布局,一半深色,一半浅色,一般用于设计型站点。受众点击阅览不是很方便。

4. 三型布局

三型布局是将版面依垂直方向分割成三部分,根据需要安排相应的内容。

5. 自由布局

不遵循通常规定的布局，根据需要随意组合的版式设计，可以借鉴广告、海报等平面设计的手段。

二、新闻网站的正文页设计

正文页是网络新闻和信息的完整展示的页面，设计得好坏，直接关系到网络新闻的传播效果。正文设计中要注意的几个问题：

（一）页面的长度控制

网络新闻的“三短”原则，同样适用于页面的设计。我们可以通过将一条新闻分割成若干个页面，对其长度进行控制。

（二）页面的字体、字号、色彩运用

这几个要素对页面的传播效果有着直接的影响，吸引力大小和它们也有直接的关系。从实践经验来看，字体以宋体为最合适；字号，除标题外，一般都选5号字；色彩为白底黑字或蓝底黑字备受欢迎。

（三）页面的空间处理

正文页空间处理相对简单方便，文章标题和正文放在导航条目的下方，导航条目则在页面的顶部。正文后面还可以附加内容，如相关文章等。

三、导航系统的设计

导航系统是关系到受众是否能自由地活动在网络天地里，因此，导航系统的设计非常重要。

（一）导航条

导航条是指那些承担固定导航功能的按钮或链接，它是体现网站结构和实现网页间联系的主要手段。

1. 导航条的功能如下

（1）上下级页面间的链接功能；

（2）同级页面之间的链接功能；

（3）和首页的链接功能。

2. 导航条功能实现的途径

（1）一级栏目导航系统

一级栏目导航系统链接该网站所有的一级栏目，这样就可以保证随时返回主页或进入一级栏目导航系统。

一级栏目导航系统，通常作成按钮的形式。

（2）本级栏目导航系统

本级栏目导航系统是链接和当前内容处于同一层次级别的内容，便于进行同

类内容的阅读。这个系统通常也做成按钮形式。

(3)本页面的路径系统

每一个正文页应该显示出到达该页处经过的路径,并加上相应链接,可以保证随时退回到任何一层。

模式为:首页 > 一级栏目 > 二级栏目 > 三级栏目

如:首页 > 新闻 > 时政新闻 > 国内新闻 > 国际新闻

(二)文字链接

这里的文字链接,是指随意地根据信息需要而加入的链接。可以是标题链接,也可以是文章中的关键词链接,也可以是文章中的导读链接和相关文章链接。

(三)图片链接

1. 小图与大图的链接

将分辨率低的图片作为第一发布对象,以减轻页面传输的负担,并与高分辨率的图片链接。

2. 图片与文字的链接

这里的图片链接起着引导阅读的作用。

3. 图片映射链接

将图片分成若干热区进行链接,使受众在不同的链接点进入,就可以链接到不同的内容。

(四)目录

目录是将一组导航链接集中在一起,类似于菜单。这种导航方式被用在早期的网页设计中。

(五)表格

表格也是一种简洁方便的导航手段。表格可以将各个内容集成起来,在每一个表格单元里加入链接。

这种表格导航在网页设计的早期,也是用得比较多的。

当然,大家要真正进入这个行业工作,还需要进一步系统学习和大量的实践,这里的简述借用网络媒介中的术语,仅仅是个“导航系统”,更多的精彩内容还在后面的“链接”中。同时,希望大家边看边学,边实践边总结,以求得知识的圆满,工作的得心应手。

思考题

1. 新闻网站的导读页设计有几种?分别有什么要求?
2. 怎样设计新闻网站的正文页?
3. 尝试着设计一个导读页。

策　　划：李荣强
责任编辑：李荣强　朱海犀

图书在版编目(CIP)数据

旅游新闻实务/田丽华编著.—北京:旅游教育出版社,2007.4
ISBN 978-7-5637-1496-4

Ⅰ.旅…　Ⅱ.田…　Ⅲ.旅游-新闻写作　Ⅳ.G212.2

中国版本图书馆CIP数据核字(2007)第047606号

旅游新闻实务

田丽华　编著

出版单位	旅游教育出版社
地　　址	北京市朝阳区定福庄南里1号
邮　　编	100024
发行电话	(010)65778403 65728372 65767462(传真)
E-mail	tepfx@163.com
排版单位	首都经济贸易大学出版社激光照排部
印刷单位	河北省三河市灵山红旗印刷厂
装订单位	河北省三河市盛凯文装订厂
经销单位	新华书店
开　　本	787×960　1/16
印　　张	18
字　　数	294千字
版　　次	2007年5月第1版
印　　次	2007年5月第1次印刷
定　　价	30.00元

(图书如有装订差错请与发行部联系)